PERDOAR OU NÃO PERDOAR?

Janis Abrahms Spring, PhD
com Michael Spring

PERDOAR OU NÃO PERDOAR?

A coragem de dizer sim,
a liberdade para dizer não

Tradução: Carolina Rodrigues

AGIR

Título original: *How Can I Forgive You?: The Courage to Forgive, the Freedom Not To*

Copyright © 2004 by Janis Abrahms Spring, PhD
Copyright do posfácio © 2022 by Janis Abrahms Spring, PhD

Direitos de edição da obra em língua portuguesa no Brasil adquiridos pela AGIR, selo da EDITORA NOVA FRONTEIRA PARTICIPAÇÕES S.A. Todos os direitos reservados. Nenhuma parte desta obra pode ser apropriada e estocada em sistema de banco de dados ou processo similar, em qualquer forma ou meio, seja eletrônico, de fotocópia, gravação etc., sem a permissão do detentor do copirraite.

EDITORA NOVA FRONTEIRA PARTICIPAÇÕES S.A.
Av. Rio Branco, 115 — Salas 1201 a 1205 — Centro — 20040-004
Rio de Janeiro — RJ — Brasil
Tel.: (21) 3882-8200

Aviso de gatilho: Este livro contém relatos de violência sexual, física e psicológica, que podem ser um conteúdo sensível para alguns leitores.

Dados Internacionais de Catalogação na Publicação (CIP)

S769p
    Spring, Janis Abrahms
        Perdoar ou não perdoar?: a coragem de dizer sim, a liberdade para dizer não/ Janis Abrahms Spring, Michael Spring; traduzido por Carolina Rodrigues. — 1 ed. — Rio de Janeiro: Agir, 2024.
        240 p.; 15,5 × 23 cm

    Título original: *How Can I Forgive You?: The Courage to Forgive, the Freedom Not To*

    ISBN: 978-65-5837-180-9

    1. Aperfeiçoamento pessoal. I. Spring, Michael.
II. Rodrigues, Carolina. III. Título.

                  CDD: 158.1
                  CDU: 130.1

André Felipe de Moraes Queiroz – Bibliotecário
– CRB-4/2242

Conheça outros livros da editora:

Com amor, para nossa família cada vez maior:
Aaron, Max, Evan, Declan, Robin, bebê Caleb e papai

SUMÁRIO

Introdução: O perdão é bom para você? — 9

Parte Um
PERDÃO BARATO
Um ato duvidoso para manter a paz que não resolve nada — 19

Parte Dois
RECUSA EM PERDOAR
Uma resposta intransigente que mantém você soterrado no ódio — 39

Parte Três
ACEITAÇÃO
Um presente de cura para si que não exige nada do ofensor — 51

Parte Quatro
PERDÃO GENUÍNO
Uma operação de cura, uma dança íntima — 105

O QUE VOCÊ, OFENSOR, DEVE FAZER PARA MERECER PERDÃO — 113
O QUE VOCÊ, PARTE MAGOADA, DEVE FAZER PARA CONCEDER PERDÃO — 155

Epílogo: Perdoar ou não perdoar? O que há de novo? — 189

Apêndice: Como as feridas da infância do ofensor moldaram a forma como ele tratou você — 205

Agradecimentos — 217

Notas — 219

Referências bibliográficas — 225

Introdução
O perdão é bom para você?

Existe uma história maravilhosa sobre duas crianças brincando juntas em uma caixa de areia. Uma delas é um menino que se irrita e sai furioso com seu caminhão de brinquedo. Ele corre até o balanço mais próximo, vira-se e grita para o amigo: "Eu te odeio e nunca mais vou falar com você." Dez minutos depois os dois estão jogando bola, rindo e aproveitando o dia. Seus pais observam a interação, e um deles balança a cabeça, dizendo para o outro com um misto de admiração e perplexidade:

— Como as crianças fazem isso? Como podem querer se matar em um minuto e se dar tão bem no outro?

— É fácil — explica o outro pai. — Elas escolhem ser felizes em vez de estarem certas.[1]

Eu amo essa história. Ela está repleta dessa generosidade do espírito humano e reafirma nossa capacidade de adaptação, de resolver nossas disputas mesquinhas e nos concentrarmos no que realmente é importante na vida. Somos seres sociais que precisam uns dos outros, que intrinsecamente preferem consertar rompimentos interpessoais a odiar ou guardar rancor. A maioria de nós quer — e gosta de — perdoar.

O problema com a história da caixa de areia é que ela fala de crianças que se reconciliam depois de um problema insignificante. Não fala do que acontece entre dois adultos quando um deles magoa o outro de propósito e com crueldade e a parte magoada é deixada para lidar com a questão de como perdoar ou se reconciliar com o ofensor. Esse segundo cenário é muito mais complexo. Alguns de nós acreditam que temos a obrigação de perdoar de maneira incondicional e categórica, e que fazer isso é fundamental para o que significa ser um ser humano decente. Porém, a maior parte de nós ou não consegue viver de acordo com princípios morais tão elevados — a não ser em teoria — ou sente que se prejudicaria caso o fizesse.

Não podemos, e não vamos, simplesmente nos recuperar de uma mágoa, fingir que nada aconteceu e abraçar a pessoa que nos magoou. Apesar do ensinamento que podemos ter tirado da situação, uma resposta imediata, unilateral e pacífica não parece real ou certa. Para o Verdadeiro Perdão acontecer, em geral precisamos de muito mais do que isso.

O que significa perdoar?

A maior parte de nós foi criada com diversas premissas dúbias que precisam ser desbancadas. Vamos dar uma olhada nelas.

Premissa questionável 1: Perdoar é bom para você. Ao perdoar, você se livra do veneno dentro de si e restaura sua saúde. Quando se recusa a perdoar, você adoece e sofre.

Perdoar tem sido vendido como a nova panaceia mental e física, um bálsamo que cura qualquer mal: depressão, ansiedade, hostilidade crônica, hipertensão, doenças cardíacas, derrame, câncer e imunodeficiências. Dizem também que cura corações partidos, relacionamentos rompidos e um senso de identidade enfraquecido. "Perdoar é o único remédio para a dor que o ofensor nos deixou, a única forma de curar a mágoa que ele causou",[2] escreve Lewis Smedes, em *The Art of Forgiving* [A arte de perdoar].

Meus pacientes, no entanto, me ensinaram outras coisas. Vê-los se recuperar de dores interpessoais me mostrou que:

* é possível curar e livrar a mente de toda a lama emocional — ressentimento, raiva, mágoa e vergonha — com ou sem perdão;
* é possível se livrar da preocupação implacável e obsessiva com estar quite — com ou sem perdão;
* é possível fazer as pazes consigo e se conformar com o que aconteceu — com ou sem perdão; e
* é possível voltar a se relacionar com a pessoa que te magoou se quiser, sem se diminuir — com ou sem perdão.

Você pode fazer tudo isso por si e para si, mesmo que o ofensor não se desculpe, mesmo que ele se recuse a reconhecer sua dor ou oferecer algum alívio para ela. Mesmo que ele siga em frente.

E este livro vai mostrar como é possível fazer isso.

Premissa questionável 2: Perdoar é a única resposta espiritual e moralmente sadia ao desrespeito.

Crescemos com a premissa de que perdoar é o segredo para uma vida cheia de princípios e cuidado. Mas descobri que não é necessário perdoar para ser clemente e sentir empatia, até mesmo compaixão, por quem feriu você. É possível ver o ofensor como um humano cheio de falhas, tratá-lo com benevolência não merecida e tentar entender por que ele fez o que fez, e tudo isso sem perdoá-lo.

Moral e espiritualmente, você não é obrigada a perdoar um ofensor que não se arrependeu nem a amá-lo. Você é livre para reservar o perdão a alguém que tenha a força moral de admitir a própria culpa e a decência de ajudar você a se livrar da dor que essa pessoa causou. Vou mais além e digo: você não restaura a *sua* humanidade ao perdoar um ofensor que não se desculpou; ele restaura a *dele* quando se empenha em conquistar o seu perdão.

Premissa questionável 3: Você só tem duas opções: perdoar e não perdoar.

A maior parte dos livros de autoajuda reforça a premissa convencional de que, mesmo quando o ofensor não está arrependido, só há duas opções: perdoar e não perdoar. Obrigada a escolher entre elas, ou você menospreza sua dor e perdoa quem não merece, ou se recusa a perdoar e se vê encurralada em uma "prisão de ódio".[3]

Por muitos anos, ouvi pacientes presos nesse dilema e percebi que tinha de haver outra solução. A linguagem do perdão precisava de um vocabulário que descrevesse o que pessoas reais, com dores reais, fazem ao se reconciliar com alguém que não se desculpou. Como observa a rabina Susan Schnur, categorias tão engessadas — perdoar e não perdoar — "zombam de um ciclo ou uma resolução complexa na esteira de uma traição. Podemos perdoar em parte; perdoar por vingança; perdoar com pendências; não perdoar, mas ainda assim se reconciliar. Podemos ficar de luto, mas não perdoar; compreender, mas só perdoar em parte a traição; nos tornarmos indiferentes; se desapegar".[4]

Comecei a me perguntar: não seria maravilhoso se houvesse uma forma de nos libertarmos de todo o ódio e toda a dor guardados dentro de nós, aproveitar todos os benefícios físicos e mentais do perdão e levar uma vida mais justa e humana, sem ter de perdoar um ofensor relutante? Não há algo entre a imprecisão calorosa demais do perdão e a frieza impenetrável da ausência de perdão? Algo que diga: "Você não precisa odiar o ofensor ou querer que ele pague caro, mas também não precisa perdoá-lo"?

Perdoar ou não perdoar? descreve esse "algo" novo e radical. Eu chamo esse "algo" de Aceitação.

A Aceitação é uma resposta autêntica e responsável a uma ofensa interpessoal, quando o ofensor não consegue ou não quer participar do processo de cura — quando não está disposto ou não é capaz de fazer algo de bom após infligir o mal. É um programa de autocuidado, um presente generoso e reparador para si, conquistado por e para você. Não pede nada do ofensor.

A Aceitação ajuda você a:

* valorizar a própria saúde e livrar sua mente do veneno emocional;
* ser verdadeiro consigo mesmo e considerar a magnitude total da violação;
* superar fantasias sobre vingança enquanto busca uma resolução justa;

* resguardar sua segurança física e emocional;
* restaurar e preservar sua autoestima;
* enxergar tanto você quanto seu ofensor com objetividade, honestidade e serenidade;
* forjar uma relação com o ofensor que satisfaça suas metas pessoais; e
* perdoar-se pelo mal que suas falhas lhe causaram.

O que estou sugerindo é que podemos voltar à caixa de areia se quisermos, mesmo quando a outra pessoa não faz nada para consertar o erro que cometeu. Podemos decidir não ter relação alguma com ela ou manter um relacionamento parcial e imperfeito. Não temos de nos aferrar à ofensa, mas também não precisamos esquecê-la ou minimizá-la. Não temos de amar nem mesmo gostar da pessoa, mas é possível vê-la de forma imparcial e escolher continuar a relação com ela, se for o melhor para nós. Podemos ser quem somos na presença do ofensor e aceitar que ele nunca será alguém diferente de quem é. Podemos lhe dar uma oportunidade de melhorar e conquistar o Perdão Genuíno se ele optar por fazer o que é necessário.

Premissa questionável 4: Cabe a você, pessoa que foi magoada, perdoar.

Muito da literatura sobre perdão foi escrita especificamente para você, a parte magoada, dizendo o que *você* precisa fazer para *conceder* o perdão, em vez de dizer ao ofensor o que *ele* precisa fazer para *merecê-lo*. Creio que esse ponto de vista obstinado comprometeu, distorceu e sucateou o processo do perdão, além de criar um conceito abstrato e sagrado que muitos de nós se sentem pressionados a aceitar a qualquer custo.

Porém o restante de nós está mais propenso a ficar engasgado com essa noção e rejeitá-la como irreal, hipócrita e injusta. Nós nos recusamos a acreditar que é real ou certo ter de carregar o fardo do perdão sozinhos. Preferimos não perdoar a fazer isso unilateralmente.

Eu me lembro da resposta de uma paciente quando, ao tentar ajudá-la a se recuperar do caso amoroso que seu companheiro teve, sugeri que ela considerasse tomar medicamentos para controlar a obsessão. "Preciso lidar com minha autoimagem estilhaçada, meu ciúme, meu desprezo", respondeu ela, furiosa. "E você ainda quer que *eu* tome remédio? E o que *ele* vai ter de fazer? *Ele* que tome remédio!"

Muitas pessoas se sentem da mesma maneira em relação ao perdão. Como parece injusto que o ofensor não seja muito discutido pelos moralistas ou especialistas em perdão. Como é estranho que ele raramente seja convocado para resolver a situação. No mínimo, não deveriam as duas partes envolvidas ser convocadas para o esforço do perdão?

Meu livro fala diretamente com você, parte magoada, a respeito do que você pode fazer para se recuperar de uma profunda injustiça quando o ofensor não está disposto ou não é capaz de reparar os danos. Mas também fala com você, ofensor, quando você quer se envolver no processo de cura. De fato, há uma seção inteira dedicada a você e ao que deve fazer para merecer ser perdoado — e talvez, nesse processo, perdoar a si mesmo.

Premissa questionável 5: O perdão é uma dádiva incondicional. Não precisa ser merecido.

A ideia de que você, parte magoada, deveria dar a dádiva do perdão ao ofensor, mesmo que ele não tenha se desculpado nem mereça, é baseada na ética cristã. No Novo Testamento, há inúmeras exortações a "amar seu inimigo", perdoar aquele que nos magoou, porque essa é a coisa misericordiosa e condolente a ser feita. Cristãos ou não, a maior parte de nós cresce com a crença de que o perdão é exigido de nós incondicionalmente.

Por trás desse ensinamento está a premissa de que, se você precisa de algo em troca do ofensor para perdoá-lo — se acredita que o perdão deve ser merecido, não oferecido —, ainda não desenvolveu completamente uma noção moral. A lição é a de que você deve se sentir diminuído e envergonhado por achar que merece ser compensado.

Não está na minha alçada debater a ética do perdão incondicional. Mas minha experiência clínica no trabalho com pacientes ao longo de 29 anos, observando como as pessoas se curam e do que precisam para isso, me ensinou que elas tendem a ter uma destas três reações diante dessa premissa:

* Rejeitam a ideia de que, ao perdoar, não se pede nada em troca, e então dão às costas ao perdão porque parece tendencioso, favorecendo o ofensor.

* Aderem ao conceito religioso de perdão e o oferecem como "dádiva" a um ofensor indigno, e aí se sentem mal resolvidas, talvez até passadas para trás ou comprometidas.

* Dizem que concordam com o ideal de perdão, mas, quando estão diante de uma situação na vida real, se recusam a perdoar.

Percebi que, seja qual for a reação, as pessoas se esforçam para conceder o perdão de forma que isso permita a elas se sentirem íntegras e valorizadas, e que elas gostariam de um respaldo do próprio ofensor, e não apenas de um poder superior. A crença popular de que, de alguma forma, essas pessoas são inferiores ou mesquinhas por quererem que o ofensor repare o caos que infligiu é particularmente prejudicial para quem não tem uma percepção saudável de merecimento. São essas pessoas que perdoam com muita facilidade. Para aqueles que contam com uma forte autopercepção, a ideia de perdoar unilateral e incondicionalmente muitas vezes parece equivocada, uma espécie de autossacrifício ou autoimolação.

Como já disse, você pode escolher por contra própria, e em prol do próprio bem, liberar um ofensor impenitente do ódio e da vontade que você tem de prejudicá-lo. Você pode oferecer a ele a dádiva da sua boa vontade. Pode trabalhar para vê-lo de forma objetiva, justa, até piedosa. Pode aceitá-lo e não esperar nada dele. Mas, se vai oferecer a ele o que chamo de Perdão Genuíno, ele terá de pagar um preço e se juntar a você em uma coreografia íntima. Nessa abordagem atípica do perdão, uma transação conquistada a duras penas entra em cena quando vocês dois reparam a ofensa juntos. O perdão não é uma dádiva gratuita oferecida de coração: ele deve ser merecido. Quando você, ofensor, desempenha atos de reparação onerosos, humildes e sinceros, você, a parte magoada, cria oportunidades para ele se apresentar e fazer o bem.

Premissa questionável 6: Todos sabemos como perdoar. Se abrirmos o coração, o perdão vai fluir.

A maior parte dos livros de autoajuda fala de maneira abstrata e inspiradora sobre o perdão como uma "dádiva moral",[5] "um desejo do coração",[6] "uma qualidade de vida"[7] — e você se pergunta o que isso significa e como colocar isso em prática. Muitas vezes, o perdão é definido de uma forma tão absoluta e imponente que as pessoas não conseguem apreender, então jogam a toalha e chegam à conclusão de que "é preciso ser uma pessoa com um grande coração para perdoar, um maior do que o meu". Ou então que se sintam instigadas a aceitar o conceito e fazer algum gesto automático e insignificante de boa vontade.

O conceito de perdão carrega um grande peso, maior do que ele mesmo é capaz de suportar. Representa, também, inúmeras coisas para muitas pessoas que pensam nele com base em diferentes referências: desde acadêmicos influenciados por grandes ensinamentos teológicos até pesquisadores seculares que tentam reduzir conceitos obscuros em unidades administráveis e de fácil compreensão que podem ser estudadas dentro de um contexto laboratorial. O que resulta disso é uma miscelânea de conceitos que, muitas vezes, não fazem nada além de confundir e pressionar aqueles que estão buscando aliviar o sofrimento. O que falta é uma visão de perdão concreta e realista, que seja humana e praticável.

A prática em consultório me deu a oportunidade de observar pessoas em primeira mão e testemunhar seus esforços para perdoarem e serem perdoadas. O modelo que desenvolvi foi crescendo organicamente à medida que fui ouvindo e observando de que maneira pessoas reais se curam após ofensas interpessoais reais. Os exemplos que você vai ler neste livro parecem verdadeiros porque realmente são.

Premissa questionável 7: O Autoperdão não demanda que você, o ofensor, compense a pessoa que você ofendeu. Ele é uma dádiva para si mesmo.

O tema do Autoperdão nos leva às profundezas de águas inexploradas. Os defensores do Autoperdão costumam descrevê-lo como um ato interno, uma oferta de compaixão e amor que lhe permite se sentir melhor em relação ao erro que cometeu com os outros. Segundo a minha definição, o Autoperdão, assim como o Perdão Genuíno, não é uma dádiva gratuita para si mesmo. Tampouco é um processo que ocorre na privacidade da sua mente. Acredito que, para o Autoperdão ser substancial, sincero e verdadeiro, é necessário merecê-lo. Se você, ofensor, quer se perdoar, é preciso admitir que errou e fazer as pazes diretamente com a pessoa que você prejudicou. Se isso não for possível, deve realizar outros atos de penitência e restituição que, de fato, se oponham à ofensa cometida e demonstrem seu comprometimento em não repeti-la.

O Autoperdão não é algo que se faz apenas para se *sentir* melhor. É algo que se faz para você mesmo *ser* melhor. Perdoar-se e trabalhar para receber o perdão da pessoa que você magoou caminham lado a lado. Ao ser merecedor de respeito e perdão, você acaba se respeitando e se perdoando.

Duas abordagens disfuncionais do perdão

Perdoar ou não perdoar? descreve quatro abordagens diferentes do perdão: Perdão Barato, Recusa em Perdoar, Aceitação e Perdão Genuíno. Já mencionamos os dois últimos, e ambos são adaptáveis. Os dois primeiros são disfuncionais.

Perdão Barato

Mesmo que o ofensor ignore sua dor, talvez você tenha tanto medo da raiva ou da rejeição dele, ou esteja tão desesperado para preservar a relação, que está disposto a fazer qualquer coisa, até perdoá-lo. Mas esse perdão é prematuro, superficial e imerecido. Eu chamo de barato porque você o oferece antes de processar o impacto da ofensa, pedir algo ao ofensor ou analisar as consequências.

Recusa em Perdoar

Você pode se recusar a perdoar (1) quando quiser punir um ofensor que não se arrependeu; (2) quando associa perdão com reconciliação ou compaixão, coisas que você não está preparado para oferecer; e (3) quando usa a raiva retaliativa para reclamar de uma ofensa e vê qualquer coisa de aspecto conciliatório — em particular, o perdão — como sinal de fraqueza. Não perdoar te dá a sensação de poder e controle, mas é uma resposta reativa, muitas vezes engessada e compulsiva, à violação que tira você do prumo e fermenta sua própria hostilidade.

As quatro abordagens do perdão: um comparativo

O gráfico a seguir resume a diferença entre as quatro abordagens do perdão.

	A parte magoada se conforma com a ofensa	O ofensor participa do processo de cura	Leva à reconciliação
Perdão Barato	Não	Não	Sim
Recusa em Perdoar	Não	Não	Não
Aceitação	Sim	Não	Sim ou Não
Perdão Genuíno	Sim	Sim	Sim (em geral) ou Não

Como este livro é escrito e organizado

Perdoar ou não perdoar? oferece instruções concretas, detalhadas e com um passo a passo para ambas as partes conforme abrem caminho rumo ao perdão. Ele está dividido em quatro partes: (1) Perdão Barato, (2) Recusa em Perdoar, (3) Aceitação e (4) Perdão Genuíno. As três primeiras são escritas principalmente para a parte magoada. A quarta (Perdão Genuíno) é dividida em duas seções: a primeira mostra ao ofensor o que é preciso para merecer o perdão; a segunda mostra à parte magoada o que é preciso para conceder o perdão.

Nesta segunda edição incluí um Epílogo em que pacientes falam sobre as dificuldades de seus relacionamentos, e ofereço conselhos concretos e exercícios para ajudá-los no processo de cura.

Em prol da clareza, me refiro a um de vocês como a parte magoada ou ofendida e ao outro como o ofensor, tendo plena noção de que, no que diz respeito a ofensas interpessoais, quase nunca somos totalmente culpados ou totalmente inocentes. Além disso, uso para a parte magoada o pronome "ela", e para o ofensor, "ele". É claro que o gênero não é um determinante para culpa, mas identificar cada um de vocês dessa forma torna o livro mais agradável de ler.

Todos os casos estudados que descrevo são reais no que diz respeito a serem baseados no meu trabalho com pacientes ou em minhas conversas com colegas e amigos. Alguns podem ficar magoados ou ofendidos pela maneira como modifiquei sua história, enquanto outros talvez fiquem aliviados. O leitor deve estar ciente de que sempre altero nomes e detalhes e que desenvolvi representações complexas para proteger a identidade das pessoas e retratar certos aspectos.

Meus exemplos médicos abrangem do sério ao profano: desde um ato deliberado e predatório de abuso sexual a um ato atrapalhado envolvendo derramar vinho em cima de uma bancada. No entanto, não determino a magnitude do mal causado por dois motivos. Primeiro, as ferramentas críticas básicas necessárias para a cura são em grande parte as mesmas para todas as ofensas. Segundo, a gravidade com que uma pessoa sofre uma afronta é algo muito subjetivo: um tapa para um de vocês pode ser um golpe mortal para outro.

Muitos pediram uma sequência do meu primeiro livro *Depois do caso: curando a ferida e reconstruindo a relação depois que o parceiro foi infiel*. Agradeço a lealdade e incluí aqui muitos estudos de caso relativos à infidelidade. Mas agora ampliei meu escopo para abranger todas as "violações da conexão humana"[8] significativas. Os exemplos incluem:

* um cônjuge que trata você com desdém por não estar à altura de seus padrões impossíveis;
* um amigo ou amiga que vira as costas quando você tem câncer de mama;
* um irmão ou irmã que se recusa a ajudar com seus pais idosos;
* um dos pais que está muito deprimido ou muito bêbado para se interessar pela sua vida;
* um terapeuta que causa traumas tão profundos em você quanto o próprio ofensor.

Uma escolha radical

Quando ministro oficinas de capacitação profissional, convido terapeutas a pegarem o microfone e falarem sobre alguém que os ofendeu e como estão lidando com isso. O que descobri é que estamos todos nos esforçando para perdoar alguém e odiamos nos sentir desrespeitados dentro de nossos relacionamentos importantes e de nós mesmos. Estamos todos em busca de uma resposta, de uma nova abordagem que nos liberte dos efeitos corrosivos do ódio, que dê voz à injustiça e nos ajude a fazer as pazes com a pessoa que nos magoou e conosco mesmos.

Além disso, a maior parte de nós sofre por saber que destratamos outras pessoas. Nós também estamos buscando uma forma de nos sentirmos mais humanos e integrados, menos alienados e criticados. Podemos achar que estamos certos ao nos sentirmos prejudicados: acreditando em nossa versão enviesada e pretensiosa da verdade e culpando a pessoa que magoamos. Mas não vamos ficar bem em nosso íntimo até repararmos o dano que causamos.

Para aqueles que cometeram erros, eu os incentivo — na verdade, espero ajudá-los — a reunir a honestidade, a maturidade e a firmeza de caráter para ir até a pessoa que vocês magoaram e fazer um esforço sincero e generoso para conquistar seu perdão. Se aceitar o desafio, duvido que vá se arrepender.

Para aqueles que foram prejudicados, eu os incentivo a se cuidarem, serem justos e buscarem formas úteis de purificar sua ferida íntima. Ao oferecer duas alternativas adaptáveis — Aceitação e Perdão Genuíno —, espero lhes dar a coragem para perdoar, mas também a liberdade para não fazê-lo.

PERDÃO BARATO

Um ato duvidoso para manter a paz que não resolve nada

O Perdão Barato é um perdão rápido e fácil que não processa emoção alguma e não se conforma com a ofensa. É uma tentativa compulsiva, incondicional e unilateral de reconciliação para a qual não se pede nada em troca.

Recusando-se a perdoar, você se aferra com persistência à sua raiva. Ao perdoar de forma barata, você simplesmente deixa sua raiva ir embora.

Recusando-se a perdoar, você diz "de jeito nenhum" para qualquer reconciliação no futuro. Ao perdoar de forma barata, você busca preservar a relação a qualquer custo, inclusive sua própria integridade e segurança.

O Perdão Barato é disfuncional porque cria uma ilusão de proximidade quando nada foi encarado ou resolvido, e o ofensor nada fez para merecê-lo. Ao silenciar sua angústia e sua indignação, você deixa de reconhecer ou avaliar o mal que lhe foi causado.

Se você perdoa com muita facilidade, o mais provável é que tenha o que o especialista em personalidade Robert Emmons chama de "uma preocupação crônica de estar em relacionamentos cheios de generosidade e harmonia".[1] O traço de caráter que define você poderia, aliás, se chamar "perdão". Enquanto alguns consideram o "perdão" uma virtude — Emmons o chama de inteligência espiritual —, eu sugiro que isso pode roubar sua liberdade de reagir a uma ofensa de maneira autêntica e em benefício próprio. Também pode ser ruim para sua saúde, como veremos mais adiante. Quando você se sente na obrigação de perdoar apesar das circunstâncias, você não está oferecendo um Perdão Genuíno, mas sim um substituto barato.

Pessoas que perdoam fácil demais

O Perdão Barato surge em várias formas. Talvez você se reconheça em uma delas.

O evitador de conflito

Esse é o tipo mais comum. Extremamente submisso e tolerante, você tende a menosprezar qualquer ofensa para proteger um relacionamento, por mais mutilante que possa ser. Na superfície, você age como se não houvesse nada de errado. Por dentro, talvez esteja sangrando profusamente.

Evitadores de conflito permanecem em relacionamentos sem ter voz nem uma noção saudável de merecimento. Seu comportamento submisso, sua tendência a subjugar as próprias necessidades às dos outros, costuma ter como base um de três medos.

1. Você teme que o ofensor vá retaliar com raiva ou violência.

Se cresceu com pais agressivos, talvez tenha aprendido a se silenciar, a concordar para se dar bem. É comum esse padrão persistir na vida adulta, como aconteceu com a paciente Marsha. "A fúria dos meus pais era de dar medo", contou-me ela. "Eu me lembro do dia em que minha mãe jogou fora a mesa de pingue-pongue, e meu pai, bêbado, a perseguiu com uma arma. Eu me tranquei no quarto e não consegui comer nem dormir por dias. Morar com eles me fez aprender a pensar duas vezes antes de falar, a me esconder. Eu odiava os dois e me casei aos 16 anos só para sair de casa. Até hoje, não lido bem com a raiva. Me assusta. Nunca me permito sentir raiva. Só Deus sabe o que poderia acontecer."

2. Você teme que o ofensor a rejeite ou abandone.

Você também pode se valer do Perdão Barato pelo medo da rejeição de uma pessoa da qual dependa para se sentir valorizada. Essa "dependência mórbida"[2] é como insulina para o diabético. Não é opcional, mas uma tábua de salvação necessária.

Kathy, uma massoterapeuta de 47 anos, é um desses casos. Desesperada para ficar com o marido, Jack, ela não deixou espaço nenhum na relação em que pudesse negociar suas necessidades. "Me vejo como uma viciada em amor", disse-me ela. "Por que mais eu ficaria em um relacionamento tão doentio? Jack bebe demais, me trai, me agride verbalmente e, às vezes, fisicamente. O que aconteceu na semana passada deveria ter sido um alarme para eu acordar, mas eu desliguei o despertador. Estávamos de férias, vendo um vídeo, e Jack estava bebendo. Eu perguntei a ele: 'O que você quer fazer no jantar?' E ele soltou do nada: 'Você acabou com a minha vida!' E então me deu um tapa, disse o quanto me odiava, começou a falar que eu estava o fazendo perder o fim do filme e como queria me matar. Um pouco exagerado, não é mesmo? E aí ele começou a chorar e me dizer que se odiava e não sabia por que era tão cruel comigo. Sei que, se eu fosse saudável, iria embora. Mas estou presa nessa relação, tentando ser boa o suficiente para ele, assim como tentava ser boa o suficiente para minha mãe. Ela costumava me dizer: 'Se não fosse sua irmã mais nova, eu não teria motivos para viver.' Era isso o que eu significava para ela. Acho que ainda estou tentando fazer minha mãe — alguém — me amar, mesmo que a pessoa seja tão perturbada quanto eu."

Por precisar da conexão com Jack para afirmar o próprio valor, Kathy sempre arrumava desculpas para o comportamento dele. "É a bebida", disse-me uma vez. "É a bebida que deixa ele violento." Ou: "É a baixa autoestima dele. É por isso que ele bebe. Ele projeta o autodesprezo em mim, mas não tem a intenção de ser tão cruel." E, pouco depois de esbofeteá-la e dizer o quanto a odiava, ela me falou: "Estamos mais próximos do que nunca."

Dar desculpas pelo comportamento incontrolável e violento de Jack e iludir-se quanto à capacidade de mudança do marido manteve Kathy presa em um relacionamento perigoso. Mas, sem Jack, Kathy não tinha um eu, e isso era ainda mais aterrorizante do que as palavras degradantes ou os abusos físicos cometidos por ele.

3. Você teme que, ao se impor, acabe magoando o ofensor.

Outro motivo para o Perdão Barato é o medo de magoar o ofensor caso você o confronte com a verdade. Ao superproteger os sentimentos dele e desprezar os seus, você superdimensiona a fragilidade do outro e sua própria capacidade de fazer algum mal.

Uma paciente chamada Peggy era dominada por essa preocupação com os outros. Durante 17 anos, ela satisfez a necessidade de novidades sexuais de Ted, seu marido, e tolerou a obsessão voyeurística dele por pornografia. Ela permitiu que ele visse o que chamou de "conselheira de aprimoramento sexual" nua, no consultório da mulher. Uma vez, Peggy concordou em fazer sexo grupal com os vizinhos. "Se você fizer essas coisas por mim, nunca vou ter motivo para te trair ou te deixar", dizia ele para ela.

Um dia, Ted pediu a Peggy que se vestisse de prostituta, fosse a um bar e tentasse conquistar outros homens enquanto ele observava. Ela entrou no jogo, ainda que a contragosto. Peggy não saiu com ninguém do bar, mas, nos dias e semanas seguintes, foi se sentindo cada vez mais deprimida e com nojo de si mesma. No entanto, ainda estava determinada a perdoar Ted, como sempre fazia, e foi em busca de afirmação com sua filha de 29 anos, Rose. "Fiquei com seu pai todos esses anos para manter a família unida, e gostaria de contar com sua compreensão e apoio", disse Peggy a ela.

A resposta fria de Rose foi um despertar desagradável. "Tenho quase trinta anos", disse a filha. "Não jogue isso em cima de mim. Seja lá o que estiver fazendo, é por sua conta, não minha. Você quer mesmo que eu fique grata por você ter sacrificado sua vida por mim, por ter desistido da sua felicidade pela minha? Agradeço, mas não preciso desse tipo de presente. Foi isso que você quis me ensinar todos esses anos? Que eu deveria ficar em um casamento e tentar fazer dar certo, não importa o quanto meu companheiro me trate mal? É essa a lição que eu devo aprender?"

Abalada pela resposta da filha, Peggy começou a fazer terapia e questionar por que não conseguia impor limites, por que se sentia tão desesperada para manter Ted feliz a ponto de sacrificar cada gota de autorrespeito. "Será que eu sou tolerante demais?", perguntou-me ela. "Por que não me imponho no que é importante para mim?"

Aprofundando-se em seu passado, Peggy começou a responder às próprias perguntas. "Meus pais se separaram quando eu tinha dez anos", contou-me. "Foi um divórcio horrível que acabou com a família e eu fiquei bem no meio. Eles me perguntaram com quem eu queria morar. Eu sabia que minha mãe nunca me perdoaria se eu a deixasse, então a escolhi, mas isso destruiu minha relação com meu pai. Sinceramente, também destruiu a relação com minha mãe. Jurei que, quando crescesse, eu criaria outro tipo de ambiente para minha família. Jurei que meu casamento seria diferente..."

A ideia que Peggy tinha de precisar preservar seu casamento em prol da filha, ou por qualquer outro bem maior, não fazia mais sentido para ela — se é que algum dia fizera. "Rose é adulta e tem a própria vida", Peggy me disse. "Meu juramento de criar um lar cheio de amor é ridículo. Não dá para fazer um bom casamento sozinha."

Eu gostaria de dar um final feliz a essa história, mas Peggy decidiu largar a terapia em vez de tolerar a ansiedade causada por uma consciência cada vez maior. Ela continua com Ted, perdoando seu comportamento muito facilmente, de forma barata demais. Os padrões de resistência aprendidos quando ainda muito criança estão enraizados demais para que ela abra mão deles: um lembrete de que ter *insights* referentes a nossos padrões autodestrutivos não significa que tenhamos a vontade ou a coragem necessária para mudá-los.

É lógico que ainda pode acontecer algo que dê a Peggy a clareza e a convicção necessárias para exorcizar seus demônios e agir a favor de si mesma. Mas, primeiro, ela teria de aprender o valor de um egoísmo saudável e abdicar de seu papel de apaziguadora.

A propensão a perdoar pode ser moldada não apenas por interações com os pais, como no caso de Peggy, mas por conformidade com normas sociais ou religiosas, como "Se não tiver algo de bom para dizer, então não diga nada" e "Perdoe, e será perdoado". Essas lições são transmitidas para nós quando somos pequenos e influenciam nossos comportamentos quando adultos. O que não se costuma ensinar é o que fazer com nossa raiva ou outras emoções incontroláveis que vêm à tona quando alguém tenta nos magoar. Ninguém nos conta o que Carol Gilligan, psicóloga de Harvard, descobriu em sua pesquisa com garotas adolescentes: que, quando paramos de nos impor diante de violações em nossos relacionamentos, não perdemos só a nossa voz, perdemos a nós mesmos.[3]

O agressor passivo

Se você é um evitador de conflito, perdoa prontamente os outros à própria custa. Se é um agressor passivo, também não demora a perdoar, subjugando suas necessidades, silenciando sua voz e passando a falsa impressão de que está tudo bem. Mas, por dentro, provavelmente você não está conformado, e sim insolente e amargurado, sabotando a paz que você deu em troca de palavras vazias e enganosas de perdão.

Você age de forma indireta, até subversiva, sua forma de se rebelar é a omissão. Em vez de protestar aberta e diretamente sobre o abuso sofrido, você se distancia e vai à forra de maneiras ardilosas, frustrando outras pessoas ao ignorar seus pedidos e se afastar física e emocionalmente delas. Sua decisão de agir de forma indulgente é manipuladora. É sua maneira de ficar quite, de se sentir no poder, no controle, por cima. Você pode fingir que vai oferecer a outra face, mas, por dentro, está buscando olho por olho, dente por dente. O psicólogo Scott Wetzler escreve: "O homem agressor passivo pode fingir que é gentil ou complacente, mas, por trás disso, há uma essência diferente. Ele é nervoso, mesquinho, invejoso e egoísta."[4]

Agressores passivos tendem a desenvolver padrões ocultos de identificação nos primeiros anos. Se seus pais rechaçaram você por desafiar a autoridade deles, talvez tenha aprendido a ser hipócrita em relação às demandas de outrem, desafiando-os em segredo e sempre seguindo o próprio caminho. Se seus pais humilharam você por demonstrar vulnerabilidade, como chorar e pedir ajuda, talvez você seja um adulto que tem pavor de se tornar dependente de qualquer pessoa. Por crer que um relacionamento nada mais é do que um jogo de poder, talvez você guarde suas jogadas só para si e não revele nada do que se passa em seu íntimo. Você pode confundir cooperação com submissão,[5] e afeição com perda de controle.

Dan é um bom exemplo de apaziguador passivo-agressivo que mascara a própria hostilidade. Ele e a esposa, Emily, passaram quatro anos tentando engravidar com tratamentos para infertilidade. Finalmente tiveram sucesso com a fertilização *in vitro*, e Emily deu à luz um garotinho saudável. Dan me explicou que, depois disso, Emily o cortou de sua vida e transferiu toda a sua atenção para o filho. Em retaliação, Dan voltou a atenção dele para sua jovem assistente no escritório.

Um ano depois, na terapia, ele reconheceu como tinha se sentido rabugento e diminuído depois que o bebê nasceu. "Quanto mais raiva eu sentia, mais quieto eu ficava", contou-me. "No último Dia das Mães, falei para Emily que tinha confundido as datas e marcado uma partida de golfe com um velho amigo da faculdade. É lógico que o 'amigo' era uma mulher com quem eu estava saindo. Prometi que estaria em casa às três da tarde, mas só cheguei às seis, me desculpei, dei um grande abraço em Emily e algumas flores e fui cochilar na frente da televisão."

Como um evitador de conflito, Dan conquistou apenas a ilusão da paz, e a um preço muito alto. Com medo de ser subjugado e anulado, ele se impôs da única forma que lhe parecia segura: opondo-se em segredo. Hoje, como a maior parte dos apaziguadores compulsivos, Dan continua a se esforçar para ser ele mesmo nos relacionamentos, mas, por não ter firmeza de caráter e habilidades interpessoais para negociar conflitos, não sabe como fazê-lo. Ele sorri, mas, em segredo, ferve de raiva. Nas aparências, perdoa tudo; por dentro, não perdoa nada.

O padrão de reconciliação do agressor passivo é dar com uma mão e tomar com a outra. Por fora, ele é humilde e aceita a culpa; por dentro, sente que é inocente e se vangloria do sucesso de seu ardil. "Meu pai e eu entramos em um cabo de guerra", contou-me um paciente chamado Jim. "Mas aprendi a derrotá-lo em seu jogo. Ele exigia um pedido de desculpa por qualquer coisa que eu fizesse. Uma vez, cheguei tarde em casa e ele veio para cima de mim dizendo: 'Está arrependido? Me diga que está arrependido!' Ele insistiu e insistiu até que eu virei e disse: 'Estou...' E então sussurrei para mim 'nada'. Aquele 'nada' se tornou uma palavrinha mágica, meu jeito de ser, meu jeito de sobreviver àquele tirano."

O abnegado

O abnegado é aquele que, por convicção, coloca os outros em primeiro lugar. Ele gosta de agir com generosidade e tenta não guardar rancor. Tenta adotar virtudes como a misericórdia e o perdão, em geral dando mais valor às necessidades dos outros do que às próprias. Em oposição ao evitador de conflito, que costuma se sentir subjugado e recrutado para fazer as pazes, o abnegado sente prazer em perdoar.

Como apontam Jeffrey Young e seus colegas em *Terapia do esquema: guia de técnicas cognitivo-comportamentais inovadoras*, você tende a "ouvir os outros em vez de falar sobre si; cuidar dos outros, mas ter dificuldade de fazer coisas por si; prestar atenção nos outros, mas ficar desconfortável quando o foco se volta para você e [falar] de forma indireta quando quer algo em vez de pedir diretamente".[6]

Então o que há de barato ou falso na boa vontade do abnegado de perdoar? Nada, se for uma resposta pensada a uma ofensa específica, e não uma tentativa instintiva e cega de se martirizar; nada, se você já refletiu sobre todas as alternativas e se deu alguma liberdade de resposta. O perdão se torna algo barato ou falso quando é uma resposta genérica e mecânica, sem reconhecer o conteúdo ou a situação.

Vale mencionar, em uma breve observação, como minha querida amiga e colega Michelle e eu costumamos agir com um altruísmo modesto quando tentamos marcar um encontro. É assim que acontece. Michelle liga e fala: "O que acha de jantarmos no novo restaurante indiano?" Eu digo: "Ótimo. Quando é bom para você?" Ela responde: "Posso te encontrar qualquer hora depois das sete, mas, se for cedo demais para você, posso ir mais tarde." Eu falo: "Perfeito. Vamos às 19h15" (o que, na verdade, é bem cedo para mim). Desligamos, e ela me liga de novo em poucos minutos. "Acho que você ficou meio hesitante", diz ela. "O que foi? Quer ir a outro lugar?" Respondo: "Bom, a verdade é que passei mal na última vez que fui lá, mas estou disposta a dar mais uma chance." Ela discorda: "De jeito nenhum. Vamos naquele restaurante italiano que você gosta", e desliga. Eu ligo de volta: "Sério, não me incomodo de tentar o restaurante que você sugeriu..." E assim vai. Ponha duas abnegadas juntas, e elas não vão conseguir planejar nada até a hora do jantar.

Não há nada gravemente nocivo ou disfuncional em duas pessoas querendo levar em consideração as necessidades uma da outra e ambas se sentirem bem com isso (tirando o fato de ser exaustivo) — a menos que sejam incapazes de responder de forma mais autocentrada e em prol do próprio interesse quando a situação justifica isso. Michelle e eu ofereceríamos um perdão barato se, quando fosse realmente necessário, não conseguíssemos dizer: "Eu gostaria de fazer X, não Y." Isso exige o que Robert Karen chama de "um egoísmo natural":[7] uma habilidade de impor o que é necessário para você e estabelecer limites no que você está disposto a fazer pelos outros em relação ao que está disposto a fazer por si mesmo.

Estaria o abnegado em um plano moral mais elevado do que os demais? Eu não tenho a pretensão de responder a essa questão tão delicada, mas eu diria que o que é bom para uma pessoa pode ser nocivo para outra. Também sei, com base na minha prática clínica, que as pessoas que estão categoricamente comprometidas com a abnegação, mas não se debateram com o seu significado, costumam estar bastante estressadas. A resposta inicial e impensada de uma pessoa nem sempre é a melhor.

Gretchen, 53 anos, diretora de uma escola católica, luta para levar uma vida religiosa, repleta de atos de bondade, sem exaurir sua vitalidade ou sacrificar suas necessidades básicas. Depois da morte repentina da mãe, vítima de leucemia, seu pai, com noventa anos e debilitado, pediu para morar com ela. Gretchen tinha se divorciado recentemente, trabalhava em meio período e ainda cuidava de três filhos. Mesmo sentindo-se dividida, concordou na mesma hora. "A vida toda, fui ensinada a me doar, a ser gentil com os outros", contou-me. "É nisso que acredito e é o que ensino aos meus filhos. Como eu poderia dizer não?"

Três meses depois da chegada do pai, Janice — irmã dele e tia de Gretchen — foi diagnosticada com mal de Parkinson e perguntou à sobrinha se também poderia morar com ela. "Só por um mês", insistiu Janice, "enquanto coloco minhas coisas em ordem e me organizo para me mudar para uma casa de repouso."

Gretchen topou. Passaram-se trinta dias, sessenta, noventa. Ela se ofereceu para levar Janice para visitar alguns lares locais, mas a tia respondeu: "Não. Não tenho condição de ir agora. Não estou pronta."

Gretchen tranquilizou a tia dizendo que ela poderia ficar o tempo que quisesse. "Como eu iria expulsá-la... sangue do meu sangue?", disse.

Mas Gretchen sentia-se usada, esgotada e com raiva de si mesma. Ela sabia, em algum nível, que estavam se aproveitando dela, mas era incapaz de estabelecer limites ou se impor. Ao contrário de Janice, ela não sabia dizer não.

"Não é só por eles exigirem tanto de mim", reclamou Gretchen. "É que eu não tenho tempo de fazer nada para mim. Se eu levo as crianças para jantar, não consigo curtir, pensando que eu deveria ter levado meu pai e minha tia também. Se levo alguém para casa, eles ficam na sala com a gente até o cara ir embora. Nem chegam a considerar que deveriam ir para seus quartos, e não me sinto no direito de dizer. Meu pai não me faz sentir culpada; eu mesma me sinto culpada. Minha tia é outra história. Ela acha que devo tomar conta dela e fica irritada quando não faço isso. E eu caio nessa. Sinto que sou uma pessoa má. Eu *sou* má. Quero fazer todo mundo feliz, mas aonde isso me leva?"

O problema de Gretchen, como o de outros abnegados, não é a humildade, a tolerância ou a generosidade, mas sim sua incapacidade de agir em benefício próprio, de se permitir dar respostas que levem em conta suas necessidades pessoais. Sua tia era tão insensível a Gretchen quanto Gretchen é consigo mesma. Assim, como tantas pessoas que se reconciliam automaticamente, ela continua até hoje presa em uma teia de imperativos morais: um pântano de "devo" e "tenho de" do qual, aparentemente, não há como escapar.

VANTAGENS E DESVANTAGENS DO PERDÃO BARATO

Quais são as vantagens do Perdão Barato?

Aqui estão cinco razões por que você pode tender ao Perdão Barato:

1. Pode manter você ligada ao ofensor.

O Perdão Barato pode permitir que você mantenha uma aparência de harmonia e que seu relacionamento continue vivo, ou pelo menos intacto. Alguns pesquisadores defendem a noção de que parceiros capazes de perdoar um cônjuge por ofensas emocionais graves tendem a ter um casamento feliz,[8] uma noção que eu questiono.

2. Pode fazer você se sentir bem consigo, até correta e superior.

Como disse Ben Franklin: "Causar uma ofensa põe você abaixo do inimigo; vingar-se faz você se igualar a ele; perdoá-lo coloca você acima dele."

3. Pode proteger você de entrar em confronto com sua própria cumplicidade no conflito e também deixar o passado para trás.

A autocrítica pode ser dolorosa. O Perdão Barato mantém você na bênção da ignorância.

4. Pode incentivar o transgressor a se arrepender.

Seu comportamento conciliatório pode inspirá-lo a tratar você com a mesma benevolência: desculpando-se, tentando recompensá-la pela forma como a tratou. Seu perdão também pode despertar a noção de responsabilidade e o sentimento de culpa dele, e com isso ele se torna mais amigável e respeitoso.

5. Você acredita que isso faz bem à sua saúde.

Pode parecer que o Perdão Barato traz benefícios significativos para a saúde: libera você de obsessões, reduz sua ansiedade e depressão, baixa sua pressão e acalma o coração. Como veremos adiante, esses benefícios são muito discutíveis.

Quais são as desvantagens do Perdão Barato?

Vamos dar uma olhada em como cada uma dessas vantagens está ligada a uma desvantagem:

1. O Perdão Barato pode preservar seu relacionamento, mas sufoca qualquer oportunidade de desenvolver conexões mais profundas.

Quando comecei a trabalhar com problemas de infidelidade e uma esposa magoada me disse: "Perdoei meu parceiro, só quero seguir em frente", uma parte de mim ficou grata a ela por tornar meu trabalho mais fácil. Mas desde então aprendi a ficar alerta diante de gestos tão simples e não cair nessa armadilha. O apaziguamento compulsivo pode permitir que você e seu parceiro continuem juntos, mas nada além disso; vocês não se tornam íntimos. Quando não se discute ou não se resolve uma violação, quando você abranda a responsabilidade dele de recuperar a confiança e a segurança, não há nenhum ato de cura. As questões continuam tácitas entre vocês.

Foi o caso de um casal que entrevistei no programa de TV *Good Morning America*. John tinha acabado de descobrir que sua esposa, Mary, tivera um breve caso logo depois que o filho único dos dois havia ido para a faculdade. Diante de um público de milhões de pessoas, Mary expressou seu profundo remorso por magoá-lo. John, tenente aposentado da Força Aérea, aceitou prontamente as desculpas e estendeu a mão em uma oferta de paz. "Não preciso mais falar sobre isso", disse ele a ela. "Eu te perdoo e só quero seguir em frente."

Meu conselho imediato foi: "Cuidado para não perdoar rápido demais." Para mim — e é claro que, nesses programas, o especialista faz uma análise das complexidades de um relacionamento de muitos anos em um período de quatro minutos — pareceu que essa demonstração instantânea de perdão era a última coisa que ajudaria aquele casal. Para começo de conversa, Mary teve um caso porque se sentia sozinha e distante do marido, uma situação piorada pela partida do filho. *O perdão era a dádiva mais barata que John poderia dar a ela*. Não custava nada para ele. O que Mary precisava não era de um reparo rápido, mas de uma conversa: uma conversa muito sincera a respeito de quem ela era e do que precisava dele para que pudessem desenvolver intimidade. Ela queria ser conhecida e queria conhecê-lo melhor. A oferta de paz indiferente de John produziria apenas mais do mesmo — mais silêncio, mais alienação — e perpetuaria sua maneira disfuncional de se relacionar.

Uma pesquisa pode sugerir que cônjuges que perdoam o parceiro têm casamentos mais felizes, mas talvez não seja o *ato de perdoar* por si só que crie um casamento melhor, mas sim a *transação* que ocorre entre duas pessoas quando o perdão é merecido. Quando o ofensor demonstra que entendeu e está sinceramente incomodado pelo mal que causou a você, e quando ele trabalha para reparar isso, você pode se sentir mais motivada a se libertar de seu ressentimento e convidá-lo de volta à sua vida.

2. O Perdão Barato pode fazer você se sentir moralmente superior ao ofensor, porém é mais provável que sua hipocrisia impeça uma conexão mais profunda.

Algumas de vocês podem se enganar e acreditar que sua dádiva generosa as coloca em um patamar espiritual mais alto do que o do ofensor. "Eu, humilde e caridosa, tenho a capacidade de perdoar e, portanto, estou mais próxima de Deus", você diz a si mesma. "Posso perdoar alguém com tantos defeitos como você."

No entanto, sua benevolência pode ter bases instáveis e ocultar sua verdadeira motivação. Você precisa se perguntar: "O meu perdão é um ato elevado de humildade ou apenas um gesto manipulador para demonstrar a minha superioridade?" Se a resposta for a segunda, você está se privando da oportunidade de ter o ofensor cuidando de suas mágoas, fazendo você se sentir cuidada e merecendo seus bons sentimentos.

3. O Perdão Barato bloqueia o crescimento pessoal, privando você de insights íntimos que a ajudariam a desenvolver relacionamentos mais satisfatórios.

Quando você perdoa rápido demais, não aprende as lições que surgem de confrontar a própria cumplicidade. O casal com que falei no *Good Morning America* ilustra essa questão. John apenas poupou a esposa — e a si mesmo. Fim da história. John nunca encarou de que modo *ele* pode ter falhado com ela e contribuído para a solidão da mulher. Em vez de negociar uma paz permanente, ele ofereceu um cessar-fogo temporário.

4. O Perdão Barato pode dar aval para que o transgressor continue maltratando você.

Além de talvez *não* levar o ofensor a se arrepender, o Perdão Barato pode aumentar a chance de que ele volte a magoá-la. Descobriu-se que, entre mulheres abusadas, aquelas que relatam ser mais propensas a perdoar o parceiro também estão mais propensas a sofrer abusos constantes.[9] Se o ofensor nunca sofre as consequências de suas transgressões e sempre encontra em você uma fonte de misericórdia, por que não voltaria a errar?

5. O Perdão Barato pode deixar você doente tanto emocional quanto fisicamente.

Muito se ouve falar dos benefícios psicológicos do perdão, de desapegar-se da raiva e fazer as pazes, mas a maior parte dessas descobertas costumam ser mal interpretadas. O que elas mostram é que há uma *relação* entre perdão e uma saúde melhor, não que o perdão seja o *causador* de uma saúde melhor. O que faz você se sentir bem, segundo estudos, é um nível reduzido de estresse e hostilidade crônicos,[10] e isso vem com a Aceitação ou o Perdão Genuíno, não com o Perdão Barato. Com este, você enterra ou renega seu ressentimento, você não o resolve.

Em *The Type C Connection: The Behavioral Links to Cancer and Your Health* [A conexão tipo C: as ligações comportamentais com o câncer e sua saúde], Lydia Temoshok e Henry Dreher defendem que pessoas do tipo C — aquelas cronicamente inconscientes dos próprios sentimentos negativos e, por isso, rápidas em perdoar — estão mais propensas a ter câncer do que aquelas que prestam atenção nesses sentimentos e aprendem a lidar com eles. Temoshok e Dreher mostram o contraste entre pessoas do tipo C, que demonstram "uma gentileza compulsiva e implacável em qualquer situação, não importa o quanto seja estressante, ofensiva ou perigosa", com as do tipo A, que são hostis, menos clementes e mais suscetíveis a doenças cardíacas do que as outras.

Temoshok e Dreher vão mais além e dizem que a ausência de raiva em indivíduos do tipo C "não deriva de um senso de paz interior [...]. Sob a fachada, há uma grande quantidade de raiva *reprimida*, sentimentos de ansiedade guardados com cuidado e, em muitos casos [...], um desespero profundo".[11]

Como a mente e o corpo interagem ainda é um mistério. Não sabemos se ou como emoções reprimidas podem causar tumores. Mas já foi levantada como hipótese que uma tendência duradoura de reprimir raiva e outras emoções fortes faz estragos na nossa organização celular e enfraquece nossa imunidade para determinadas doenças. Woody Allen demonstra isso com seu inimitável jeito excêntrico no filme *Manhattan*. Quando sua namorada (interpretada por Diane Keaton) o troca pelo melhor amigo dele e Allen se recusa a ficar irritado, Keaton grita para ele:

— Por que você não fica com raiva pra gente poder pôr tudo em pratos limpos, pra que a gente possa resolver isso?

— Eu não fico com raiva, está bem? — responde Allen. — Quer dizer, tendo a internalizar. É um dos problemas que tenho. Eu... eu desenvolvo um tumor.[12]

Quando sucumbimos à ideia de que a raiva é sinal de uma personalidade moral fraca e pouco controle emocional, bancamos os bons por fora e adoecemos por dentro.

Entenda o Perdão Barato

Reconhecer sua dor permite que possa tratá-la

A raiva pode ser uma resposta saudável e adaptável quando seus direitos são violados. Ela instiga e estimula você a tomar uma atitude. Sem ela, talvez lhe falte a coragem de se impor, de buscar uma solução justa, de se proteger de mais males. Se você não se permite ficar indignado quando alguém magoa você, quem vai protegê-lo do desrespeito dessa pessoa? Se você não sabe que está magoado e furioso, quem vai incentivá-lo a questionar o valor do relacionamento, a definir limites e dizer "Chega. Para mim, já deu"? Quem está em casa? Quem está segurando as pontas com você? Quem vai ser sua voz? Quem vai reivindicar algo por você? A incapacidade de sentir raiva é tão perigosa quanto a incapacidade de sentir dor e deixa a pessoa igualmente indefesa.

Uma paciente chamada Laura era um modelo de pessoa que perdoa facilmente. Quando Tom, seu marido, prometeu ser fiel depois do terceiro caso, ela o aceitou de volta, praticamente entoando: "Tom é meu marido. Sou casada com ele para o bem e para o mal. Assumi um compromisso. Eu o mantenho em nome dos meninos. Tom é fraco. Precisa de mim. Sou a única que ainda acredita nele. Se eu for embora, ele pode até se matar. Para onde ele iria? Ele pularia de uma mulher para outra e perderia tudo pelo que trabalhou."

Laura sentia-se certa em defender seus deveres morais e familiares, mas nunca conseguia dizer "Eu quero". Ela não se permitia sentir a dor da ofensa, validá-la e nem agir de acordo com isso, jamais. Mesmo depois que Tom continuou a traí-la, mesmo depois de pegar uma doença sexualmente transmissível que a deixou infértil, Laura sentiu pena dele, arranjou desculpas e o aceitou de volta em seu coração.

Laura apaziguava o tempo todo, mas não havia nada de sagrado ou nobre em sua reação. Se tivesse validado os próprios sentimentos, acho que teria descoberto tanto a necessidade de ser humana com Tom quanto a de ser verdadeira consigo mesma. Se tivesse sabido que a Aceitação era uma opção, ela poderia ter trabalhado a questão, sentindo empatia por Tom em vez de humilhá-lo e julgá-lo enquanto considerava as próprias necessidades. Ela não precisaria perdoá-lo ou se reconciliar com ele. Ela não precisaria pôr em risco o bem-estar das crianças ou o próprio.

Se o seu padrão é perdoar a qualquer custo, vão ser necessários coragem e um esforço consciente para sintonizar seus sentimentos e deixar que sua voz seja ouvida. Em troca, você vai dar ao ofensor a chance de saber que está dilacerada por dentro, de dar um passo à frente e cuidar da sua mágoa.

A capacidade de se impor quanto a quem você é, como está sofrendo e do que precisa é uma parte essencial do que significa ter intimidade. Harriet Lerner escreve com muita eloquência em *The Dance of Connection* [A dança da conexão]: "É através das palavras que conhecemos a outra pessoa e somos conhecidos. Esse *conhecimento* está no centro de nossos anseios mais profundos por intimidade e conexão com os outros. A forma como as relações se desdobram com as pessoas mais importantes da nossa vida depende da coragem e da clareza em encontrar sua voz."[13]

É lógico que o ofensor pode não dar suporte à sua angústia, mas, como aconselha Lerner: "Mesmo quando não somos ouvidos, ainda precisamos conhecer o som da nossa voz dizendo alto e para todos ouvirem o que realmente pensamos."[14] Se você tem plena consciência do perigo de se impor e não tem ideia do custo de permanecer em silêncio, vai se tratar com o mesmo desprezo que o demonstrado pelo ofensor e vai acabar se sentindo tão ignorada e desprotegida quanto ele fez você se sentir.

Sofri uma violação ou estou imaginando coisas?

O que torna quase impossível para algumas apaziguadoras o ato de se impor é a incerteza no que diz respeito à violação, se ela de fato ocorreu. Filhas de alcoólatras e vítimas de abuso físico ou sexual em particular costumam crescer em um mundo que tenta convencê-las de que *a violação nunca aconteceu*. Em *The Courage to Heal* [A coragem de se tratar], Ellen Bass e Laura Davis discutem como vítimas de trauma sofrem o trauma novamente quando os outros, até mesmo parentes diretos, menosprezam suas lembranças de abuso sexual como mentiras vingativas ou coisas loucas e confusas da imaginação.[15] Vítimas cujas recordações são questionadas costumam passar a vida duvidando da veracidade das próprias experiências — fingem que nunca foram feridas e aprendem a não confiar na própria intuição ou na própria versão da realidade. Essa reação pode ser tão prejudicial quanto a violação em si.

Uma paciente chamada Nancy cresceu em uma família que negava a realidade do alcoolismo de sua mãe. "Na maior parte do tempo, minha mãe ficava na cama, deprimida e isolada do mundo", contou-me Nancy. "Mas então ela tomava um porre e vinha destruindo a casa, gritando e atirando coisas. No dia seguinte, ninguém falava nada. Ficávamos sentados ao redor da mesa — meu pai e cinco filhos —, e minha mãe desacordada no quarto. Era bizarro. Eu olhava ao redor e pensava: 'Será que tudo aquilo aconteceu mesmo? Estou ficando louca? Por que ninguém está falando nada? Por que estão todos fingindo que esta é uma família normal?'"

Você entendeu tudo errado: o problema é você

Algumas pessoas podem negar o que aconteceu com você ou convencê-la de que a culpa é *sua*: é *você* que está errada ou foi má. Talvez em pouco tempo você perceba que, para viver em paz com essas pessoas, é preciso silenciar sua voz e engolir o escárnio delas.

"Quando uma freira no ensino fundamental me bateu com um livro de geografia por eu ter tocado a nota errada durante a aula de piano, minha mãe me fez praticar mais", contou-me uma paciente chamada Denise. "Quando meu namorado deu um soco na nossa parede de alvenaria, minha mãe me perguntou: 'O que você fez para provocá-lo?' Quando contei para ela que o meu pai enfiou a língua na minha boca, ela me mandou calar a boca, que minha língua era mais perigosa que a dele. Não importava o que acontecesse comigo, ela me fazia sentir como se eu tivesse merecido aquilo, como se eu tivesse causado. Aprendi a não criar problemas. Concluí que eu não tinha o direito de reclamar."

Origens do Perdão Barato

Se você deseja romper um padrão de apaziguamento negligente, talvez ajude olhar para trás, para os primeiros anos de sua vida, e identificar as experiências críticas que moldaram você. Será que cresceu com tanto medo de conflito que não sabe identificar quando sofre uma violação, que dirá esperar que o ofensor repare a situação? Será que ficou tão traumatizada pelo abandono de um dos pais que se agarra desesperadamente a relacionamentos, por mais superficiais ou doentios que sejam? Será que foi ensinada a ser tão conformista que nem consegue gostar de si, a não ser quando está a serviço de alguém? Será que cresceu com um senso exacerbado de responsabilidade, uma hipersensibilidade às necessidades e sentimentos dos outros?

Talvez um familiar tenha ficado doente ou tivesse uma deficiência emocional, e coube a você o papel de criança "maternal", que se sacrificava na mesma hora para cuidar dos outros. Talvez seus pais fossem críticos ou controladores, e você tenha aprendido a renunciar às suas necessidades para evitar humilhações. Por mais distintas que sejam essas duas experiências, ambas levam você a reprimir suas necessidades como adulta[16] e a perdoar de forma rápida e automática demais para seu próprio bem.

As raízes do seu comportamento podem também remontar a exortações religiosas e morais da sua família ou comunidade. Talvez tenha aprendido que pessoas decentes perdoam e que, se pretende adotar um comportamento divino, você não tem escolha.

A pressão para perdoar a qualquer custo pode ser inculcada na sua mente por mensagens aparentemente inocentes. Uma das minhas pacientes ouviu muitas vezes que: "até pessoas em situações familiares muito piores convivem em paz, por que nós não conseguiríamos?" Esses decretos familiares são enraizados em nós quando ainda somos muito pequenos e seguem conosco por toda a vida.

Suas imposições biológicas são outra variável. Níveis baixos de testosterona, por exemplo, podem contribuir para a passividade ou timidez e tornar você mais propensa a baixar a guarda e evitar conflito, em vez de buscar vingança ou até reconhecer o mal que lhe foi infligido.

Uma paciente chamada Phyllis atribuiu seu padrão de Perdão Barato diretamente a seu relacionamento com a mãe. Ela deve ter me contado a mesma história umas dez vezes na terapia: capturava a experiência formativa no desenvolvimento do seu eu adulto. "Minha mãe costumava escolher minhas roupas para mim", recordou. "Ela dizia saber mais do que eu o que caía bem em mim e do que eu gostava. Mesmo pequena, eu sentia o quanto ela precisava que eu a amasse, que me fundisse com ela. Ela me contava como a mãe dela tinha sido ruim, sempre favorecendo sua irmã — e como era importante que nós fôssemos próximas. Mas a ideia dela de proximidade era o domínio e a minha era deixar que ela me dominasse. Comecei a duvidar da minha capacidade de saber o que eu sentia ou pensava como um ser humano independente. Eu não podia dizer não a ela. O mesmo acontece com meu marido, Steve. Durante anos, tentei ser sua esposa boazinha, me dilacerando, dominando a arte de ficar presa a uma pessoa difícil e autoritária, enquanto ignorava meu ressentimento e meu desespero. Depois de dois filhos e trinta anos de casamento, acabei descobrindo que ele tinha um caso com a *personal trainer* havia dez anos. Ele custeou o doutorado dela em psicologia. Falei para ele que precisava que ele entrasse na terapia comigo para destrinchar isso tudo, mas ele insiste em dizer que o caso acabou. 'Minha querida, meu amorzinho', diz ele, implorando para que eu não vá embora; e, em algum nível, eu me pergunto: 'Por que eu não posso só acreditar nele? Por que não posso abrir mão da minha raiva e seguir em frente?' Uma parte de mim quer gritar, e a outra quer fazê-lo feliz. É muito difícil separar meu eu de tudo isso. E é isso que eu vim trabalhar aqui com você."

Se você, assim como Phyllis, é propensa a perdoar com muita facilidade, talvez não esteja reagindo a uma interação em particular, mas sim a padrões da primeira infância. Para acessá-los, recomendo que observe com mais atenção de que forma você reage a ofensas na vida. Pergunte-se:

* Procuro de forma compulsiva reparar relacionamentos, apesar das circunstâncias ou dos meus sentimentos?
* Eu me ataco quando alguém me trata mal?
* Arranjo desculpas para justificar o ofensor?
* Reprimo ou rejeito uma violação?
* Não sei reconhecer minha raiva ou meu desespero?
* Não consigo dar voz às minhas objeções ou necessidades?
* Costumo me sentir fraca, emboscada, manipulada, reprimida?
* Perdoo o ofensor como forma de assegurar meu controle, meu domínio ou minha superioridade moral?
* Distribuo minha generosidade para todos e, portanto, para ninguém?
* O Perdão Barato é minha reação automática e típica quando alguém me magoa? Se sim, ele me serve nessa situação específica ou devo considerar tomar outro rumo?

Talvez você descubra que a sua resposta típica não é necessariamente a mais saudável — que, às vezes, faz mais sentido oferecer ao ofensor uma oportunidade de se desculpar e buscar perdão.

Foi isso que Ruth, professora de ensino médio, descobriu quando seu filho Josh a insultou. "Eu mandei um e-mail para ele perguntando se Andrea, namorada dele, gostaria de ganhar um perfume Chanel de aniversário. A resposta foi curta e grossa. 'Esse não é o perfume que você e a sua mãe costumavam usar? Por que eu vou querer que a minha namorada tenha o mesmo cheiro que vocês?' Foi como se eu tivesse levado um tapa. Não só pelo insulto, mas porque minha mãe tinha morrido poucos meses antes."

Ruth revelou sua dor para mim, mas não disse nada para o filho. Ela cresceu tendo de cuidar de uma irmã com necessidades especiais, por isso, era uma apaziguadora negligente: atenciosa, empática, programada para rejeitar os próprios sofrimentos. Sempre solícita e desesperada por afeição, ela se definia pela aprovação do olhar dos outros, até daqueles que a magoavam.

Ruth estava pronta para rejeitar seus sentimentos, como sempre, e voltar a corrigir provas, quando se lembrou de como o pai — "um homem doce, de fala mansa, que nunca confrontava ninguém" — a tinha repreendido muito tempo antes por um comportamento terrível com a mãe.

"Eu estava no segundo ano do ensino médio e ia sair pela primeira vez com um partidão, pelo menos era o que ele parecia na época", conta Ruth. "Eu estava morrendo de medo que minha mãe, que não tinha educação, falasse alguma coisa grosseira e arruinasse minha chance com aquele garoto, então disse para ela ficar na cozinha e não ir até a porta quando a campainha tocasse. Meu pai me ouviu e me deu um tremendo sermão. 'Você passou totalmente dos limites insultando sua mãe e a magoando', me repreendeu ele em um tom de voz severo que eu nunca tinha ouvido antes. 'Essa mulher dá a vida por você... Você lhe deve total gratidão. Nunca mais fale desse jeito com ela.'"

Isso havia acontecido mais de trinta anos antes, mas, quando Ruth me contou, corou de vergonha. "Meu pai tinha razão", disse ela. "E eu o respeitei por dizer aquilo. Não deve ter sido fácil para ele. Ele não costumava tomar aquele tipo de atitude."

Os pensamentos de Ruth foram dos pais para o filho Josh. "Sei que não estou me ajudando em nada por não educá-lo", disse ela. "Por que estou tão ansiosa para perdoá-lo? Será que, na minha mente, ele vai ficar tão bravo que vai parar de me amar? Será que eu acho que ele vai ficar tão arrasado com a minha raiva que nunca mais vai se recuperar?"

Na sessão seguinte, Ruth me contou: "Fiz algo fora do normal. Liguei para Josh e deixei uma mensagem dizendo que o comentário dele tinha me magoado bastante. Falei que uma resposta mais adequada teria sido algo como 'Obrigado, mãe. Vou descobrir se a Andrea gosta de Chanel'. Esperei um dia inteiro pela resposta. Nada. Fiquei desnorteada. Mas na manhã seguinte recebi um pedido de desculpas muito atencioso. 'Mãezinha, recebi sua mensagem. Sinto muito por você ter entendido errado meu comentário sobre o perfume. Eu estava brincando. Acho que não foi tão engraçado assim. Foi bem gentil da sua parte pensar na Andrea. Te amo, J.'"

Ruth foi de se sentir totalmente despachada pelo filho a se sentir profundamente orgulhosa por ele ter tido a integridade de admitir que errou e se desculpar. Ela também se sentiu bem consigo por não oferecer sua dádiva de sempre do Perdão Barato. "Josh se saiu bem", disse-me ela. "E eu também."

Se você, assim como Ruth, é uma apaziguadora compulsiva, recomendo que não diminua seus sentimentos, mas preste atenção neles, compartilhe-os com o ofensor e dê a ele a chance de entender como errou e como fazer a coisa certa. Esse processo evidencia não apenas o autorrespeito, mas também a resiliência e essência do ofensor, que pode apreciar a oportunidade de reparar os danos. Convido você a encontrar a coragem para fazer isso.

"Relacionamentos saudáveis", escreveu Dana Crowley Jack em *Behind the Mask* [Por trás da máscara], "exigem reciprocidade (estar com alguém), mas também agressão positiva (se opor a alguém)." Em outras palavras, você deve desafiar "padrões subestimados de interação" e experimentar seu direito de ser um "eu" dentro de um "nós".[17] O Perdão Barato ignora a ofensa — assim como qualquer possibilidade de desenvolvimento de uma relação saudável consigo ou com o ofensor.

2

RECUSA EM PERDOAR

Uma resposta
intransigente
que mantém você
soterrado no ódio

QUANDO ALGUÉM TE MAGOA DE PROPÓSITO, TALVEZ VOCÊ SE RECUSE a perdoar porque Não Perdoar parece o maior gesto de autoafirmação a ser feito. A única resposta além da que você conhece — perdoar — parece algo generoso demais. Ao dar voz à sua raiva, você diz: "Meus sentimentos são importantes; se não para você, com certeza para mim. E, para provar isso, não vou lhe oferecer um perdão barato, nem a oportunidade de recompensar o que fez, nada. Não importa o que diga ou faça, continuarei desprezando e criticando você. Mostrarei a você que não pode me magoar e sair impune, que o que fez foi imperdoável."

REAGIR COM AGRESSIVIDADE OU DISTANCIAMENTO

A recusa em perdoar costuma assumir uma entre duas formas. Em uma, você pode atacar agressivamente o ofensor, jogando em cima dele todo o peso da sua "fúria condenatória".[1] O poder e a adrenalina de sujeitá-lo à dor e à indignidade que você acredita que ele tenha lhe causado provocam um prazer que beira o sadismo. Na outra, você pode virar as costas para ele e tentar destruí-lo com sua indiferença. Seu silêncio deixará seu desprezo bem evidente.

Em qualquer um dos casos — agressividade ou distanciamento —, seu objetivo é dar uma lição a ele e mantê-lo no cabresto da sua punição. Em qualquer um dos casos, você espera destituí-lo de humanidade, recalibrar o equilíbrio de poder e recuperar seu lugar ao sol. "O triunfo vingativo", observa a ilustre psicanalista Karen Horney, se torna "o único objetivo pelo qual lutar" e é alcançado quando se conquista o poder de frustrar, humilhar ou explorar a pessoa que ofendeu você.[2]

Enquanto você estiver no modo irreconciliável, sua raiva é inegociável. Não há possibilidade de se resolver emocionalmente, de deixar para lá, de abrir a porta. Se o ofensor demonstrar remorso, sua raiva não vai abrandar. Se ele se recusar a se arrepender, é provável que você se sinta magoada em dobro: pela ofensa e pelo não reconhecimento dela. O desdém dele pelo seu sofrimento pode causar mágoas mais profundas do que a ofensa em si. "Por que eu deveria perdoar alguém que se recusa a se desculpar", protesta você. "Por que cabe a mim fazer as pazes? Se eu não quero ser magoada de novo, eu não deveria firmar meus limites e cortar a pessoa da minha vida, do meu espaço psicológico?"

Origens da ausência de perdão

Todos nós nos recusamos a perdoar em alguns momentos, mas nossa resposta, em geral, é proporcional à provocação. Nossa raiva explode e depois abranda. Porém, para algumas de nós, Não Perdoar não é uma reação isolada a uma única violação, mas sim um padrão de reação de toda uma vida. Esse padrão pode ser inato, um traço básico de personalidade, ou pode ser aprendido, muito em virtude de experiências prejudiciais logo no começo da vida, e também por suposições negativas a respeito do significado do perdão.

Fatores inatos que podem impedir você de perdoar

Não conheço nenhum estudo formal que tenha encontrado um fundamento químico para o Não Perdoar. No entanto, dados preliminares sugerem que uma tendência a reagir com hostilidade está associada a variáveis neuroquímicas, tais como "hormônios em excesso, como testosterona, ou uma deficiência de neurotransmissores, como serotonina e dopamina".[3] Uma pesquisa recente sugere que aquelas de nós que temos "um sistema nervoso simpático altamente reativo e um sistema nervoso parassimpático de lenta resposta" podem receber ofensas e reagir a elas com raiva e mágoa acentuadas, o que leva à reação de não perdoar.[4]

Em sua pesquisa sobre as origens do ódio e da violência, Aaron Beck, doutor em medicina que foi professor de psiquiatria na Universidade da Pensilvânia, descobriu uma explicação evolucionária e adaptável para nossa reação instintiva orientada a ameaças imaginárias ou reais. Na pré-história, observa ele, havia um valor de sobrevivência na reação exagerada diante de qualquer estímulo nocivo. Uma reação irrestrita e rápida podia representar a diferença entre viver e morrer.[5]

Estudiosos do perdão postularam um traço de personalidade que chamam de "sede de vingança": uma tendência a agir com mais agressividade contra um ofensor. As pessoas que o exibem são mais propensas a ser mais negativas, a se ofender com mais facilidade, a ser menos empáticas e perdoar bem menos.[6]

Fatores aprendidos que podem impedir você de perdoar

Se você tende a dizer não ao perdão, talvez esteja perpetuando interações disfuncionais do seu passado. Aqui estão três exemplos:

* Se você foi física ou emocionalmente agredida em uma idade impressionável, pode crescer buscando se empoderar ao sentir desprezo pelos outros. Talvez corte laços em definitivo com qualquer um que faça você se sentir minimamente fraca ou desamparada.

* Se você cresceu em uma família na qual rupturas e rancores são um estilo de vida — por exemplo, sua mãe expulsou sua irmã de casa —, Não Perdoar pode se tornar uma reação padronizada ao conflito, mesmo com alguém que mereça um tratamento melhor.

* Se cresceu em uma família rigorosa e repressiva, na qual era exposta a humilhações cruéis, você pode se tornar uma adulta punitiva e implacável. Pressionada a viver de acordo com as regras, a acatar ideias inflexíveis de certo e errado e princípios irreais de moralidade, talvez acabe se tornando uma pessoa com restrições emocionais, sem espontaneidade ou afeto e sem paciência para ninguém, inclusive você mesma, que não consegue estar à altura dos próprios padrões de exigência. Se você reluta em "considerar abrandar as circunstâncias, permitir a imperfeição humana ou ter empatia com o sentimento dos outros",[7] sua resposta natural vai ser Não Perdoar.

Os pais não são as únicas pessoas que nos ensinam a nunca perdoar. A cultura popular também tem seu papel nisso. Se você é ensinada que "apenas garotinhas perdoam" ou que "quando você perdoa, os outros montam em você", talvez abomine a ideia de fazer as pazes com alguém, mesmo que o ofensor tente de todas as formas abrandar seu ressentimento, mesmo que sua percepção do ressentimento seja exagerada ou errada. Enquanto você encarar o perdão como algo que a desmoraliza, é provável que Não Perdoar seja a única opção viável.

Em geral, é *o significado pessoal* que você atribui a uma ofensa percebida que, em última análise, influencia sua reação emocional e comportamental a ela. Como observa Beck em *Prisoners of Hate* [Prisioneiros do ódio], distorções e más interpretações "catastróficas" do que aconteceu podem criar um estado de espírito que encerre você na hostilidade ou a impulsione ao ataque.[8]

As pessoas que se recusam a perdoar

Vamos dar uma olhada nos dois tipos de pessoa que tendem a ser inclementes: o narcisista e a personalidade do tipo A. Será que alguma delas descreve você?

A Narcisista

Indivíduos que sempre se recusam a perdoar costumam ter o que é chamado de transtorno de personalidade narcisística. As pessoas narcisistas acreditam que têm "direitos e privilégios especiais, quer sejam merecidos ou não. São exigentes e egoístas. Esperam cortesias especiais sem presumir responsabilidades recíprocas e exprimem surpresa e raiva quando os outros não fazem o que elas querem".[9]

Se você é narcisista, talvez costume se sentir magoada e furiosa quando os outros se recusam a se adequar à sua vida. Por se achar sempre merecedora de um tratamento privilegiado, presume que as pessoas são meros instrumentos para o seu autoaperfeiçoamento, colocadas na Terra apenas para lhe servir. E, como elas não existem para você como indivíduos únicos que têm necessidades, desejos e sentimentos próprios, é provável que os explore e não veja como esse comportamento pode desencadear conflitos que você crê terem sido criados por eles.

Caso se identifique com algum desses traços, talvez seja alguém que depende da admiração alheia para manter a autoestima lá em cima e seja hipersensível a quem ameaçar a imagem de excepcionalidade que tem de si mesma. Qualquer experiência de degradação ou fracasso pessoal pode feri-la tão profundamente que você não se sente apenas desrespeitada, mas aniquilada. Em vez de admitir o quanto precisa de que os outros preencham seu vazio, você os desvaloriza e adota um ar de superioridade. O perdão não é uma opção para você, que é presunçosa demais e pouquíssimo humilde.

"A humildade", escreve Robert Emmons, "é a disposição de se enxergar como alguém igual a basicamente qualquer outro ser humano, mesmo que haja diferenças objetivas quanto a beleza física, saúde, habilidades sociais, inteligência, ou outros recursos [...]. É a capacidade de ver com os olhos da razão os próprios talentos e conquistas, de se aceitar, compreender as próprias imperfeições e se libertar da arrogância e da baixa autoestima."[10] Sem essas qualidades, é improvável que você venha a perdoar.

É difícil perdoar alguém se, na falta da humildade, você acredita que ele é totalmente culpado enquanto você é perfeita e nunca erra. Se aceitasse algum grau de cumplicidade, poderia responder de forma mais benevolente, mas isso estilhaçaria sua grandiosa visão de si mesma e exigiria mais do que você tem para dar.

Quando a maior parte de nós se sente prejudicada — quando nosso sentimento de justiça é violado —, em geral oscilamos entre três reações: aceitação, perdão e retaliação. Porém, quando uma pessoa narcisista se sente prejudicada, ela acredita que sua única opção é a retaliação.[11] Não vê alternativa além de atacar e ajustar contas com qualquer um que ouse desafiar seu poder, enfraquecer seu controle ou ameaçar sua crença na própria perfeição.

É improvável que uma pessoa narcisista seja afetada por essas palavras porque é improvável que venha a lê-las. Incapaz de tolerar o desconforto da autoanálise e da crítica, ela busca admiração, não autoconhecimento. Ela se apega àqueles que a bajulam e descarta os que não fazem isso. Pessoas que procuram terapia costumam estar desesperadamente apegadas a um narcisista, tentando ser boas o suficiente, tentando se desculpar e fazer as pazes com alguém que é cronicamente impenitente e inclemente.

A personalidade do tipo A

Vários pesquisadores encontraram uma conexão entre a personalidade do tipo A e a narcisística. Assim como o narcisista, o indivíduo do tipo A é vidrado em poder, hostil, condescendente, hiper-reativo a frustrações pequenas, vive na defensiva e é incapaz de ter relacionamentos próximos.[12] Se você é uma pessoa do tipo A, tem um comportamento impaciente, autocentrado e exigente que provavelmente afasta as pessoas e torna difícil para elas pedir desculpas ou se importar com sua mágoa. Ao culpá-las pelo próprio comportamento ofensivo, o qual você não consegue perceber, você fecha a porta para o perdão.

Paul, um corpulento corretor de Wall Street de 45 anos, era tanto um indivíduo do tipo A quanto um narcisista. Para ele, todo dia era uma oportunidade de acertar contas. E com a Páscoa não foi diferente. Em uma viagem de família até Boston para ver um jogo de basquete, ele parou em uma delicatéssen lotada para fazer um lanche rápido. Vestido de preto, com seu cabelo espetado para cima, Paul tinha uma presença durona e impressionante. Finalmente chegou a vez dele e de seus filhos quando um casal mais velho entrou na frente. Paul chamou o recepcionista e deu batidinhas no próprio relógio. "Não se preocupe", tranquilizou-o o recepcionista, "você é o próximo." Mas, quando vagou uma mesa, o mesmo casal sentou-se e Paul ficou enfurecido. Ele puxou um maço de notas de cem dólares do bolso e o balançou na cara do recepcionista. "Está vendo isso?", disse, desafiador. "Isso aqui é troco para mim. Sabe o que eu faço para ganhar a vida? Eu mato. E você me deixou muito insatisfeito." Em poucos minutos, Paul e sua família conseguiram uma mesa.

"Eu sabia que meus filhos estavam olhando, então tentei manter um tom de voz calmo", contou-me Paul. "Não sei o que eu teria feito se eles não estivessem lá. O cara me tirou do sério. Ele fez com que eu me sentisse invisível, como se eu não existisse... Como meu pai fazia."

Incentivei Paul a ir desfazendo as camadas de emoções que ele viveu naquela delicatéssen e tentar entender de onde vinha sua reação, como ela reproduzia uma resposta de padrões profundamente enraizados e como ele poderia lidar com conflitos de forma diferente no futuro — expressando seu aborrecimento, mas sem perder o controle ou assustar seus filhos. Ele começou a responder as seguintes perguntas (se você, assim como Paul, tem um estilo de enfrentamento implacável, é provável que também responda sim para muitas delas):

* Eu me sinto insultado e ofendido muito facilmente?
* Entro em muitos confrontos com as pessoas?
* Tiro conclusões precipitadas, levo para o lado pessoal o que as pessoas dizem ou fazem e reajo com arrogância e indignação?
* Tenho tendência a guardar rancor para sempre?
* Eu me afasto de quem me magoou sem refletir sobre o que aconteceu de verdade?
* Acho que um pedido de desculpas não é bom o suficiente para que eu esqueça uma ofensa?
* Eu me sinto confortável no lugar de vítima e não consigo enxergar que uma ofensa não é simplesmente um ataque direcionado a mim, mas algo pelo qual posso ser em parte responsável?
* Sonho com maneiras de destruir meus inimigos? Ocupo meu tempo com fantasias retaliatórias que me fazem sentir poderoso, superior e no controle?

Vantagens e desvantagens de Não Perdoar

Por que Não Perdoar pode parecer interessante para você

Não Perdoar pode parecer uma opção atraente por pelo menos três motivos.

1. Faz você se sentir invulnerável.

Não Perdoar lhe dá uma aura de invencibilidade e lhe permite converter "um sentimento de impotência em um de onipotência".[13] Quando se recusa a perdoar, você acumula força ao humilhar a pessoa que acusa de tê-la humilhado. A seus olhos, quem não perdoa é um martelo; quem perdoa é uma bigorna implorando para ser golpeada.[14]

A força que você sente de contra-atacar alguém que a magoa pode não ser de todo ilusória. Você pode obrigá-lo a pensar duas vezes antes de magoar você de novo e reduzir a frequência com a qual o outro tenta fazer isso. É lógico que você pode atiçar o conflito e instigar um novo ataque, mas a postura durona e retaliatória também pode ser intimidante e mostrar a ele quem é que manda.

2. Permite que você culpe os outros por seus próprios fracassos.

Não perdoar permite que você culpe os outros pelos seus fracassos e transfira para eles o que recrimina (e, no fim das contas, precisa confrontar e perdoar) em você. Isso ajuda a evitar a vergonha e a humilhação que surgem quando alguém chega muito perto da verdade pouco agradável a seu respeito. "Você é a fonte do meu problema", insiste você, "não eu. *Você* me fez infeliz. *Você* me fez fracassar. Por sua causa, não tenho um emprego melhor, mais amigos, mais dinheiro, mais felicidade, mais liberdade, mais risos, mais coisas. Por sua causa, eu bebo, me drogo, sou infiel, não consigo me levantar de manhã, não consigo tomar um rumo, não consigo ganhar a vida." Vivendo em um "estado rancoroso",[15] você insiste em ser inocente e em que aquele que a magoou merece toda punição imaginável. Por conveniência, você o culpa por todos os seus problemas, quando o problema pode ser *você*, a *sua* incapacidade de tomar a iniciativa, de pedir ajuda, de dizer não.

3. Substitui o vazio dentro de você com uma onda de alegria.

Quer você retalie com ousadia ou se mantenha a distância, Não Perdoar faz você se sentir viva, empolgada e bem consigo. Como destaca Robert Karen com ironia: "Ninguém está imune às alegrias do vitimismo e da vingança."[16]

Por que Não Perdoar é uma resposta disfuncional à violação

Quando você recusa o perdão, o que começou como uma medida de autoproteção contra a dor, uma maneira de lidar com a indignação, deixa você com uma sensação de frieza e amargura. O que oferecia uma promessa de restaurar seu amor-próprio, criar uma segurança emocional e física e fornecer uma resolução justa para uma afronta acaba não compensando — ou acaba tendo um preço muito alto. As supostas recompensas de Não Perdoar, que, a princípio, pareciam tão interessantes e saudáveis, acabam virando inadequadas de pelo menos três maneiras.

1. Não Perdoar afasta você de qualquer diálogo com o ofensor e qualquer solução positiva para o conflito.

Ao exorcizar o ofensor da sua vida, você lhe nega a oportunidade de responder aos seus ressentimentos e merecer perdão. Quando você se recusa a considerar o que ele significou para você no passado — e ainda poderia significar hoje —, também nega a si mesma qualquer possibilidade de reconciliação. Nas relações humanas, existem muitas ofensas e mal-entendidos não intencionais. Se as partes envolvidas pudessem ao menos discutir suas diferenças, talvez isso mudasse a fachada da violação e abrandasse sua resposta. Lembre-se: se optar por se abrir ao diálogo, você não tem obrigação de se reconciliar e perdoar, mas pode permitir que o ofensor entre e sua dor saia.

2. Não Perdoar pode restaurar seu orgulho, mas distancia você de uma oportunidade de crescimento e compreensão pessoal.

Quando se recusa a perdoar, você transfere toda a culpa para o ofensor e faz de si alguém intacável. Porém, é mais provável que esse simulacro de perfeição cheio de orgulho mascare um interior abalado. Como escreve Karen Horney: "O orgulho neurótico é uma autoestima exaltada construída não sobre vantagens existentes, mas sim sobre uma superioridade imaginária."[17] Ao se envolver em uma raiva cheia de hipocrisia, sem nunca considerar que você mesma pode estar errada, você se afasta de uma oportunidade de se encarar — de aprender, mudar e crescer.

Por trás da sua recusa em perdoar, pode haver o medo de encarar a própria fragilidade e as próprias falhas. Talvez você se sinta excluída e não veja como sua própria crença de que não vale a pena conhecer o outro é o que faz você mesma se distanciar dele. Você pode acusar alguém de subjugar você e não ver como você mesma falha em se impor e estabelecer limites. Talvez se sinta tiranizada pelas demandas dos outros, mas não saiba como relaxar e criar equilíbrio em sua vida.

Cega de raiva, você se torna especialista em apontar como os outros a decepcionam. Pode escrever volumes e mais volumes sobre como seus pais, filhos ou amigos a frustraram, mas não sabe quase nada de como você já ofendeu os outros, que, por sua vez, se defendem ou contra-atacam de maneiras igualmente combativas. Por fim, você simplesmente não enxerga o outro com a mesma generosidade que insiste que estendam a você.

3. Não Perdoar pode fazer você se sentir menos vazia, mas envenena você física e emocionalmente, afastando-a da vida.

Se recusar a perdoar faz você se sentir menos vazia, mais essencial e mais energizada, mas, envenenando-a por dentro, também pode deixá-la "psiquicamente estéril"[18] — desprendida da vida, cega para aqueles que merecem sua gratidão, indiferente à ternura, beleza e alegria. Você pode buscar consolo em prazeres solitários, como um livro ou uma caminhada, ou compartilhar momentos com velhos amigos, porém o mais provável é que a raiva seja o único sentimento a ressoar em seu íntimo. Obcecada em retaliar, você preenche sua necessidade básica de proteção e autopreservação,[19] mas não deixa espaço para gratificar suas necessidades "mais nobres" de paz, criatividade, amor e conexão.

Embora odiar possa fazer você se sentir viva, também pode deixar você fisicamente doente ou mais suscetível a doenças. Um corpo de pesquisas cada vez maior demonstra que emoções negativas crônicas como amargura, cinismo, desconfiança e hostilidade — todas as representações de Não Perdoar — exaurem nossa energia e minam nosso bem-estar físico e mental.[20] Um estudo recente descobriu que pessoas instruídas a ensaiar respostas inclementes à violação apresentaram pressão arterial alta e uma crescente agitação do sistema nervoso simpático.[21] Se esses efeitos psicológicos forem crônicos e intensos, podem comprometer o sistema imunológico, aumentando o risco para câncer e doenças infecciosas, ou gerar calcificações nas artérias coronárias, levando a doenças cardíacas.

A Recusa em Perdoar pode isolar você não apenas da pessoa que a magoou, mas também daquelas que não lhe fizeram mal algum. A desconfiança é como sangue jorrando de uma ferida e manchando tudo o que toca. Morbidamente absorta na ofensa, é possível que você acabe afastando a tudo e a todos, até aqueles que se importam com você e querem ajudá-la a se curar. Incapaz de se abrir para eles ou até de admitir que o apoio deles é bem-vindo, o mais provável é que você se mantenha firme em sua postura, mas sozinha.

Estabilizar-se e fortalecer-se requer mais do que apenas uma dose de indignação. Para seguir em frente, é preciso se voltar para dentro e racionalizar a ofensa, se comunicar e desenvolver conexões mais gratificantes com aqueles que estão ao seu lado ou gostariam de estar. Cuidar de suas feridas e vincular-se a elas são coisas diferentes, assim como raiva destrutiva e raiva construtiva. Quando você não é capaz de identificar essa diferença, Não Perdoar se torna sua razão de ser.

Abrir mão da arrogância brutal de Não Perdoar é um trabalho complicado. É preciso desmantelar o orgulho, aprender a ser humilde e parar de culpar os outros por nossa parcela de responsabilidade. Como Horney sagazmente observa: "[...] seguir por essa estrada significaria — Deus nos livre — se tornar mais humano. Significaria abrir mão de [sua] magnificência isoladora, [sua] singularidade, e se tornar um humano comum como qualquer outro, sem quaisquer privilégios especiais; se tornar parte de uma massa apinhada de humanidade."[22]

A maior parte de nós sofreu violações que parecem imperdoáveis. A Recusa em Perdoar parece demonstrar nossa coragem e sabedoria: nossa força, nosso autorrespeito, nosso direito à justiça. Contudo, a verdade é que isso não passa de um bálsamo superficial para nossas feridas. A Recusa em Perdoar nos proporciona uma sensação temporária de poder, mas não nos oferece uma resposta clara, comedida e autossustentável. Não nos livra da preocupação com nosso ofensor nem oferece nada além de ódio para reconstruir nosso orgulho ferido. Ela nos confere uma camada de proteção, mas não nos torna nem um pouco mais fortes ou mais realizados como seres humanos.

No fim, Não Perdoar é só isto: uma força negativa, uma forma de *não* se comprometer com a vida. É uma resposta muito limitada, constrita e dura à ofensa, que se alimenta de ódio e humilhação e nos desvia do maior desafio de todos: ter paz interior para nos sentirmos inteiras e felizes por estarmos vivas.

3

ACEITAÇÃO

Um presente de cura
para si que não exige
nada do ofensor

Aceitação é uma resposta audaz e estimulante à violação quando a pessoa que te magoou não é inacessível ou impenitente. Não exige nada de ninguém, apenas de você. Diferentemente do Perdão Barato e da Recusa em Perdoar, ela se baseia na decisão pessoal de assumir o controle da própria dor, entender a própria mágoa e construir um relacionamento com o ofensor que funcione para você.

Em *Trauma and Recovery* [Trauma e reparação], Judith Herman destaca que não somos responsáveis pelo mal que nos foi causado, mas sim responsáveis pela própria reparação.[1] Em outras palavras, nossa liberdade está não no ato de protestar pela injustiça da violação ou em fazer com que o ofensor se importe. Nossa liberdade — talvez nossa única — esteja no ato de decidir como sobreviver e transcender uma ofensa. Não subestime essa liberdade: ela é enorme. Com ela, vem o poder de decidir como viveremos o resto da vida. Ao assumir a tarefa de se curar, você se empodera e se reconcilia com o passado.

Os dez passos da Aceitação

Quando você aceita alguém:

- Passo 1: Você respeita a ampla gama de suas emoções.
- Passo 2: Abre mão da necessidade de se vingar, mas continua buscando uma solução justa.
- Passo 3: Você para de ficar obcecada com a ofensa e volta a tocar sua vida.
- Passo 4: Você se protege contra mais abusos.
- Passo 5: Você concebe o comportamento do ofensor em relação às dificuldades pessoais dele mesmo.
- Passo 6: Você lança um olhar sincero sobre sua contribuição para a ofensa.
- Passo 7: Você desafia suas falsas suposições referentes ao que aconteceu.

* Passo 8: Você olha para o ofensor indo além da ofensa em si, pesando os prós e os contras.

* Passo 9: Você decide com cautela que tipo de relacionamento quer ter com o ofensor.

* Passo 10: Você se perdoa pelas próprias falhas.

Um caso para exemplificar

Vamos dar uma olhada em um paciente chamado Sam, que aprendeu a aceitar seu pai emocionalmente tacanho, mas não a perdoá-lo.

"Desde que me entendo por gente, meu pai me ignora", recorda Sam. "A única utilidade que ele via em mim era me exibir para os amigos — como na vez em que nosso time de lacrosse ganhou um campeonato e, em vez de me dar um abraço, ele saiu por aí se gabando que o filho era o Número Um. Quando eu tinha 11 anos, ele me disse que minha mãe tinha artrite. Era câncer. Eu estava jogando lacrosse quando um cara que trabalhava com ele me chamou da lateral do campo e disse: 'Vá para casa. Sua mãe morreu.' Nunca me senti tão sozinho. Nem no enterro ele esteve ao meu lado. Ele não fazia a menor ideia de como eu estava me sentindo."

Sam então conseguiu chamar a atenção do pai da única maneira que sabia: cometendo crimes e usando drogas. Por fora, ele projetava uma imagem de durão e resolvido, mas por dentro sentia-se perdido e indigno de amor. Mas Sam nunca se perguntou por quê. Já era um homem casado quando finalmente confrontou o pai a respeito da morte da mãe. "Por que você mandou um estranho me contar?", perguntou ele. "Como você pôde ter sido tão insensível? O que passou pela sua cabeça?"

"E eu lá sei?", disse o pai, dispensando-o.

Foi uma resposta triste e vazia, o comentário descartável de um homem incapaz de acessar a dor do filho.

Sam então começou a trabalhar para desenvolver uma visão de si mesmo independente da forma como o pai o tratava, para começar a dar valor a tudo que havia de agradável e especial nele mesmo. Em busca de validação, Sam se voltou para dentro e aprendeu a levar o comportamento do pai menos para o lado pessoal. "Meu pai tem sido egocêntrico e autocomplacente com praticamente todo mundo, não só comigo", lembrava a si mesmo.

Sam parou de focar como tinha sido negligenciado e começou a investir sua energia em tomar conta da própria vida e fazer coisas que construíssem seu autorrespeito. Começou a se esforçar para se tornar mais próximo da esposa, da irmã, dos amigos. Começou a correr em maratonas, desenvolveu um amor pela música.

Na terapia, Sam tinha dificuldade de entender as limitações do pai. "Meu pai foi abandonado pelo pai dele", contou-me. "Ele e os quatro irmãos ficavam em casa com a avó enquanto a mãe trabalhava. Então hoje penso que talvez ele estivesse falando a verdade quando disse aquele: 'E eu lá sei?' Talvez ele não soubesse mesmo como me consolar. Talvez nem sequer soubesse o que era ser consolado."

Também pedi a Sam que pensasse em como ele poderia ter contribuído para o comportamento do pai. "Eu era uma criança difícil, com um temperamento péssimo e que não transparecia nenhuma necessidade emocional", confessa ele. "Não era fácil ser meu pai. Provavelmente meu comportamento sinalizava algo como: "Vai cuidar da minha irmã e me deixa em paz"."

Sam avaliou que tipo de relacionamento gostaria de ter com o pai. Pesou as vantagens e as desvantagens de odiá-lo e de extirpá-lo de sua vida. Qual seria o resultado de agir com clemência? E de manter o contato? Estava ajudando em alguma coisa protestar pela forma como o pai o havia destratado? Sam queria mesmo passar a vida toda se sentindo traído e abandonado?

Antes de seu pai morrer, Sam o visitou no hospital e descobriu o valor de suas qualidades admiráveis: seu humor, sua recusa teimosa em se deixar dominar pelo câncer de fígado ou deixar que sua dor fosse um fardo para os outros.

Perto do fim, Sam disse a ele: "Pai, me ajudaria muito a me sentir mais próximo de você se você reconhecesse o quanto me senti sozinho quando era criança e como, depois que a mamãe morreu, você nunca conseguiu se aproximar de mim." Seu pai o olhou e respondeu: "Pelo amor de Deus, Sam, pare de se fazer de vítima."

No cemitério, Sam foi dominado pela compaixão por si mesmo: por todas as perdas e privações que precisou suportar, por todas as escolhas erradas que fizera. E então se perdoou por perder de vista sua bondade inata e seu potencial como ser humano.

Sam queria perdoar o pai, mas não podia. O homem era incapaz de assimilar o mal que havia causado ou demonstrar remorso pela dor do filho. Mas Sam estava determinado a parar de se sentir angustiado com isso e seguir com sua vida. Estava determinado a tomar o poder da cura de volta para si.

Sam finalmente alcançou uma solução emocional interior que era realista e autêntica, dada a sua história. O que ele pôde oferecer ao pai — Aceitação — era insuficiente para o Perdão Genuíno, mas permitiu que ele fosse até o homem, respeitasse seus pontos fortes, tolerasse suas limitações e aproveitasse um relacionamento que era confortável e real.

Agora vejamos como, através da Aceitação, você também pode reabilitar seu eu magoado e ajustar as contas com o ofensor.

Passo 1: Você respeita a ampla gama de suas emoções.

Com a Aceitação, você tem consciência da magnitude do mal que lhe foi feito e dá total voz à violação. Você se recusa a deixar sua dor de lado até que tenha compreendido seu significado e entendido o efeito dela em você. Talvez seja necessário repassar a ofensa várias vezes até que a verdade plena seja assimilada.

É provável que vivencie muitas perdas nesse momento — perdas no que diz respeito ao conhecimento que tem de si e da pessoa que te magoou, perdas no que diz respeito ao que você acha das pessoas e do mundo em que vive. Tudo o que se foi ou mudou precisa ser reconhecido e lamentado.

Algumas pessoas são especialistas em sentir raiva, mas não conseguem sentir tristeza. Para você, é mais fácil acessar o primeiro sentimento, o que faz você se sentir justificada e segura. No entanto, muitas vezes, a raiva não conta a história toda, nem mesmo a parte mais importante. Como escreve James Baldwin: "Imagino que um dos motivos para que as pessoas se aferrem a seus ódios tão obstinadamente é por sentirem que, quando não houver mais ódio, serão forçadas a lidar com a dor."[2]

Outras de vocês tendem a bloquear a raiva, mas se sentem deprimidas. Você pode minimizar o que foi feito com você, dizendo-se: "Muita gente já sentiu mágoas muito piores do que a minha. Quem sou eu para reclamar?" Mas a vida não é uma competição, e sua dor é importante como a de qualquer um. É preciso conhecer e validar seus sentimentos neles e por eles mesmos. Não conseguir reconhecê-los não é humildade, é abnegação.

Isso ajuda a criar um espaço interno onde suas emoções estão a salvo: um ambiente de empatia e segurança onde você não julga, nega ou descarta o que acontece em seu íntimo. Ao reconhecer seus sentimentos e se dar permissão para senti-los, é possível começar a normalizá-los. Pode ser que, ao longo da sua vida, tenham lhe ensinado que emoções são coisas perigosas, um sinal de fraqueza. Talvez por isso você tenha aprendido a se distanciar delas. Mas agora é preciso aceitá-las, sabendo com segurança que, quando alguém a magoa, você não está louca ou sozinha ao responder com emoções intensas e até mesmo conflituosas.

Em seu estudo sobre luto, o psicólogo Jay Efran[3] conta a história de um garotinho que se perdeu da mãe dentro do supermercado. Frenética, a criança correu por todos os corredores procurando por ela. Quando finalmente a viu, se jogou em seus braços e começou a chorar. Efran levanta a questão: "Por que a criança chora só aí, *depois* de encontrar a mãe?" E explica que, naquele momento de reencontro, o menino entrou em contato com seu pavor e foi assolado pela pena de si mesmo. Para ele, assim como para todos nós, a habilidade de sentir empatia por nós mesmos — sentir nosso próprio sofrimento, saber o que temos de suportar — é um passo crítico para nos tornarmos inteiros outra vez.

Durante dez anos, dos cinco aos 15, uma paciente chamada Kate foi abusada sexualmente pelo padrasto. Agora ela está com 29 e noiva de Bruce, um homem que diz se importar muito com ela. "Eu amo Bruce", contou-me Kate, "mas, quando permito que ele faça sexo comigo, o que não costuma acontecer, choro logo depois.

Não sei o que há de errado comigo. Fico furiosa só de pensar em como sou perturbada. Não sei por que tenho esses sentimentos."

Eu lhe disse que achava que ela sabia, sim. "Você está furiosa porque seu padrasto roubou sua inocência", falei. "Ele tirou de você sua capacidade de responder naturalmente ao toque humano, de desfrutar de seu próprio corpo. Quando você chora depois do sexo, você avalia, nesse momento, tudo o que lhe foi roubado. Você vê como ficou ferida sem ter culpa nenhuma. Você se ressente e fica triste por si mesma. Quando chora, você extravasa. É uma forma de se segurar e sentir sua dor, de ter compaixão por si mesma. Por favor, tente não ser tão autocrítica. É saudável se permitir esses sentimentos. Faz parte do processo de aceitação. Com o tempo, espero que você venha a aceitar não só a violação, mas também a sua resposta natural a ela."

Assim como Kate, a maioria das pessoas tem dificuldade para se esquecer de experiências traumáticas. E nem devem. Nossa mente tem uma mente própria. Ela nunca se esquece. E isso é adaptável. É através da memória que aprendemos lições, reconhecemos o inimigo, prevemos o mal e o evitamos. A saúde mental não vem de exorcizar eventos dolorosos em nossa mente, mas sim de atestar nossa dor, reconhecer seu impacto, de nos compadecer de nós mesmos, de chorar nossas perdas e então ressignificar e criar novas conexões com as pessoas — inclusive, talvez, o próprio ofensor.

Passo 2: Você abre mão da necessidade de se vingar, mas continua buscando uma solução justa.

Quando alguém falha conosco propositalmente, não é incomum querer infligir a essa pessoa a mesma dor. Mas lembre-se de que, em geral, a satisfação duradoura não vem de magoar alguém, mas sim de ter a própria mágoa compreendida e validada. E é improvável que isso venha de um ofensor recalcitrante, não importa quão brutal seja sua punição a ele.

A retaliação também está fadada a provocar o ofensor e estabelecer um ciclo sem fim de retaliação e contrarretaliação, com amargura e gestos de violência cada vez mais intensos. É provável que sua mente se torne um campo de batalha, assolado por fantasias de vingança infrutíferas que impedem que você viva sua vida de forma a gerar prazer ou significado.

Com a Aceitação, aprendemos a abandonar essa raiva reflexiva, essa necessidade irracional de magoar ou de ficar quite. Entendemos que, embora a vingança possa dar voz à dor, ela não vai extinguir pensamentos ou sentimentos exaltados, nem restaurar nosso lugar no mundo. No fim, você descobrirá que sua ferida permanece aberta e que atiçar a raiva não traz nem paz nem resolução.

O objetivo da raiva é crucificar o ofensor. O objetivo da Aceitação é ressuscitar a sua melhor versão. A vingança é direcionada ao outro; a Aceitação é direcionada a você mesma. Quando você contém suas obsessões, dá menos importância ao ofensor do que a si mesma. Revidar ou ficar quite se torna menos importante do que se sentir bem.

Tenha em mente que, quando aceita alguém, você não necessariamente abre mão da sua necessidade de justiça ou apenas punição. Decidir aceitar um parceiro infiel ou que se divorciou de você para ficar com sua melhor amiga não impede que você busque recursos jurídicos: contratar um advogado competente e ir atrás do melhor acordo financeiro e de guarda dos filhos possível. A Aceitação não exige que você busque justiça ou restituição, mas também não exclui essas opções. Em última análise, a questão crítica não é se o ofensor paga pelo que fez, mas se você se liberta de sua dependência emocional dele e supera a transgressão. Pode ser de grande ajuda aceitar o conselho de Nietzsche e reduzir o ofensor a um patamar tal de insignificância que você não sente necessidade de gastar energia com ele.[4]

Quando Mary, uma editora de ficção de meia-idade, descobriu através de e-mails que o marido estava tendo um caso com a esposa de um vizinho, ela decidiu que todo mundo deveria saber — inclusive os filhos da vizinha. Mary fez uma ligação e deixou uma mensagem na secretária eletrônica da família: "Oi, crianças. Sabiam que a mãe de vocês é uma vadia?"

"Por que eu não deveria destruir a família dela do mesmo jeito que ela destruiu a minha?", perguntou-me Mary. Uma reação humana muito compreensível, sim. O problema é que isso violou o código moral de Mary e não fez nada para aplacar a própria dor. Ela se sentiu duplamente envergonhada: pelo marido e por si mesma.

"Eu sabia que tinha tomado a decisão errada", contou-me ela depois, "fiquei toda arrepiada quando encerrei a ligação."

Assim como Mary, você pode querer ajustar contas, mas recomendo que primeiro se pergunte:

* Em última análise, o que estou buscando? Quero que o ofensor sinta minha dor? Se magoá-lo, qual será meu benefício? Existem outras formas de conseguir o que eu quero sem ser pela retaliação?

* Nos últimos tempos, importa o que acontece com essa pessoa que me violou, desde que eu restaure minha autoestima e minha capacidade de viver bem? A resposta vai me ajudar a reconquistar minha dignidade, meu autorrespeito e minha sensação de controle?

* Se ele se recusa a reconhecer minha dor, onde mais posso buscar consolo e apoio?

Não há uma única ou melhor maneira de responder a uma violação, então recomendo que você vá mais devagar até encontrar uma solução que honre seus princípios e dignifique sua dor. Também sugiro que pese sua busca por vingança e por cura pessoal. É provável que seu senso de poder e proteção derive menos de atos de retaliação do que de sentimentos de completude e segurança. Seu objetivo é se sentir menos assustada, menos violada, mais no controle. Se quer sua vida de volta, tome cuidado para não se tornar tão focada em punir o ofensor a ponto de ignorar como esse processo pune a você mesma.

Passo 3: Você para de ficar obcecada com a ofensa e volta a tocar sua vida.

Obsessões são pensamentos dominantes, intrusivos e repetitivos que causam estresse e comprometem nossa qualidade de vida. Se você está com dificuldade em contê-las, tente se perguntar: "Elas servem para quê? Já revivi o que aconteceu mil vezes. Se reviver outras mil, vou me sentir mais feliz ou menos confusa? Esses minutos da minha vida nunca mais voltarão: é assim que quero passá-los?"

Provavelmente você perceberá que suas obsessões a aprisionam dentro da própria cabeça, distraindo-a de sua vida. Elas enfraquecem a saúde e o humor, aumentam a pressão arterial e a frequência cardíaca e potencializam sentimentos de ansiedade, raiva e depressão. Também reforçam uma perspectiva bitolada, talvez distorcida, do que aconteceu, tornando mais difícil entender ou aceitar.

Com a Aceitação, toma-se a decisão consciente de se libertar dos pensamentos incômodos e reivindicar a energia gasta em sentir-se traída — de desarticular a raiva e retomar o controle da própria vida. Com a Aceitação, você se recusa a ser contaminada por vergonha ou ressentimento. Seu bem-estar pessoal se torna primordial. Você acaba se gostando mais do que odiando o ofensor.

Se você anda tendo muitas conversas consigo, provavelmente não está tendo conversas suficientes com a pessoa com quem deveria: a que te magoou. Mas, mesmo que o outro não consiga ou não queira ouvir sua dor, ainda assim é possível domar suas obsessões. Explicarei como fazer isso nos exercícios a seguir.

É importante não confundir o ato de deixar de lado suas ruminações improdutivas com a ideia de que a ofensa não tem importância. Ao trabalhar para reprimir suas obsessões, você afirma o impacto da ofensa, mas também afirma seu compromisso com a saúde. Você não necessariamente substitui sentimentos negativos por positivos, mas se recusa a insistir neles ou a deixar que te dominem.

Aqui estão algumas estratégias concretas para controlar ou limitar seu pensamento obsessivo:

* *Desafie seus pensamentos negativos.* Uma das formas de se libertar de pensamentos negativos é confrontá-los de cara e responder com veemência a qualquer um que seja equivocado ou mal-adaptado. Foi isso que uma paciente chamada Diane fez depois que seus planos de jantar com Marie, uma amiga bem próxima, foram por água abaixo. Na véspera do jantar, Diane deixou uma mensagem na secretária eletrônica de Marie, perguntando onde ela gostaria de se encontrar. Marie respondeu com outra mensagem: "Eu sinto muito, Diane, mas não vou conseguir ir amanhã. Vou ajudar meu filho com as inscrições da faculdade, temos só três semanas até o fim do prazo. Podemos remarcar para mês que vem." A seguir, estão listados os pensamentos negativos de Diane, o que eles a fizeram sentir e como ela tentou reagir de maneira mais construtiva.

Pensamento Negativo	O sentimento que ele gerou	Uma resposta construtiva
Ela não dá valor à minha amizade.	Mágoa, vergonha	Estou levando para o lado pessoal a recusa de Marie e tirando conclusões precipitadas. Quando planejamos o encontro, ela disse que talvez não conseguisse ir por estar em uma fase muito atribulada. Marie tem dificuldade de fazer coisas por si mesma e se sente responsável pelo filho, mas sempre foi agradável e carinhosa.
Eu não devia ter de ligar só para descobrir que ela não pretende me encontrar.	Raiva, mágoa	Essa é uma declaração com "devia": é a minha ideia de como relacionamentos deveriam funcionar, e não necessariamente o que é certo e errado. Esse pensamento poderia me afastar de uma boa amiga. Consigo dar conta disso sem ela.

O mesmo exercício ajudou Diane a corrigir suas ideias disfuncionais,[5] e jogá-las para escanteio pode ajudar você também.

* *Questionar sua resposta habitual à ofensa.* Você pode responder a essa ofensa de modos que são do seu feitio — que dizem mais a respeito do seu padrão de resposta à violação em geral do que a respeito do que seu ofensor fez, ou tinha intenção de fazer, com você. Eu a encorajo a se perguntar: "Será

que tendo a ter pensamentos obsessivos? Se eu estava aflita a respeito dessa ofensa, estaria fazendo o mesmo com outra? Estou repassando os detalhes não só porque eu estava magoadíssima, mas sim porque estou mentalmente presa na minha dor e não sei como me desapegar dela?"

* *Medicação.* Certos medicamentos clareiam a mente, ajudam na concentração e reduzem a irritabilidade e a depressão. Também podem melhorar a qualidade do seu sono, para que você possa ser mais funcional e criativa ao longo do dia. A redução de certas químicas no cérebro é famosa por se traduzir em pensamentos obsessivos, então é possível encontrar alívio em medicamentos que corrijam esse desequilíbrio químico. O psiquiatra Laurence Lorefice recomenda um grupo de ISRSs (inibidores seletivos de recaptação de serotonina, como a fluoxetina, a sertralina e a paroxetina), que costumam ajudar a reduzir o pensamento obsessivo.[6] Saiba que a medicação não é destinada a fazer sua dor desaparecer ou dar uma sensação enganosa de felicidade ou benevolência, mas sim a estabilizar você e permitir que responda a ofensas de um jeito mais saudável e equilibrado. Você pode pedir ao seu médico uma prescrição ou uma consulta com um psiquiatra, em especial um que seja especializado em psicofarmacologia.

* *Distração.* Em vez de ficar presa na própria cabeça, amplie seus sentidos e volte seu foco ativamente para o lado de fora, para o que está acontecendo no mundo à sua volta. Ao observar duas pessoas interagindo em um restaurante, por exemplo, entretenha-se imaginando a conversa delas. Distraia a mente com jogos, como palavras cruzadas, tocando um instrumento ou lendo em voz alta. A ideia é praticar atividades que afastem pensamentos e recordações dolorosos e lhe deem uma sensação renovada de controle, prazer e bem-estar.

* *Parada do pensamento.* Essa é outra técnica para interromper ativamente um ciclo obsessivo. Imagine que você está dirigindo tranquilamente quando, de repente, se dá conta de que passou os últimos 15 minutos revivendo algum incidente desagradável do passado. Com a parada do pensamento, você se pergunta: "Estou descobrindo algo inédito? Estou resolvendo um problema?" Se as respostas forem negativas, você está apenas reciclando material velho, trazendo à tona sentimentos ruins que não levam a lugar algum. Tente redirecionar sua atenção para outra coisa. Algumas pessoas acham bem útil dizer para si, em um tom de voz gentil e compassivo: "Pare!

Me dê a mão. Vamos sair daqui. Em que outras coisas mais interessantes ou animadoras podemos nos concentrar agora?"

* *Apoio social.* O pensamento obsessivo ocorre na privacidade da mente e nos isola de forma horrível. Busque a companhia de amigos que possam oferecer um *feedback* positivo e lembrar-lhe de que você não é tão indigna e desprezível quanto o ofensor fez você se sentir. Ainda que ache que está muito ensimesmada para ser uma boa companhia, insista. Vá atrás de pessoas que façam você se sentir melhor em relação ao mundo e a si mesma. Há um enorme poder de cura em ser ouvida, em ter sua dor considerada e validada. O ofensor pode não estar disposto a procurá-la, mas outras pessoas podem — aquelas que respeitam sua verdade e bondade ao reconhecer sua dor.

* *Normalizar sua resposta.* É de grande ajuda saber que suas obsessões podem ser adaptáveis: que não há nada de vergonhoso ou insano em estar aborrecido com o que lhe aconteceu. "Qual é o meu problema?", você pode se perguntar. "Por que não consigo superar?" Talvez você sinta que sua mente está sob ataque, que um inimigo se instalou em seu cérebro e não há como tirá-lo dali. Mas lembre-se de que ruminações obsessivas acerca de um trauma são muito comuns. Saber que você não deveria estar melhor pode ajudá-la a se aceitar, a se sentir mais normal e dar um basta na situação — no seu tempo.

* *Descontração, visualização e meditação.* Outra forma de controlar suas obsessões e alcançar estase (equilíbrio) é diminuir o ritmo da respiração, relaxar os músculos e encher a mente de pensamentos ou imagens de paz. Essas técnicas são descritas em diversos livros excelentes, entre eles: *A resposta do relaxamento*, de Herbert Benson; *O livro do perdão: o caminho para o coração tranquilo*, de Robin Casarjian; e *Chi Fitness: a Workout for Body, Mind, and Spirit* [A boa forma pela energia Chi: um exercício para o corpo, a mente e o espírito], de Sue Benton e Drew Denbaum. Em *Aonde quer que você vá, é você que está lá*, Jon Kabat-Zinn ensina exercícios budistas que despertam a mente para o momento presente e aprofundam "sua capacidade de viver na quietude".[7]

* *Controle de estímulos.* Com essa técnica, você se permite pensamentos obsessivos, mas estabelece limites para eles: onde, quando e por quanto tempo. Durante o tempo designado, você mergulha de cabeça, mas, no

momento estabelecido, você retoma o controle e volta sua atenção para outra coisa — embora não sem questionar: "Essas ruminações tiveram algo de produtivo e satisfatório?" Talvez você descubra que seu tempo teria sido mais bem empregado se focasse o presente, não o passado.

* *Autocuidado.* Uma maneira rápida de resolver obsessões é com um programa de autocuidado. Diz o ditado: "Viver bem é a melhor vingança." Pergunte-se: "Como posso fazer para me sentir amparada e inteira?" Entre as possíveis atividades estão: fazer terapia, se conectar com amigos, voltar a estudar, se exercitar, orar — qualquer coisa que faça você se sentir valorizada, empoderada, estável, competente, feliz e orgulhosa.

Passo 4: Você se protege contra mais abusos.

Aceitar alguém que é fisicamente ameaçador não significa precisar se sujeitar a mais abusos. Na verdade, o processo de Aceitação exige que você tome providências para resguardar a sua segurança e estabelecer barreiras físicas se necessário: mudar rotinas para não cruzar caminho com o ofensor, trocar de emprego, mudar de casa ou de cidade e até mesmo obter medidas protetivas para mantê-lo longe do seu espaço físico.

A Aceitação, como a conhecemos, não significa necessariamente reconciliação. Você pode aceitar uma pessoa e, ainda assim, bani-la da sua vida.

Quando você perdoa com muita facilidade

Com o Perdão Barato, o medo da rejeição fica acima da sua necessidade de proteção, e você não consegue se proteger de abusos futuros, sejam físicos ou emocionais. Para demonstrar sua humanidade e amenizar o conflito, você se esquiva de questões básicas como "essa pessoa me faz bem?"; "devo confiar meu bem-estar a ela?". Se você precisa recuperar a conexão a qualquer preço, vai poder se dar ao luxo de processar seus sentimentos ou olhar com muita clareza para o ofensor ou a ofensa.

Assim como a psicoterapeuta Karen Olio, eu questiono a autora de *I Can't Talk About It: A Child's Book About Sexual Abuse* [Não posso falar sobre isso: um livro infantil sobre abuso sexual],[8] que insiste em que uma criança deva perdoar um pai impenitente por molestá-la sexualmente. Olio argumenta que sobreviventes "que já precisaram encarar os sentimentos de autoculpabilização causados pelo abuso" revivem efetivamente o trauma quando os fazem se sentir culpados ou inadequados por não conseguirem perdoar.[9]

Foi o que aconteceu com Sandy. Ela cresceu com um pai que a espancava e uma mãe que tinha acessos de fúria (os dois se divorciaram quando Sandy tinha nove anos). Já adulta, ela se casou com Ed, que tende a manter as coisas para si e depois explodir, assim como o pai dele fazia. Ed jogava pratos, fazia cena. No dia em que socou uma porta telada, Sandy se encolheu de medo. Será que seria a próxima?

Ela queria mais do que tudo manter a família unida, mas também precisava de um lugar seguro para si mesma e seu filho autista. Já conhecia bem o perigo de conviver com a violência, mas amava Ed e aprendera a mascarar a verdade sobre ele — a aceitar e seguir o fluxo.

Até que, certa noite, Sandy me ligou em pânico. "Ed acabou de dar um tapa em nosso filho", deixou escapar. "Ed mandou aos gritos que ele vestisse o pijama e se preparasse para dormir, e acho que F. não 'entrou em ação' rápido o bastante. Estou com medo, mas talvez eu esteja fazendo tempestade em copo d'água."

Sandy era péssima em sentir raiva. Isso a assustava. Mas separar sua família a assustava ainda mais, então a aconselhei a ser cautelosa. "Se você ignorar o que está acontecendo, pode estar colocando você e seu filho em sério risco", alertei-a.

Por fim, Sandy parou de questionar o direito de proteger a si e ao filho. Ela viu que estava contribuindo para o problema ao arrumar desculpas para Ed e descartar a ameaça de perigo. Ed tinha muitas qualidades adoráveis, mas ela nunca poderia se sentir segura com ele. "Não sei onde isso vai dar", contou-me ela, "mas, nesse meio-tempo, entrei em contato com uma advogada e consegui uma liminar que o proíbe de entrar em casa."

Quando você se recusa a perdoar

Recusando-se a perdoar e enfrentar os erros do passado, você permanecerá com feridas abertas que podem contaminar seus relacionamentos como um todo. Se, por exemplo, você se afasta de um de seus pais, que é frio e displicente e nunca aceita sua dor, talvez você projete seus "anseios e sensibilidades emocionais"[10] em seus filhos, sem se dar conta de que está sobrecarregando-os com sua necessidade de validação não satisfeita e fazendo com que eles, por sua vez, se sintam inseguros com você. Corre o risco de você impor à próxima geração uma "lista de injustiças recorrente".[11]

Passo 5: Você concebe o comportamento do ofensor em relação às dificuldades pessoais dele mesmo.

Sua jornada para entrar no coração e na mente do ofensor não desculpa o comportamento dele, mas pode libertar você de suposições equivocadas de que você o causou ou mereceu. Com Aceitação, você entende que, sim, ele fez algo *a* você, mas também que o que ele fez não necessariamente *tem a ver com* você.

Quando Gloria Steinem falou em uma escola particular para garotas em Connecticut, a jovem entrevistadora admitiu que nunca tinha ouvido falar na famosa feminista. Ao ser questionada se ela se sentia insultada, Steinem respondeu: "Não é importante que ela saiba quem *eu* sou, contanto que ela saiba quem *ela* é."[12] Bendita Steinem, tão segura de si, que nos lembra de não permitir que os outros ditem como devemos nos sentir com nós mesmos.

Substitua a vergonha por empatia

Buscar entender a trajetória de vida do ofensor, o sofrimento pelo qual passou e como sujeitou você ao mesmo abuso ou negligência que ele mesmo viveu, permite começar a entender por que ele fez o que fez. Você percebe que ele nasceu com um baralho, que, com o tempo, recebeu mais cartas, e que hoje está jogando essa mão com você. Se você não estivesse ali, ele poderia estar jogando a mesma mão com outra pessoa. Quanto mais você individualiza o ofensor, separando-o de si mesma, menor é a probabilidade de levar o comportamento dele para o lado pessoal. E, quanto menos levar para o lado pessoal, menor é a probabilidade de que venha a sentir vergonha.

A vergonha aparece quando achamos que o comportamento do ofensor nos diz respeito: nossa falta de valor, nossas imperfeições, nossa impossibilidade de ser amado. A vergonha desaparece quando nos damos conta de que o comportamento dele tem a ver com *ele*: a disposição inata, as experiências traumáticas, as respostas ao estresse da vida. Pode ser que você não tenha acesso a essa informação a respeito de quem a ofendeu, mas, para lutar contra a vergonha, é de grande ajuda levantar algumas hipóteses. Este capítulo vai ajudar você a desenvolvê-las.

Dar um passo para trás e vê-lo se debater com os próprios demônios provavelmente será uma experiência revigorante e pivotal — ela permitirá que você recupere o equilíbrio e a autoestima, se torne a autora da própria experiência e abandone os pensamentos obsessivos. Lembro-me de uma paciente chamada Norma, cuja mãe com esquizofrenia paranoica costumava bater nela e nas irmãs. Entender que a mãe a tratava de forma tão desumana por causa da doença — e não porque Norma era desprezível, como a mãe a fizera acreditar — deu a Norma a força para sobreviver e libertar-se da vergonha.

Ao compreender as limitações do ofensor, é provável que você pare de esperar mais dele do que ele pode dar. Não há por que lutar contra os fantasmas do passado dele, e isso libera você para dar a si mesma todo o cuidado e amor que o outro não lhe proporcionou. Depois de ver a história pessoal dele se desenrolar à sua frente, talvez você se veja livre de questões obsessivas — "Como ele pôde fazer isso?", "Como ele ousa?" — e entenda que o que ele fez é resultado direto de quem ele é.

Ao olhar para o ofensor com clareza e honestidade e ver que ele também sofreu, talvez passe a enxergá-lo como mais uma vítima. É possível que você perceba, talvez pela primeira vez, que esse outro indivíduo pode estar profunda e irreversivelmente arruinado. E é nesse momento que ele deixa de ser mais um mero perpetrador de um ato imperdoável: o ofensor se torna uma pessoa de verdade cujas batalhas internas — cujas ansiedades e inseguranças — são o gatilho de seu comportamento prejudicial. Tendo essa clareza, é possível que você se liberte de suas garras e siga sua vida.

Fatores implícitos dos maus-tratos dele a você

Vamos começar dando uma olhada em alguns eventos da vida, fatores externos, que podem ter perturbado o equilíbrio emocional do ofensor no momento da ofensa. Comece se perguntando: "O que estava acontecendo no mundo dele que afetou seu senso de identidade e o fez se sentir tão frágil, tão ensimesmado, para ele tratar você como tratou?"

As pessoas podem ser duras ou insensíveis porque algo horrível aconteceu a elas. Lembro-me de comparecer a um jantar de caridade em que fui apresentada a uma mulher que parecia inexplicavelmente fria. Mais tarde, descobri que o marido acabara de trocá-la por uma dançarina de boate, e ela se sentiu publicamente humilhada diante de mim, por saber que escrevi um livro sobre infidelidade.

Há inúmeros motivos para alguém magoá-la que podem não ter absolutamente nada a ver com você. Uma pessoa pode estar ansiosa ou irritadiça por conta de preocupações financeiras: uma queda na bolsa de valores, uma perda na reserva da aposentadoria. Outra pode ter acabado de brigar com a irmã ou um amante e também estar preocupada demais para prestar atenção em você. Alguém pode ter sido grosseiro com você por estar estressado em cumprir o prazo do contrato de um livro ou preocupado com um amigo que estava tratando um câncer.

É necessário também olhar os fatores *internos*. Alguns têm a ver com os erros cognitivos do ofensor — suposições equivocadas, tais como "Você se acha melhor do que eu" ou "Você quer me controlar". Ambos são exemplos de suposições que podem tê-lo levado a interpretar mal o seu comportamento e reagir de modo inadequado.

Outro fator a ser considerado é a personalidade do ofensor. Ele costuma ser tímido ou sociável? Ansioso ou tranquilo? Rabugento ou contente? Passivo ou agressivo? É normal ver os outros em relação a si mesmos, mas a pessoa que a magoou tem um conjunto de atributos duradouros que foram em sua maioria formados antes de vocês se conhecerem, alguns biologicamente, outros ética ou culturalmente. Você pode escolher levar o comportamento dele para o lado pessoal, mas não vai mudar quem ele é e sempre foi.

Um terceiro fator é a saúde do ofensor. Ele tem sentido tontura ou enjoo? Seu comportamento estava alterado por causa de álcool ou medicamentos? Ele tem alguma deficiência auditiva? Qualquer um desses fatores são atenuantes, uma vez que podem ter afetado o comportamento dele.

E quanto aos padrões de resposta — formas de lidar com o estresse — que ele desenvolveu em face de experiências formativas, sobretudo as da infância? Vê-lo no contexto dramático de sua própria vida não vai necessariamente tornar seu comportamento mais palatável, mas pode evitar que você assuma mais do que a parte que lhe cabe. Convido você a ler mais sobre essas estratégias de enfrentamento no Apêndice.

Tenha em mente que a Aceitação é um presente para si, não para a pessoa que a magoou. É um processo em que se entra principalmente para se libertar do trauma de uma ofensa. Seu objetivo não é lamentar pelo ofensor, sentir compaixão ou pena dele, arrumar desculpas para ele, desenvolver sentimentos positivos por ele, desejar o bem dele. Sem dúvida alguma, não é para dourar a pílula do que ele fez com você ou comprometer a autenticidade da sua resposta.

Não me canso de repetir: sua tentativa de entender por que ele tratou você mal de forma alguma o livra da responsabilidade pelo próprio comportamento ou lhe dá o direito de magoar você. Tampouco elimina sua necessidade de buscar justiça ou uma punição adequada, caso você ache procedente. Saber o que o motivou não abranda o erro cometido ou o torna menos doloroso. Porém ter esse conhecimento pode ajudar você a responder de formas mais proporcionais à violação, menos vingativas, obsessivas ou apologéticas. Seus novos *insights* a respeito do comportamento dele também podem ajudá-la a se sentir menos devastada e mais no controle da sua vida. Mas nunca confunda sua boa vontade em compreender o outro com o ato de perdoá-lo.

Quando você perdoa com muita facilidade

Quem perdoa com muita facilidade em geral é mestre em criar circunstâncias atenuantes, desenterrando o que puder sobre o passado traumático do ofensor a fim de justificar o comportamento dele.

"Ele foi vítima das circunstâncias, como posso responsabilizá-lo pelo que fez comigo?", você diz a si mesma, ignorando o fato de que, embora a vida possa ter dado, sim, a munição, a pessoa puxou o gatilho. Você insiste em dizer que ele herdou uma predisposição genética ao álcool, digamos, ou nasceu com uma deficiência física, e por isso você não consegue ver que nem sempre um fator biológico decide o destino. Ao descartar o comportamento ofensivo dele, você o liberta de qualquer obrigação de tratá-la com o mesmo respeito que ele provavelmente espera em troca.

Arrumar desculpas para maus comportamentos com base em conjunturas traumáticas do ofensor é pseudoperdão. Isso também vale para a identificação exacerbada com ele e para o raciocínio: "Todos temos nossas feridas. Somos pecadores que precisam de perdão. Somos resultado da nossa criação. Não é fácil para ninguém. Todo mundo tem sua história. Quem sou eu para julgar?"

Não estou sugerindo que não há verdade e sabedoria nesta abordagem benevolente do perdão, mas sim que a compaixão precisa estar em equilíbrio com o pleno reconhecimento do mal que foi feito. Peço que tenha uma preocupação genuína tanto com você quanto com ele, que se importe tanto com o erro cometido com *você* quanto com o que foi cometido com *ele*. Estabelecer essas prioridades vai libertar você para considerar a Aceitação como alternativa ao Perdão Barato.

Quando você se recusa a perdoar

Aqueles que se recusam a perdoar vão se opor: "Não me peça para perder meu tempo limpando a sujeira dos outros. Por que eu deveria me importar com *o motivo* de ele ter me magoado ou com o modo que os pais foram negligentes com ele? Por acaso é minha função desenterrar compaixão por alguém que me prejudicou de propósito e arrumar desculpas para sua transgressão? Ele e sua história que vão para o inferno."

Essa é uma resposta compreensível. Quando você enxerga o ofensor como vítima, não apenas um perpetrador, corre o risco de sentir empatia e compaixão por ele. Encará-lo apenas por um prisma — como mau, como ruim — torna muito fácil manter a distância, alimentar sua raiva arrogante e descartá-lo. Quando você o observa por perspectivas mais complexas, compreendendo-o como um ser humano falho que luta para sobreviver a um passado problemático, fica mais difícil reduzi-lo a uma só coisa ou condená-lo.

Para as pessoas determinadas a nunca perdoar, pergunto: ao saber mais sobre o ofensor e começar a sentir compaixão por ele, você acha que deve se sentir comprometida? Há algo de perigoso em aprofundar sua compreensão a respeito dele? O que eu digo é que é possível ser mais branda sem se sentir fraca ou tola, ou mesmo permitir que pisem em você. É possível saber que com certeza o que ele fez com você foi errado e, mesmo assim, se compadecer pelas dificuldades que ele enfrentou na vida pessoal.

Passo 6: Você lança um olhar sincero sobre sua contribuição para a ofensa.

Quando ficamos magoados ou com muita raiva, é fácil pôr a culpa em outra pessoa. "A culpa é *sua*", insistimos. "*Você* fez eu me sentir assim." Mas o fato de estarmos chateados com alguém nem sempre significa que essa pessoa seja culpada. Às vezes, a raiva é só nossa, forjada em nossos corações e mentes, alimentada por nossas personalidades, provocações, respostas exageradas ao conflito. Sim, essa outra pessoa pode ter feito algo para nos ofender, mas talvez não no nível que nossa intensa resposta sugere. Nossa reação pode ser completamente inapropriada ou até equivocada e perigosa.

Assumir suas questões, baixar suas defesas e olhar com sinceridade para si, é um processo doloroso. Talvez faça você descobrir que foi mais do que apenas uma vítima e que, talvez, não há ninguém a perdoar a não ser a si mesmo.

Os mesmos fatores que influenciaram a forma com que o ofensor a tratou podem ter influenciado a forma como você o tratou. Mais uma vez, alguns desses fatores podem ser externos. Você talvez se pergunte: "O que estava acontecendo na minha vida na época em que ocorreu a ofensa que pode ter me afetado tanto emocionalmente, me fazendo sentir mais vulnerável, menos no controle, menos resiliente, para que eu tenha reagido tão mal? Será que aquela fase pela qual eu estava passando me deixou desequilibrada e me fez agir de modo cruel e até ofensivo?"

Fatores internos também moldam nossas respostas. Ajuda muito se perguntar: "Como minha personalidade afetou minha reação? De que modo ela influenciou a forma como fui tratada?" Se você é uma pessoa tímida, vamos dizer, e o ofensor levar isso para o lado pessoal e presumir que você não gosta dele, isso é um equívoco dele, não seu. Você não o magoou. Foram as suposições equivocadas a seu respeito que o magoaram. Mas, se você é tímida, não expõe isso e depois fica ofendida por alguém não demonstrar interesse em você ou não respeitar sua posição, é preciso confrontar sua própria contribuição para sua dor. Pode ser que seu próprio silêncio, e não o comportamento do outro, tenha te emboscado.

E quanto às suas ideias disfuncionais sobre si e sobre o mundo, ideias que podem ter sido baseadas em experiências prejudiciais na sua infância?[13] Será que elas têm um papel na forma como você foi maltratada? Essas ideias fixas costumam ser bem anteriores à ofensa e até ao seu relacionamento com o ofensor e criam o que chamo de *canais da vulnerabilidade psicológica*. O que acontece é que sua sensibilidade acentuada — o medo de ser abandonada ou ridicularizada, por exemplo — leva a uma leitura equivocada dos eventos ou a uma má reação a eles.

Como instigar os outros a maltratarem você

Quando tratamos o outro de acordo com nossa visão de mundo e autopercepção, curiosamente o instigamos a nos tratar do mesmo modo, numa espécie de profecia autorrealizável. Por exemplo, se você acredita que "os bonzinhos nunca se dão bem, minha força está na minha firmeza", talvez aja com agressividade e provoque respostas antagônicas, o que vai confirmar sua crença de que você precisa ser "durona" para ser funcional nesse mundo mesquinho.

O caso em questão é uma "parte magoada". Patrick aprendeu a combater os abusos verbais e físicos do pai com agressividade, um padrão que ele levou para seu casamento. Depois de passar 17 anos se defendendo, sua mulher, Maggie, deu um basta e foi embora. Um ano depois, Patrick ligou para ela e pediu que lhe contasse o que levou ao divórcio. "Para meu crescimento pessoal, gostaria que você me dissesse como eu te afastei, Maggie", disse ele. "Se você quiser, podemos fazer isso na frente da minha terapeuta. Não vou brigar nem me defender. Prometo só fazer anotações."

Maggie optou por falar pelo telefone. Ela listou as seguintes reclamações, que Patrick anotou e trouxe para a terapia: "Patrick, você era intimidador, não só para mim, mas para as crianças também. Não chegou a me bater de fato, mas a ameaça estava sempre ali. Suas palavras são duras e cruéis. Você acha que as pessoas te devem algo e que, sendo durão, você vai dar um jeito. E talvez dê mesmo, mas ao imenso custo de seus relacionamentos."

Patrick sabia que Maggie usava a crítica para desviar a atenção das próprias falhas, que ele acreditava que eram várias. Mas, ao se abrir para ouvir o lado dela da história, ele saiu do papel de vítima indefesa, ao qual ele fora convocado pelo pai que fazia *bullying*, e encarou o modo como ele mesmo fez com que Maggie o rejeitasse.

Assumir sua responsabilidade no problema

Talvez você se recuse a aceitar a mais ínfima dose de responsabilidade pelo que aconteceu. Pode estar convicta de que *cometeram* um erro com você, e não que *errou*. Mas a atribuição de culpa quase nunca é binária, como "Eu sou inocente, você é culpado". As ofensas costumam ser mais sistêmicas, com o comportamento de cada um ricocheteando no outro, cada deslize deixando as duas pessoas mais e mais perto do limite.

É provável que você queira que o ofensor desfaça o dano primeiro: "Você muda, depois mudo eu", é assim que a banda toca. Ou: "Você me magoou, então você que dê um jeito nisso, e aí eu decido se quero me reaproximar." Essa atitude em geral leva um casamento à ruína, como aconteceu com Arnold e Jill, sua esposa.

Arnold reclamava que Jill o rejeitava sexualmente. Ela reclamava que estava exausta demais para fazer sexo porque ele nunca ajudava com as crianças. Ambos se sentiam furiosos, magoados e moralmente corretos. O que Arnold precisava entender era que para Jill, como para muitas mulheres, a intimidade sexual está totalmente ligada à intimidade emocional e deve ser cultivada não só no quarto. Se ele desse banho nas crianças, poderia ter caído nas graças dela. Se guardasse a louça sem ninguém pedir, poderia ter acendido a libido dela. Até que ele começasse a ajudar mais, Jill não iria ceder. Por sua vez, Jill precisava entender que aceitar Arnold sexualmente o faria se sentir desejado, o que talvez despertasse nele a vontade de ajudar mais em casa.

Quando se está preso no confronto, é possível se deixar levar pelo momento e pela própria versão autocentrada da verdade. Para se olhar com mais sinceridade, é preciso dar um passo atrás e observar o que você pode ter feito para provocar o comportamento censurável do ofensor.

Exatamente o que Martha precisava fazer para salvar o relacionamento com seu filho de 27 anos. Ela vivia resmungando que ele nunca telefonava ou procurava sua companhia. O que ela não conseguia enxergar era que, cada vez que estavam juntos, ela o enchia de perguntas em assuntos que o faziam se sentir ansioso e inadequado — em relação à vida amorosa e ao trabalho. Quanto mais quieto ele ficava, mais conselhos ela dava, até que, adivinhe só? Ele se fechou e começou a arrumar todo tipo de desculpas para não se encontrarem. Presa na própria dor, Martha era incapaz de enxergar como o afastara.

Desafiar sua "história oficial"[14]

Por que encarar nossas próprias questões é tão desafiador às vezes? Por que é tão difícil admitir a culpa, não só para a pessoa que magoamos, mas para nós mesmos? Bem, um dos motivos é porque isso nos obriga a contradizer nossa "história oficial". É a nossa visão pessoal e preconcebida da verdade que nos protege de saber o que tememos ou desprezamos em nós mesmos.

"Talvez a maneira mais universal de consolo para as fragilidades que precisamos renegar", escreve o psicólogo clínico Robert Karen em *The Forgiving Self: The Road from Resentment to Connection* [O eu que se perdoa: a via do ressentimento para a conexão], são "as histórias que contamos a nós mesmos sobre nossa vida. Consciente e inconscientemente, fabulações tingidas pela grandiosidade nos tranquilizam e nos fazem sentir menos vulneráveis do que de fato somos."[15]

Um exemplo de história oficial pode ser a visão que você tem de si como um grande pai ou mãe, certamente um melhor do que seus pais foram para você. Talvez seu pai trabalhasse sem parar ou quase nunca lhe desse a atenção pela qual você tanto ansiava. Agora, na vida adulta, você se considera alguém com mais empatia e disponibilidade do que ele jamais teve. Então um dia seu filho de vinte anos fica furioso e te chama de egoísta, a pessoa mais egoísta que ele conhece, e de repente você se vê na obrigação de escolher um lado: o dele ou o seu. Talvez queira culpá-lo por distorcer grotescamente a verdade, por ser tão ingrato... e talvez tenha alguma razão. Mas você também pode estar renegando outra parte da verdade: talvez não tenha sido tão presente na vida dele quanto imaginou; talvez também tenha sido uma pessoa autocentrada e negligente. Com o impacto da verdade nua e crua é provável que sua preciosa crença principal sobre si desmorone.

Como ousa fazer eu me confrontar com a terrível verdade a meu respeito?

Filhos não são os únicos capazes de ameaçar nossas autopercepções fantasiosas. Um parceiro também pode fazer isso. Você pode pensar em si como um belo cônjuge — um partidão —, e então, de repente, seu parceiro ou parceira o troca por outra pessoa. Por anos, você disse a si que não estava feliz e devia ir embora. Mas agora você foi deixada, e, de algum jeito, é preciso assimilar essa realidade. Ela desafia sua história oficial de si mesma como a pessoa carente e negligenciada. Você quer culpá-lo pelo egoísmo e pela personalidade fraca e instável, mas ouve do outro que ele está indo embora porque você o faz se sentir invisível. De repente, a sensação de abandono vivida na infância vem à tona. Você odeia essa pessoa por trazer de volta esses momentos dolorosos deixados no passado. Mas há verdade nas acusações dele? Será que, por causa do que aconteceu no passado, você nunca se comprometeu por inteiro com ele e o magoou de maneiras pelas quais se sentiu magoada? Há uma lição poderosa aqui, e será que você está disposta a se abrir para aprendê-la?

A pessoa que você acusa de magoá-la às vezes não tem culpa nenhuma, a não ser por testemunhar suas falhas e vulnerabilidades. É provável que você se sinta atacada por ela, mas, ao mesmo tempo, devia se sentir grata pelos *insights* que ela obriga você a encarar: *insights* sobre como você foi magoada no passado e como continua se machucando no presente.

Quando Karen escreve "Lamentar é amar outra vez",[16] interpreto que, quando olhamos para nós mesmos sem medo e encaramos nossas imperfeições, nos abrimos para a possibilidade da cura. Lamentar as ofensas do passado nos liberta para amar outra vez e dar aos outros o que ninguém nos deu.

Questionar sua história de "sou uma pessoa que sofreu abusos"

Uma das histórias "oficiais" mais difíceis de revisitar e reescrever é a que relata "sou uma pessoa que sofreu abusos". Como a parte magoada, você se vê como a vítima, pura e simplesmente. Você é muito boa em se lembrar de todas as maneiras como foi magoada ao longo da vida, todas as pessoas que a exploraram, difamaram, decepcionaram. O que não consegue ver é que se sente abusada com muita facilidade, se ressente por qualquer coisinha. Você distorce a verdade e imagina que o outro tem intenção de magoar você quando isso não é verdade.

O que acarreta essa resposta "oficial"? Poderia ser uma tendência inata a ser negativo ou passivo. Poderia ser um erro cognitivo como "personalização" (você presume que o outro tem intenção de magoá-la quando na verdade não tem). Ou poderiam ser suas experiências no começo da vida, que lhe ensinaram que as pessoas vão traí-la. Não importa a origem, você acaba se sentindo crônica e incisivamente abusada — "uma sensação cuja extensão e intensidade vão mais além e é desproporcional às provocações de fato, o que pode se tornar uma forma de vivenciar a vida", explica a psicanalista Karen Horney.[17]

Adotar sua "história oficial" de abuso permite que você:

* se veja como uma pessoa boa, correta, justa e virtuosa;
* rejeite o impacto destrutivo que seu comportamento tem nos outros;
* considere os outros responsáveis por qualquer coisa que dê errado na sua vida; e
* se esconda por trás de um véu de opressão quando é você que fracassa em se proteger ou se promover.

Questionar sua "história oficial" é intimidador porque pode revelar muito a seu respeito. Mas também pode ser algo recompensador, porque ajuda você a:

* esclarecer o que aconteceu: destrinchando quem fez o que a quem;
* desvendar seus sentimentos em relação à ofensa e ao ofensor;
* decidir o que quer corrigir em si mesma para gerar interações mais autênticas e gratificantes; e
* transcender traumas de infância.

O desafio é encarar suas falhas com honestidade e, ao mesmo tempo, se compadecer de si — se gostar e, até mesmo, se perdoar.

Passo 7: Você desafia suas falsas suposições referentes ao que aconteceu.

Todos nós validamos o drama de nossas vidas. Infelizmente, porém, nem sempre fazemos distinção entre nossa versão da verdade e o que realmente aconteceu. Identificar percepções distorcidas, ou seja, separar os fatos do significado que eles têm para nós, é parte crucial do processo de Aceitação. Demanda um trabalho muito mais árduo — mais autoescrutínio, mais análise detalhada de informações —, mas ajuda você a reagir com mais objetividade e abrandar sua raiva ou dor.

Eis alguns de nossos erros cognitivos mais comuns.

Pensamento dicotômico

Esse erro cognitivo também é conhecido como pensamento "tudo ou nada" ou "oito ou oitenta". Aqui a sua tendência é encaixar os outros em duas categorias rígidas e polarizadas: ou você é perfeito, ou é horrível. Ou está certo, ou está errado. Ou é bom, ou é mau. É claro que classificar as pessoas desse jeito falha em fazer jus à complexidade humana. Uma representação crítica demais leva ao extermínio da personalidade e reforça sua decisão de não perdoar. Uma representação positiva demais leva à idealização e reforça sua decisão de perdoar a qualquer custo.

Leitura de mentes

Quando se dedica a ler mentes, você presume, muitas vezes erroneamente, que sabe o que a outra pessoa está pensando. A resposta de Marsha a Dave, seu marido, é um bom exemplo. Depois que ele pôs um fim ao caso extraconjugal, o casal entrou na terapia para reconstruir o casamento. Um dia, Marsha encontrou uma foto antiga dos dois tirada em um piquenique de família. "Parecemos tão felizes", disse ela, saudosa. Ela esperou que ele dissesse algo, mas Dave não se manifestou.

Mais tarde, quando Marsha e eu estávamos sozinhas, ela disse: "Ele está com raiva de mim por trazer o caso à tona outra vez. Mas o que ele queria? Dave precisa entender que, para cada vez que falo do assunto, devo ter pensado outras centenas de vezes nisso. Por que ele não pode ter paciência comigo? Ele acha que eu sou de ferro? Provavelmente ainda está apaixonado pela outra."

A verdade era que Dave não queria nada mais do que recuperar a confiança da esposa. Ele não respondera nada não por causa dos motivos que Marsha previu, mas por estar assolado pela culpa. "Eu me odeio", disse-me ele. "Destruí a confiança dela em mim e muito da alegria que um dia compartilhamos. Me sinto uma pessoa horrível."

Marsha interpretou o silêncio de Dave da forma errada, e sua falsa suposição alterou de forma significativa sua resposta ao marido. Sugeri que ela se perguntasse: "Estou interpretando errado o que ele pensa ou sente? O que sei de fato e o que é apenas suposição? Posso tentar aferir a verdade perguntando: 'Você parece irritado, chateado... Quer compartilhar o que está pensando?'"

Assim como Marsha, você precisa destrinchar os fatos, e não preencher as lacunas com suposições pessoais. Antes de dar uma resposta à altura para o ofensor, é preciso examinar se suas ideias dizem mais a seu respeito do que a respeito dele.

Generalização em excesso

Ao generalizar demais, você transforma um simples detalhe em uma tempestade em copo d'água e se prende à crença de que "ele sempre faz isso, ele nunca faz aquilo".

A resposta de Jill ao marido, Dean, ilustra bem isso. Ela ficou furiosa quando ele escolheu concluir uma correspondência para uma instituição de caridade e perdeu a cerimônia de premiação da natação da filha. "Fiquei me perguntando se casei com o cara certo", contou-me ela. "Parece que temos valores totalmente diferentes. Quero um companheiro que se importe com a família e goste de fazer parte dela. Dean sempre está ocupado quando preciso dele."

A ênfase de Jill nessa ofensa em particular a impedia de ter uma visão mais ampla: seu marido era técnico dos times de hóquei sobre grama das filhas, participava de reuniões de pais e mestres e sempre ajudava as meninas com o dever de casa. O relacionamento de Jill com Dave ficou refém de uma única recordação negativa. Para enxergar as coisas com mais objetividade, Jill poderia ter se questionado: "Estou encarando esse momento dentro do contexto geral de nossa vida juntos, ou estou isolando-o e tirando conclusões generalizadas?"

Através da Aceitação, passamos a considerar *todas* as informações, e não só os fatos que provam seu ponto, mas também aqueles que o contradizem. Também observamos o outro em sua totalidade, não apenas suas falhas ou virtudes. Fazendo isso, talvez você conclua que o comportamento do outro em relação a você é tão gritante que apaga qualquer coisa boa a respeito dele. Ou talvez o contrário. Qualquer que seja o desfecho, sua decisão será mais sábia e mais autocentrada observando todo o padrão de comportamento do outro, e não apenas uma atitude.

Personalização

Personalização é quando você vê o comportamento do outro apenas no que diz respeito a você e ignora todas as outras explicações, que, aliás, podem fazer com que você se sinta mais neutra e menos traumatizada.

Quando personaliza, você se coloca no centro do universo, por assim dizer, e age como se todas as coisas girassem ao seu redor. A verdade é que talvez você nem seja tão importante assim para o ofensor e que esteja alimentando uma ilusão ao se achar o único alvo da raiva e do desprezo dele.

Vi a personalização em ação uma vez quando entrei em uma butique sofisticada na Madison Avenue, em Nova York, vestida para ir ao teatro. Uma vendedora me abordou e perguntou se podia ajudar. Falei que não, obrigada, que eu estava só dando uma olhada, e ela se afastou. Outra mulher que estava perto se virou para mim e se queixou: "Acho que não vale a pena me abordar."

Não há como saber se a mulher era uma cliente de verdade ou se a vendedora sequer a vira. Se sim, meu palpite é que a vendedora teria ficado encantada de ganhar a comissão em cima de qualquer um que entrasse pela porta. O que ficou evidente foi que aquela mulher aplicou seu próprio significado pessoal em uma situação dúbia e criou um estresse emocional desnecessário para si mesma. Obviamente, é possível que a vendedora *de fato* tenha achado que a cliente não valia seu tempo, mas, se assim fosse, a mulher teria de questionar por que a vendedora — uma pessoa que ela não conhecia e provavelmente nunca mais encontraria — tinha tanta importância para ela.

Tirar conclusões precipitadas

Aqui você faz suposições a respeito de uma ofensa sem saber a história toda e se magoa sem a menor necessidade. Ao se ver diante de dados vagos ou incompletos, você preenche as lacunas e reage aos problemas que você mesma criou.

Naquele fatídico 11 de Setembro, Sally e Max estavam viajando pela Europa. Sem saber o paradeiro da filha, que morava na parte mais baixa de Manhattan, as horas daquele dia pareceram uma eternidade. Ao correr de volta para o hotel, torcendo para serem recebidos por uma mensagem, Max se lançou em um longo discurso sobre como aquele desastre destruiria a economia e o dólar. Sally me contou: "Me senti indignada ouvindo Max falar. Quem era aquele monstro insensível? Como ele podia se importar tão pouco com a nossa filha?"

Mais tarde, Max explicou: "Vi que Sally estava surtando, e ao mesmo tempo eu sabia que não podíamos fazer nada até chegarmos ao hotel, então tentei preencher o vazio com conversas. Devo ter soado ridículo, mas a verdade é que eu mesmo estava em estado de choque."

Assim como Sally aprendeu com esse episódio, não é possível responder a uma ofensa de forma construtiva a menos que se conheçam as intenções do "ofensor". O processo de Aceitação pede que você busque várias explicações plausíveis e menos dolorosas antes de tirar conclusões precipitadas.

Declarações do "dever"

Sua resposta ao comportamento do ofensor será profundamente afetada pelos parâmetros de comportamento que você espera do outro, pelo que você espera dele e pelo que acredita ser certo para o mundo. Aaron Beck se refere a essas coisas como "declarações do dever".[18] Albert Ellis chama de "*musterbation*"[19]: os *musts* ("dever") e os *ought to's* ("ter de") que impomos aos outros e a nós mesmos. Fred Luskin as chama de "regras impraticáveis".[20] Judith Beck diz que são "imperativos". "Todos nós temos uma ideia precisa e definida de como nós mesmos e os outros devem se comportar", escreve ela, "e superestimamos o quanto essas expectativas são dolorosas quando não concretizadas."[21]

Entre as declarações do "dever" estão: minha mãe deveria ser capaz de me oferecer conforto emocional quando preciso dela. Meu pai deveria se interessar por minhas atividades esportivas e comparecer aos meus jogos. Meu filho deveria me agradecer por todas as coisas que compro para ele. Minha filha deveria querer que eu estivesse superenvolvida em seus planos para o casamento. Minha nora deveria passar tantos feriados conosco quanto passa com a família dela. Meu chefe deveria perceber o quanto me dedico ao trabalho e lutar para que eu recebesse um aumento. Meu irmão deveria passar mais tempo com nossos pais, que já estão idosos. Minha irmã deveria me ligar no meu aniversário. Meus vizinhos deveriam manter seus animais de estimação na casa deles e entender que há razão no que estou dizendo.

A maior parte das declarações do "dever" já encerra uma decepção iminente, uma vez que exigem mais do que as pessoas têm para dar. Quando alguém não consegue atender a seus padrões rigorosos, é provável que você se sinta ferida e no direito de culpá-las, de apontar o dedo para o outro em vez de focar suas expectativas irrealistas.

Para corrigir essa tendência, reconheça que suas regras são exatamente isto: *suas* regras, não dos outros. Elas representam sua moral, suas necessidades, seus valores. O restante do mundo não tem obrigação de segui-las. Quando você insiste em que as pessoas deveriam ser diferentes do que são, está fadada à frustração e à angústia.

Uma vez, perguntaram a Albert Ellis, criador da Terapia Racional-Emotiva: "Como as pessoas plagiam o seu trabalho sem o menor pudor? Como se sentem tão confortáveis ao roubar suas ideias sem referenciá-lo?" E sua resposta foi da mais alta classe: "Zeeeeero dor de cabeça!" Se ao menos mais de nós fôssemos como Ellis, um homem sem "deveres" que troca a indignação pelo humor e aceita as pessoas como elas são, não quem ele quer que sejam.

Em seu instigante livro *Em busca de sentido: um psicólogo no campo de concentração*, Viktor Frankl sugere uma resposta existencial às injustiças do mundo. Sobrevivente do Holocausto, ele argumenta que não podemos ditar a forma como as pessoas nos tratam, mas podemos controlar de que modo escolhemos reagir a esse tratamento. Essa pode ser nossa única liberdade, mas é de profunda importância, já que nos ajuda a manter um senso de domínio em um mundo caótico.

O que não devemos esquecer é que nossas dores ou tristezas podem advir não do comportamento de outrem, mas de nossas próprias atitudes e crenças. Será que você se frustraria menos se tivesse expectativas mais baixas? É óbvio que sim. Ao insistir para que o outro seja desse ou daquele jeito, ignorando a grande variedade de reações humanas, é provável que você considere o outro inadequado, até desprezível, e se sinta traída. Se conseguir converter uma demanda em um desejo e aprender a distinguir o que você acha que precisa do que apenas torce para conseguir, talvez se sinta menos abalada com decepções.

Corrigir seus erros cognitivos

Para superar erros cognitivos, ajuda muito falar com o ofensor e levar em consideração o que ele tem a dizer. Não é preciso a opinião dele para aceitá-lo, mas, se ele estiver disposto a conversar, e não for abusivo ou arrogante e insensível, por que não ouvi-lo? Talvez você descubra que sua dor tem base em um mal-entendido e que não há nada a ser consertado, nem a aceitar ou perdoar.

Em "A Boy Named Sue", música escrita por Shel Silverstein, Johnny Cash nos conta a história de um garoto que passou a vida toda nutrindo uma falsa premissa: que seu pai lhe deu o nome de Sue para fazer da sua vida um inferno. Jurando vingança, o garoto caça o pai e o joga no chão.

O pai se explica, dizendo que deu o nome de Sue ao menino não com uma intenção ruim, mas para que ele se tornasse resistente e conseguisse sobreviver em um mundo cruel. A verdade é um despertar para o filho e dissipa seus anos de rancor. Ele joga fora sua arma e abraça o pai, mas não antes de jurar que, se um dia tiver um filho, vai lhe dar o nome de Bill ou George — qualquer coisa, menos Sue.

A letra dessa música é divertidíssima, mas ensina uma valiosa lição sobre as interações humanas: às vezes, nos magoamos porque nossas premissas em relação aos outros estão equivocadíssimas. Ao confrontar o pai em sua dor, Sue deu de cara com as verdadeiras intenções do homem e pôde vê-lo como uma pessoa de verdade, não como o "cão sujo e sarnento", que ele pensou que o pai fosse.

Assim como Sue, costumamos guardar nossas ofensas interpessoais bem no fundo, durante anos, só para descobrir que elas eram sustentadas por um mal-entendido que poderia ter sido esclarecido num piscar de olhos. Pena que Sue não conversou com o pai antes.

Um exercício para corrigir pensamentos negativos

Para verificar se seus pensamentos são válidos e úteis, escreva seus "pensamentos automáticos"[22] sobre o que aconteceu. Permita-se se aprofundar em sua raiva ou dor. Não tente agir com a razão ou ponderar. Não edite nada. Então, pensando em cada ideia separadamente, pergunte-se:

1. Esse pensamento é verdadeiro? Que erro cognitivo posso estar cometendo?
2. Esse pensamento é útil? Que sentimentos e comportamentos ele gera em mim?
3. Esse pensamento é típico de mim? Qual o meu padrão?
4. Preciso de mais informações sobre o que aconteceu? Onde consegui-las?

Eis como uma paciente desafiou seus pensamentos improdutivos.

Um dia, ao voltar para casa, Sandy estava furiosa por ter deparado com uma pilha horrível de canos velhos jogados em seu jardim imaculado. O homem que substituíra os drenos subterrâneos tinha terminado o trabalho e não conseguira levá-los embora. Irritadíssima, Sandy ligou e deixou uma mensagem para que ele viesse imediatamente limpar tudo. Um dia se passou. Mais um. Sandy ligou mais duas vezes, sem resposta. Para obter controle sobre a própria reação, ela tentou o seguinte exercício. Primeiro, escreveu seus pensamentos automáticos: "Mas que sujeito desprezível. Não acredito que ele tentou se safar assim. Que idiota que eu fui, pagar antes de checar o trabalho dele. Não dá pra confiar em ninguém hoje em dia."

Então ela refutou essas ideias:

1 Meus erros cognitivos são pensamento dicotômico, tirar conclusões precipitadas e generalização em excesso. "Talvez tenha acontecido algo que eu não esteja entendendo. Já contratei esse homem antes, e ele sempre foi confiável e decente."

2 Meus pensamentos não são úteis. Eles fazem com que eu me sinta enganada, vingativa, traída, idiota. Não resolvem nada. Apenas me fazem querer dar o troco.

3 São pensamentos que eu teria normalmente. Desconfio das pessoas e presumo o pior a respeito delas. Talvez eu tenha puxado isso da minha mãe, que sempre achou que as pessoas queriam se aproveitar dela.

4 Posso ligar mais uma vez para ele e apelar para sua decência.

Sandy seguiu o próprio conselho e deixou uma mensagem firme, mas conciliatória. "Não estou entendendo o que aconteceu", disse ela. "Você sempre fez um ótimo trabalho e cumpriu com sua palavra. Por favor, me ligue e me explique por que não está retornando minhas ligações."

No dia seguinte, ele entrou em contato. "Me desculpe, senhora", disse o homem. "Eu estava fora da cidade e não olhei minhas mensagens. Deixei os canos porque achei que a senhora pudesse querer mostrá-los para a pessoa que instalou o sistema de irrigação. Ele destruiu a tubulação. Mas pode ficar tranquila que vou aí buscá-los."

Sandy desligou, lembrando-se de algo que todos nós deveríamos ter em mente: o valor de verificar nossas suposições para não ofender nem nós mesmos nem os outros sem motivo.

Passo 8: Você olha para o ofensor indo além da ofensa em si, pesando os prós e os contras.

Quando alguém magoa você, é normal ter sentimentos negativos em relação a essa pessoa. Com a Aceitação, passamos a respeitar esses sentimentos, mas também tentamos separar o ofensor da ofensa e encarar o comportamento dele no contexto do relacionamento. Não olhamos só para o momento em que ele a maltratou, mas sim para todos os momentos compartilhados, pesando prós e contras. O processo exige que você seja fiel às suas recordações, sem permitir que uma oblitere as outras. É claro que isso só é possível quando vocês dois têm uma história em comum. Sem isso, você não tem mais nada a que reagir, só à ofensa.

Quando ele foi bom para você no passado e você vivenciou a gentileza dele em primeira mão, é provável que você se sinta menos propensa a criticar e condenar. Contudo, se ele foi bom para os outros, mas não para você, por que se importar? Se sua mãe é ruim com você, interessa mesmo se ela é um doce com seu irmão? O ofensor pode ter atributos agradáveis, mas, se você nunca foi beneficiada ou agraciada com eles, é improvável que isso abrande sua resposta. Na verdade, saber que o ofensor tem um lado benevolente reservado para outras pessoas pode apenas inflamar sua raiva e intensificar seu senso de justiça.

A Aceitação não exige que você sinta qualquer coisa pelo ofensor. Ela apenas pede que você tente vê-lo de maneira objetiva. Também pede que esteja atenta à propensão de pensar de modo absoluto: ver apenas o lado negativo caso ele tenha sido bom com você, ou fechar os olhos para tudo, menos para as coisas boas, caso ele tenha magoado você. Como aponta a analista austro-britânica Melanie Klein, é natural para nós querermos dividir o mundo em campos opostos: bom e mau, certo e errado. Incapazes de ter uma "visão ambivalente",[23] demonizamos ou endeusamos pessoas. Escolher um lado alimenta a ilusão de que vemos as coisas com mais clareza, mas o contrário também pode ser verdade.

Por boa parte da vida adulta, John se ressentiu da mãe por ser fria e nada acolhedora. "Não me lembro de ela já ter me abraçado, até mesmo quando eu era criança", contou-me. "Quando meu melhor amigo morreu, o esperado era que ela me consolasse, mas ela se manteve distante."

John continuou se sentindo carente e ressentido muito depois da morte da mãe, sem perceber que sua lembrança capturara apenas parte da história. Eu o encorajei a fazer uma lista do que não gostava nela, e outra com o que gostava. Uma reforçava a imagem que John tinha dela como durona e insensível. A outra demonstrou que ela o amava de maneira incondicional, o apoiara na busca por si mesmo, o desafiara intelectualmente e esteve ao lado dele nos momentos de dor e de alegria.

Analisando as duas listas, John conseguiu ver a mãe sob um prisma mais complexo e multidimensional. Livre de sua fixação nos defeitos dela, foi possível processar tudo que ela significava para ele. "Ela nunca foi boa no quesito afeto físico", disse-me ele, saudoso. "Mas acredito que ainda assim ela me amava do jeito dela."

Listar os atributos positivos e negativos pode ser um exercício de aprimoramento da relação para você, assim como foi para John. Também pode fazer com que se afaste ainda mais. Qualquer que seja o desfecho que o processo desencadeie, está tudo bem. O propósito não é necessariamente desfazer o dano, mas responder a ele de forma controlada e reflexiva, sem minimizar ou exagerar sua seriedade.

Pode ser esclarecedor entrevistar outras pessoas que conhecem, ou conheceram, o ofensor sob um prisma diferente e que possam oferecer evidências que desafiem seu ponto de vista. É possível se perguntar: "Por que me dar esse trabalho? Ele me magoou e não vale nem mais um segundo do meu tempo." Mas, se você quiser lutar contra suas obsessões e continuar o relacionamento — se quer checar sua realidade e tem curiosidade de saber mais —, por que não procurar ouvir o que os outros têm a dizer?

Foi o que Mike, que sempre enxergara a mãe sob um prisma negativo, fez. "Ela usava salto alto e espartilho", contou-me, com desdém. "Odiava grama e chuva. Quando as 'meninas' vinham para jogar canastra, ela me pegava e me exibia para as amigas como se eu fosse um broche de diamante ou um vestido novo."

Mike estava no segundo casamento e quase na meia-idade quando conheceu a tia, irmã de sua mãe, em um casamento da família. Ele pediu que ela compartilhasse suas lembranças da mãe dele, que morrera muitos anos antes. O que começou como uma conversa com um parente virou uma experiência que levou à Aceitação.

"Sim, ela exibia você para as amigas", lembrou-se a tia, "mas você se *destacava* mesmo, e sua mãe tinha muito orgulho de você. Ela não gostava de sair de casa, não saía nem por um decreto, mas também não tinha medo da vida. Ela foi para a faculdade antes de a maioria das mulheres sequer considerarem se matricular em uma e se formou em três anos. Viajou pela Europa com seu pai e amava conhecer lugares novos. Administrava instituições de caridade, gerenciava o próprio negócio e tinha muitos amigos leais. Ela era fascinada por você e por suas conquistas e te encorajava a se descobrir. Não é verdade?"

Mike assentiu. Em um processo muito comum, ele tinha se comprometido com uma versão tendenciosa da verdade, enfatizando o que desgostava na mãe e descartando o que gostava. Agora começava a se questionar o porquê de tê-la enxergado de modo tão deficiente. Não é que sua representação dela estivesse errada, percebeu ele, mas era seletiva e enviesada e desconsiderava muito do que havia de maravilhoso na mãe — não só aos olhos de sua tia, mas aos dele também.

Continue a pesar os prós e os contras

A Aceitação é um processo contínuo. Com o tempo, uma crise ou uma mudança nas circunstâncias podem trazer à tona qualidades no ofensor que estavam mascaradas ou ainda não desenvolvidas, o que faz você enxergá-lo sob um prisma diferente. Você também pode mudar e crescer. Foi isso que aconteceu comigo. A experiência corretiva foi a morte da minha mãe.

Por toda minha vida, ela foi crítica e difícil de agradar. Quando falei a ela sobre umas férias que eu planejava tirar, ela respondeu: "É ridículo como você gasta dinheiro." Quando comentei sobre os programas de doutorado nos quais eu planejava me inscrever, seu único comentário foi: "Não sei por que você trabalha tanto."

Porém, no fim da vida, deitada em uma cama de hospital, morrendo de câncer de pulmão, uma mudança aconteceu. Frágil e dependente, ela parou de competir comigo. E acho que eu também baixei a guarda. Ela permitiu minha companhia, que eu lhe desse de comer, ajudasse-a a ir ao banheiro. Usava meu corpo de apoio quando tentava se levantar. Ela me agradecia. Eu me sentia valorizada. A natureza de nosso relacionamento mudou. Eu me tornei a boa filha que sempre quis ser. Talvez ela tenha se tornado a mãe amorosa e incentivadora que sempre quisera ser.

Pouco depois de sua morte, comecei a perguntar sobre ela para minhas tias, e percebi que apoio emocional era um luxo ao qual minha mãe nunca teve acesso quando criança: seus pais estavam ocupados demais fazendo de tudo para pagar as contas. Meu avô acordava às três todo dia e ia para a parte baixa de Manhattan comprar produtos para seu mercadinho. Minha avó, que falava iídiche em casa, trabalhava dezesseis horas por dia, à frente da loja e alimentando uma família de cinco pessoas. As conversas eram breves e objetivas. O amor estava em prover, alimentar, vestir. Apoio emocional? Não creio que minha mãe soubesse o significado disso. Quando ela falava, não havia filtro nem censura. Ela não era exatamente delicada ao escolher as palavras ou sensível ao impacto que elas causavam. Ela era direta e não tinha nenhuma habilidade interpessoal — o que chamamos hoje em dia de inteligência emocional.

Com o tempo, ao levar em conta a experiência de vida de minha mãe, fui entendendo sua severidade e aceitando sua incapacidade de expor seu lado mais doce — até o fim da vida. Hoje fico feliz por ela ter feito tudo o que pôde, trabalhando muito para que eu participasse das melhores colônias de férias, estudasse nas melhores escolas, enquanto administrava o negócio da família, uma loja de tecidos. Em alguns aspectos importantes, ela não esteve ao meu lado. Não conseguia me consolar ou incentivar. Quase nunca parecia que estava feliz comigo. Mas também não era má ou mesquinha, e tinha um bom coração. Quando penso nela, gosto de me lembrar das vezes em que me recebeu carinhosamente. Ela nunca se desculpou por ser tão difícil comigo, nem pareceu entender ou se importar com o tanto que me fazia sentir insuficiente. Por causa disso, não posso dizer com sinceridade: "Eu te perdoo." Mas posso aceitá-la, amá-la e abraçá-la em minhas lembranças e no meu coração.

Quando você se recusa a perdoar

Ao recusar o perdão, você define o ofensor pelo mal que lhe causou e exorciza todas as outras informações sobre ele capazes de reabilitá-lo. Você se dedica a odiá-lo e cria uma imagem dele que justifica seu ódio. A ideia de questionar se você está olhando para ele de forma justa lhe parece uma espécie de rendição, uma interrupção no seu cronograma. Qualquer esforço para avaliar os múltiplos papéis que ele teve na sua vida — os que a magoaram, os que a tornaram melhor — deixa você confusa e vulnerável. É tão mais simples, ao que parece, vê-lo sob a fria clareza de sua raiva.

Há muitas razões pelas quais você pode se recusar a encará-lo por um prisma mais objetivo e benevolente, mas eis um que talvez seja relevante: *É preciso vê-lo não como ele é, mas como você precisa que ele seja.* Você o define por distingui-lo de você: *Eu sou o que você não é.* Você realça o que há de errado nele para mostrar o contraste com a sua integridade moral. Pintá-lo como maligno permite que você veja sua própria bondade com alívio. Se tivesse de olhar para ele com mais clareza, você seria obrigada a *se* enxergar com mais clareza e reconhecer suas próprias deficiências, até mesmo sua cumplicidade.

A oferta de dádivas colaterais

Formar uma opinião sobre o ofensor, pesando seus prós e contras, ajuda a considerar o que eu chamo de *oferta de dádivas colaterais*. Trata-se dos gestos de cuidado e, ao que parece, gratuitos que esse outro faz em qualquer momento depois da ofensa, sem nenhuma referência aparente a ela. Wordsworth as chamava de "atos de gentileza e amor pequenos, anônimos e esquecíveis", e eles precisam ser reconhecidos se a sua avaliação dessa pessoa for justa e integral.

Elas devem ser encaradas como ofertas de paz? O ofensor está tentando dizer de seu jeito torto "Sinto muito. Errei. Quero me redimir"? Ou não há conexão alguma entre essas dádivas e a dor que ele lhe infligiu? Talvez você nunca descubra, porque talvez ele nunca fale sobre a ofensa, nunca reconheça de modo apropriado o mal que lhe fez. Ainda assim, esses atos de benevolência podem ter um efeito poderoso e positivo em você e no seu relacionamento.

Lisa recebeu uma dádiva do ex-marido, Ben, depois de anos de distanciamento. O divórcio dos dois se arrastara por anos, com uma batalha bem feia pela guarda da filha. "Ele nunca demonstrou um pingo de remorso por acabar com a nossa família e a minha vida", Lisa me contou. "Fiquei tão deprimida, tão perdida, que nem vivia direito. Cheguei a me perguntar se as crianças não estariam melhor sem mim."

A corte, por fim, definiu a guarda compartilhada entre Lisa e Ben, e os dois tornaram a se casar. Anos mais tarde, enquanto Lisa estava fazendo terapia comigo, a irmã dela perdeu o emprego, e a mãe, em segredo, foi até Ben para pedir ajuda. Ben se prontificou a ajudar e arrumou emprego para a irmã de Lisa na empresa de um amigo. Ele nunca mencionou o divórcio ou os anos de rancor. "De repente ele se tornou um cara legal?", perguntou-me Lisa. "Ou isso é só o narcisismo dele em ação outra vez, sua necessidade de se ver como poderoso, amado por todos?"

"Isso importa?", perguntei.

Lisa pensou na questão. "Acho que não, talvez por eu amar mais a minha irmã do que odeio Ben. Mas, quaisquer que tenham sido os motivos, o que Ben fez por ela me faz sentir mais afeto por ele e compensa um pouco do estrago que ele causou."

Ben encontrou outras formas de ser generoso. Pagou o aluguel da filha até que ela conseguisse se bancar. E, quando o frágil pai de Lisa precisou se internar em uma clínica de reabilitação, Ben deu um jeitinho para que ele conseguisse uma vaga.

"Meu ex-marido me deixou traumatizada para sempre", contou-me Lisa. "Mas, para ser bem sincera, ele também me ajudou. Na época do nosso divórcio, eu o via como um monstro. Hoje eu o aceito como um homem falho e complexo que me magoou mais profundamente do que qualquer outra pessoa, mas que também ajudou quando precisei. Talvez os atributos que odeio e amo nele andem de mãos dadas. A mesma necessidade insaciável de amor e aprovação que fez Ben me trair pode ter sido a motivação para ele ter cuidado da minha família quando precisamos."

Ben ainda não reconheceu abertamente seu comportamento destrutivo. Até que o faça, Lisa nunca vai saber se ele está ciente de o quanto a fez sofrer — ou se ele se importa com isso. Ela não consegue chegar a perdoá-lo porque ele nunca falou abertamente sobre a ofensa. Mas sua oferta de dádivas colaterais continua a ressoar em Lisa e ajudou um bocado em sua decisão de aceitá-lo.

O Fator da Virada

O uso do Fator da Virada para se apegar a alguém

Como Lisa descobriu, os atributos que você odeia e ama em alguém podem não só coexistir, como também ser dois lados da mesma personalidade básica, apenas vistos por ângulos diferentes. Chamo esse fenômeno — que os atributos que nos atraem e nos repelem estão inquestionavelmente interligados e um tipo pressupõe o outro — de *Fator da Virada*.[24] É um conceito útil quando você está tentando se conformar com uma injúria e destrinchar seus sentimentos em relação à pessoa que te magoou.

Digamos que você ame seu marido pela jovialidade e criatividade, mas odeie que ele se esquive das responsabilidades e que esteja sempre aproveitando algum momento importante quando existem tarefas pendentes. O que o Fator da Virada ensina é que o mesmo atributo que o torna tão espontâneo e divertido também é o que o faz ser irresponsável. E, se você vai aceitar um lado dele, precisa tolerar o outro.

Uma paciente chamada Jane se ressentia do marido, Marc, por suas opiniões muito diretas e seus conselhos intrometidos a respeito de tudo o que ela fazia. Jane colocava carne bovina no ensopado, e ele dizia que a de cordeiro seria melhor. Ela picava a cenoura com uma faca, e ele insistia para que usasse o processador. Para aceitá-lo e abrandar a própria irritação, ela aprendeu a se perguntar: "O que nesse comportamento insuportável dele dá certo comigo? O que acho atraente nisso?" Jane descobriu que amava o jeito como ele a venerava e gostava de fazer tudo junto. Os pais dela nunca estiveram por perto para lhe dar orientação. O que a atraíra em Marc desde o primeiro dia foi a maneira como ele lhe dava toda a atenção, fazendo-a se sentir notada e cuidada de um jeito que os pais dela nunca fizeram. Ver o comportamento negativo do companheiro sob um prisma positivo fez Jane se sentir menos magoada e a ajudou a aceitar o que ela vinha considerando defeito nele.

O uso do Fator da Virada para se desapegar de alguém

O Fator da Virada também pode ajudar você a se desapegar de alguém que te magoou quando tudo o que você enxergava era o lado bom dele.

Harriet usou o conceito dessa forma. Durante quase toda a vida, ela idealizou o pai, porque a verdade a respeito dele era difícil demais para suportar. Ele havia abandonado a família por outra mulher quando Harriet tinha dez anos, e nunca mais ouviram falar nele. Perdoá-lo foi o jeito que ela encontrou de fugir da dor do abandono. O homem que ela conhecera era beberrão e viciado em jogos, um libertino que nunca pagou as contas, nem mesmo pensão alimentícia. Ainda assim, a lembrança que Harriet tinha dele permanecia imaculada.

Ao identificar os atributos positivos do pai ("Ele amava a vida e as coisas boas") e colocá-los frente a frente com os negativos ("Ele dependia da bajulação de mulheres e fugia das responsabilidades"), Harriet deu início a uma jornada interior que a colocou em contato com suas emoções verdadeiras, algo que a permitiu formular uma resposta mais equilibrada e autêntica em relação ao pai. "Estou tentando vê-lo como a pessoa que ele é, não a que eu queria que ele fosse", disse-me ela.

Assim como Harriet, você presta um desserviço a si mesma quando ignora o modo como alguém faltou com você, perdoa facilmente e atribui a esse outro qualidades que ele nunca teve. O Fator de Virada pode ajudar não por alimentar seu desejo de *se apegar novamente*, mas por dar forças à sua missão de *desapegar-se*, ajudando a enxergar de que maneira os atributos que você ama podem estar intimamente ligados àqueles que te destroem.

O ódio que você sente por alguém também pode ser inveja

O Fator de Virada também ensina que o que te atormenta em relação ao ofensor pode revelar bastante sobre seus próprios conflitos internos. Talvez você o odeie pelo que não consegue admitir que odeia em si mesma, e talvez o inveje pelo que falta em si mesma. Perceber isso não é fácil, mas ajuda a entender como nossas questões pessoais influenciam nossa reação diante do ofensor.

Maggie Scarf, autora de *Casais íntimos: convivência, casamento, afetividade*, escreve sobre "os aspectos não reconhecidos, repudiados e completamente não integrados da própria personalidade" e explica o conceito analítico da projeção. "O que um dia foi inaceitável no próprio eu agora é o que se mostra tão intolerável e inaceitável no parceiro. A guerra interior de cada membro do casal se transforma em uma guerra entre os dois, e cada parte acredita que a paz e a harmonia poderiam ser alcançadas se o outro mudasse."[25]

Scarf poderia ter em mente uma paciente chamada Abbey e seu marido, Bruce. Abbey reclamava dele o tempo todo. "Ele não tem paixão, fogo, entusiasmo", contou-me ela. "Quero alguém que sorria para mim, que seja carinhoso, expressivo e cheio de vontade de viver." Ela não conseguia ver que os atributos que criticava no marido estavam ligados àqueles que invejava nele e que faltavam em si mesma.

Para entender por que Abbey se sentiu atraída por Bruce, precisamos saber que ela cresceu com um pai emocionalmente contrito e uma mãe que cometia abusos verbais e físicos. O primeiro casamento de Abbey foi com um homem que era, nas palavras dela, "absurdamente lindo, estiloso... um homem bem ardente." A chama do casamento se apagou depois de um ano, tempo que levou para ela descobrir as traições dele. Ela estava igualmente infeliz com Bruce, mas, embora uma parte de Abbey o odiasse, a outra sabia exatamente por que o procurara e entendia por que continuava com ele até então. "Eu o escolhi porque acreditei que me daria segurança e sabia que ele era um homem responsável, que seria um porto seguro na minha vida", contou-me. "Ele é chato, mas estável. Mas quando minha vida está estável, esqueço de como esse fator é importante para mim, embora saiba que não posso viver sem isso. Bruce não me leva aos céus, mas também não vai me dar um chute na bunda."

Abbey viu que os atributos que achava insuportáveis em Bruce estavam intrincadamente ligados àqueles que ela precisava nele. Porém, num nível mais íntimo, ela não suportava encarar o fato de que os atributos que a atraíram nele — o temperamento comedido, a satisfação com as coisas simples — eram as qualidades que faltavam nela. Ao contrário de Bruce, Abbey vivia sentindo-se aflita, vazia, enganada. Torná-lo o objeto de sua raiva, odiá-lo por ser sem graça, a blindava de ter de encarar o que faltava em si: a habilidade de em algum momento sentir-se satisfeita com qualquer um, inclusive consigo mesma.

O Fator da Virada pode ajudar você, assim como ajudou Abbey, a pensar sua insatisfação de forma diferente. Como falei em *Depois do caso*, ele "desafia você a ver suas diferenças de uma nova maneira, em que você se reconcilia, tolera e, talvez, às vezes, aceite os lados bom e mau da personalidade do seu parceiro e também da sua".[26]

É possível aplicar o Fator da Virada a qualquer relacionamento. Alison viu em primeira mão o princípio em ação quando ela e Susan, antiga amiga da faculdade, concordaram em passar um dia juntas em Manhattan.

O plano era sair no final da manhã, dar uma passada no Metropolitan Museum, almoçar em um spa e depois fazer compras. Na noite anterior, o filho de Alison ligou para dizer que estaria na cidade no dia seguinte. Alison teria adorado se encontrar com ele, mas já tinha se comprometido em passar o dia com Susan. Horas depois, Susan ligou para dizer que o próprio filho chegara de surpresa da faculdade e, como não havia a menor chance de deixá-lo sozinho em casa, ela o convidara para sair com as duas. Alison ficou furiosa, mas não disse nada. Ela tinha passado semanas ansiosa para curtir uma tarde íntima e relaxante com uma velha amiga, e ter o filho de qualquer uma delas ao lado mudaria tudo. Tentando aproveitar a situação da melhor forma possível, ela ligou para o filho e o convidou para acompanhá-las, mas era tarde demais. Ele já tinha outros planos.

Os três foram ao museu, mas nem chegaram a ir fazer compras para elas. "Passamos a maior parte do dia em uma loja da NBA, procurando equipamentos para o filho dela", contou-me Alison. "Susan não se sentiu nem um pouco culpada. Nem sequer cogitou que precisasse se desculpar de algo. Nosso relacionamento nunca mais vai ser o mesmo."

O que atraiu Alison para Susan a princípio foi a franqueza da amiga, a autoconfiança, a habilidade de falar e fazer o que queria — em suma, seu lado bom. O dia desastroso em Nova York mostrou a Alison o lado ruim desses mesmos atributos. Ela agora via a amiga como autocentrada e insensível.

No fim das contas, Alison acabou reconhecendo três verdades. A primeira era que atributos interessantes e desinteressantes andam lado a lado. A segunda, que os atributos que ela criticava na amiga estavam ligados aos que Alison invejava nela e não tinha em si mesma. Susan era direta e assertiva, tomava decisões sem pensar na necessidade dos outros. Alison, por outro lado, estava presa na própria mente, refém da necessidade dos outros. Ela perdera o pai muito cedo e crescera instruída a não pedir muito e não incomodar a mãe, sempre tão sobrecarregada. Calar a própria voz e colocar seus planos de lado eram padrões que seguiram em seus relacionamentos na vida adulta e comprometiam sua habilidade de curtir as pessoas e negociar conflitos.

A terceira verdade que Alison encarou era que as pessoas quase nunca são totalmente honradas ou totalmente más. Quando se permitiu olhar para Susan com mais objetividade, ela admitiu: "Nem sempre ela é egoísta. Ela sabe ser uma amiga muito prestativa e carinhosa. Ela me manda presentes de aniversário e leva comida para mim quando estou doente. Ela assume o comando, às vezes por si mesma, às vezes por mim. Se ela não estivesse na minha vida, minha vida seria mais sem graça. Na balança, os defeitos dela são menos importantes do que a nossa amizade."

Sempre há um lado bom?

Eis aqui uma advertência importante para aqueles que foram seriamente violados em um relacionamento: às vezes o lado bom é irrelevante. Não é que ele não exista: você simplesmente nunca o viu ou ele nunca melhorou nada para você. Se sofreu abuso sexual do pai, você não tem de achar nada de bom nele por ele saber ser carinhoso ou conseguir o que quer. Ver os atributos positivos do seu pai não tem de abrandar os sentimentos negativos que você tem em relação a ele. É possível aceitá-lo sem gostar dele ou vê-lo sob um prisma positivo.

Passo 9: Você decide com cautela que tipo de relacionamento quer ter com o ofensor.

Se o ofensor não está disposto ou não é capaz de reparar os danos que causou, que tipo de relacionamento faz sentido para você? Reconciliar-se é interessante para você? Se de fato houver reconciliação, como você considera a devastação e a raiva que sente em seu íntimo? Você é capaz de manter a autenticidade e ainda interagir com ele de maneira civilizada, construtiva e conciliatória? Consegue perdoar uma pessoa que está morta ou inacessível de alguma forma?

A Aceitação, como a conhecemos, não requer reconciliação. É possível aceitar alguém e se reconciliar, ou aceitar o ofensor e não fazer as pazes. Qualquer que seja o caminho escolhido, a Aceitação pede apenas que você comece daquele lugar em seu íntimo onde você fica mais segura, mais centrada, mais autoconfiante. Afaste-se dele para se vingar (Não Perdoar), ou se apegue a ele novamente para acalmar a situação (Perdão Barato), e o mais provável é que você sabote o seu futuro.

Aqui estão três opções saudáveis caso o ofensor não possa, ou não queira, se desculpar.

1. Aceitação sem reconciliação quando o ofensor for inacessível

Se o ofensor tiver morrido ou estiver fora de alcance, e você literalmente não puder se comunicar com ele, é óbvio que a reconciliação não é uma opção. Mas ainda é possível aceitar tanto ele quanto a dor que ele causou. Talvez ele tenha saído da sua vida, mas a lembrança vai continuar a incomodar, e é preciso lidar com esse desconforto para que isso não te descaracterize ou arruíne sua vida. Você deve isso não ao ofensor, mas a si mesma.

O trabalho de fazer as pazes com um ofensor ausente é o trabalho da Aceitação. Não requer a participação dele (como acontece com o Perdão Genuíno). Não exige que haja um relacionamento em questão. O que de fato isso pede é que você:

* tente enxergar o que aconteceu com clareza, sem vendas;
* reconheça sua contribuição (se houve alguma) à ofensa;
* compreenda as intenções dele até onde for possível;
* reconheça o que ele trouxe de bom e ruim para a sua vida;
* perdoe-se por permitir que ele tenha magoado você;
* trabalhe para se lembrar dele sem ódio ou mágoa tão profunda a ponto de se enterrar na dor.

Acessá-lo mesmo após a morte, talvez através de cartas ou palavras ditas em silêncio diante do túmulo, pode trazer algum consolo. Não importa o fato de ele não poder ouvir o que você tem a dizer nem poder estar mais disponível hoje do que já esteve antes. Já não existem mais expectativas de que esse outro mude ou compense o que fez. Mas talvez você se sinta um pouco mais em paz se disser a verdade para ele do jeito que você a enxerga, com a clareza, a sabedoria e a dignidade da sua própria voz. Também pode ser de grande ajuda imaginar a resposta do ofensor. Ouvir as palavras que você tanto queria ouvir — aquelas que você sabe que ele nunca poderia dizer — essa estratégia pode dar uma linguagem à sua dor e ajudar no processo de cura.

Isso serviu de consolo para Kim, psicóloga, cinquenta anos, que tinha dificuldade em aceitar a frieza da mãe mesmo dois anos depois da morte dela.

Durante uma palestra de treinamento profissional sobre perdão que ministrei, Kim contou sua história:

"Minha mãe amava meus filhos do meu primeiro casamento, mas se recusava a ter um relacionamento com meus enteados quando voltei a me casar", disse ela. "Ainda estou tentando superar o ressentimento."

Perguntei a Kim o que ela faz para superar a dor.

"De vez em quando, vou até o túmulo e falo diretamente com ela", confessou ao grupo, rindo em meio às lágrimas. "Nosso relacionamento está melhorando porque, hoje em dia, minha mãe ouve e não responde. Posso dizer coisas a ela que eu não podia quando estava viva."

"Como o quê?"

"'Mãe, me dói você nunca ter reconhecido meus enteados. John [meu segundo marido] é tão bom para mim, me resgatou de um primeiro casamento tão infeliz. Seu comportamento me fez achar que você não se importava com a minha felicidade ou comigo — que você achava que eu merecia sofrer ou ficar infeliz ou sozinha. Sinto que você me culpava pelos problemas no meu casamento e nunca me perdoou por eu ter me separado.'"

Perguntei a Kim o que ela desejava que a mãe tivesse lhe dito. Kim respondeu:

"Eu gostaria que ela tivesse dito: 'Kim, não sei por que fui tão ruim com seus enteados. São crianças ótimas, de verdade. E vejo como John é bom para você. Vejo você mais feliz. Você merece. Todos eles têm sorte de ter você na vida. Me desculpe por fazer você achar que eu poderia querer seu sofrimento. Você foi uma filha maravilhosa. Eu te amo e te desejo toda a felicidade.'"

Kim se virou para mim e acrescentou:

"Em meu coração, eu queria perdoar minha mãe, mas não consigo."

Eu disse a ela:

"Entendo sua resposta. Faz sentido para mim. Do ponto de vista realista, quando alguém sabidamente nos magoa e falha em mostrar o mais ínfimo indício de desconforto ou remorso em relação a isso, a ideia do perdão parece generosa em excesso. Mas há uma alternativa saudável, que é a Aceitação. Talvez seja isso que você está buscando. A cura está não em perdoar sua mãe, uma mulher que não tem como conquistar o perdão. Tampouco em imaginá-la sendo mais do que ela foi. A cura vem quando você aprender a conviver com as falhas dela e abranda a dor em seu coração."

Mantive contato com Kim e, com o tempo, a incentivei a:

* controlar a obsessão com os traumas causados pela mãe;
* abrir espaço para sentimentos de amargura e amor ao mesmo tempo;

* libertar-se de qualquer obrigação de perdoar a mãe e, em vez disso, aprender a aceitá-la;
* dar voz à ofensa sofrida e ficar com a sua própria versão da verdade;
* se recusar a permitir que os sentimentos que a mãe gerou nela — vergonha, tristeza — minem sua autoestima;
* sentir compaixão por si mesma por tudo que passou;
* perceber que não merecia ser rejeitada pela mãe;
* aceitar que o que a mãe lhe ofereceu era somente o que ela podia dar; e
* tentar se lembrar do que amava na mãe (coisas como levar os filhos de Kim ao cinema e fazer projetos de artes e trabalhos manuais com eles quando Kim estava no trabalho).

Com esforços unilaterais, Kim se curou e aprendeu a aceitar a mãe. Ela também ficou em paz com as limitações do relacionamento delas de um jeito confortável e sincero, enquanto se lembrava da mãe do melhor ponto de vista possível.

2. Aceitação sem reconciliação quando o ofensor não se desculpa

O ofensor pode querer manter um relacionamento. Mas, se ele se recusa a conquistar o perdão, talvez você escolha aceitá-lo e romper todo e qualquer contato, pelo menos até que ele dê um jeito nas coisas. Eu incentivo você a considerar essa opção. Quando se recusa a se reconciliar *ou* aceitá-lo, você se deixa envenenar pelo ódio e acaba tendo um relacionamento mais intenso com ele do que ousa admitir, mesmo que seus caminhos nunca mais se cruzem. A Aceitação permite que você restaure seu equilíbrio e mantenha a integridade — *sem* ele. A Aceitação permite que você se cure — *sem* ele.

Deirdre, uma radiologista de 48 anos, procurou aceitar o pai sem se reconciliar com ele anos depois da mais terrível das violações. Enquanto ela estava na faculdade de medicina, chegando quase na casa dos trinta, Deirdre se viu perversamente fascinada, quase consumida, por artigos a respeito de doenças no reto. Ela começou a se lembrar do pai, um pediatra muito bem-conceituado, que tratava de lesões retais na filha ainda em tenra idade — talvez quatro ou cinco anos. As lembranças vieram à tona, do pai lhe pedindo para se curvar na mesa da cozinha enquanto ele se inseria dentro dela. E então, de repente, com toda a certeza, ela soube que, mesmo que não tivesse praticado sexo anal com ela, ele devia ter abusado da filha de alguma forma terrível. Por que outro motivo ele a examinaria repetida e ritualisticamente daquele jeito?

Deirdre confrontou os pais com suas recordações traumáticas, mas eles as negaram enfaticamente e a acusaram de mentir e difamá-los. Muitos meses depois, os dois a convidaram para passar o Dia de Ação de Graças com eles. "A resposta dos meus pais à minha revelação foi tão ruim que chega a ser absurda", contou-me Deirdre, "e concluí que eu não aguentaria viver comigo mesma e ao mesmo tempo manter uma relação com eles."

Uma parte de Deirdre queria acabar com os pais, assim como eles acabaram com ela. Mas ela abriu mão da necessidade de feri-los, da hipótese de ter sua recordação validada por eles ou ser consolada, e deu voz à sua verdade na carta a seguir.

Gloria e Greg [ela se recusava a chamá-los de mãe e pai],
Faz dois anos que estou fazendo terapia, tentando juntar os fatos do que aconteceu comigo quando era criança. Vocês me dizem que não podem se desculpar pelo que nunca aconteceu. Mas, para mim, não ter minha verdade reconhecida me lança em um estado de confusão, me faz questionar minha sanidade e me sentir ainda mais detestável do que vocês me fizeram sentir quando me violaram e se recusaram a me amar e me proteger. Não posso conviver com nenhum dos dois sob essas condições. Não há forma de estabelecer relação alguma sob essas condições. Para mim não dá certo estarmos juntos e compartilharmos bons momentos. Então, gostaria que respeitassem minha necessidade de me distanciar até o momento em que estejam preparados para admitir o terrível estrago que vocês fizeram e o repararem. Tudo isso é muito triste e muito perverso. Torço para que, ao me afastar de vocês, eu consiga me livrar dessas lembranças. No fundo, sei que não é possível. Elas vivem em mim. Mas posso, sim, validar minha verdade, respeitá-la, estabelecer limites e cuidar de mim mesma, deixando na minha vida apenas as pessoas em quem confio. Adeus.

Deirdre

A decisão de Deirdre de não se reconciliar com os pais a ajudou a reequilibrar seu mundo e se sentir mais segura, mais cuidadosa, mais no controle do próprio destino. Sua decisão de aceitá-los permitiu que ela se distinguisse do modo como eles a trataram e seguisse em frente.

A Aceitação sem reconciliação também pode ser uma opção sensata quando você aceita um parceiro amoroso. Quando comecei a trabalhar com pessoas que estavam se recuperando de traições, eu estremecia diante das coisas que eles me diziam ser necessárias para poder se curar. "Quero ir até o escritório da namorada dele com meus quatro filhos, encurralá-la, colocar meu bebê em cima da mesa dela e dizer: 'Aqui, olhe só. Essa é a família que você destruiu'", contou-me uma paciente chamada June. "Quero confrontá-la na igreja, atrás do altar com o padre, e dizer a ela que destruiu a minha vida, e que agora pretendo destruir a dela."

Por trás dessas visões obscuras, havia uma necessidade de dar voz à dor: de falar diretamente com a pessoa que a magoou e dizer de cabeça erguida: "O que você fez foi errado. Meus sentimentos importam. Quer você reconheça, quer não, eu não merecia ser tratada desse jeito."

O que eu falei para June é o que eu falaria para qualquer uma de vocês que esteja pensando em confrontar o caso amoroso do seu cônjuge: não aja por impulso ou por imprudência. Não entre em contato com a pessoa sem pensar direito no que você quer com isso e como vai se sentir dias e semanas depois de passar seu recado. Qualquer que seja a forma de comunicação escolhida — e-mail, telefone, carta ou cara a cara —, não vá conversar se o intuito for apenas extrair uma resposta específica: é impossível prever a reação de uma pessoa. Converse se houver de fato algo que precisa ser dito. E então, para se proteger de mais sofrimento, pense bem em todas as formas de resposta que a pessoa pode lhe dar e como isso irá afetá-la. Mais importante ainda: se decidir dar vazão à sua dor, procure fazê-lo sem perder o respeito próprio.

3. Aceitação com reconciliação quando o ofensor não se desculpa

Aqui estão quatro motivos saudáveis e sensatos pelos quais você pode decidir aceitar e se reconciliar com o ofensor, ainda que ele se recuse a se redimir:

* Você precisa interagir com ele com regularidade e descobre que demanda muita energia permanecer fria e distante.
* Quando age com indiferença com ele, você se sente fria por dentro, distante tanto dele quanto de si mesma. A ruptura entre vocês compromete sua qualidade de vida. Não ter relacionamento nenhum com ele parece ser ainda pior, não importa quão limitado ou superficial esse relacionamento venha a ser.
* Você se beneficia estrategicamente desse relacionamento. Por exemplo, opta por se dar bem com seu chefe para proteger seu emprego, ainda que não tenha nenhum respeito por ele. Ou age civilizadamente com seu ex--marido em nome dos seus filhos.
* Você torce para ter experiências novas e corretivas que possam consertar o relacionamento.

Melissa, psiquiatra, se esforçou para aceitar e se reconciliar com os pais por todos esses motivos. Durante vinte anos, eles a rejeitaram por ser lésbica e se recusaram a reconhecer seu relacionamento com Leah. Melissa, por fim, decidiu confrontá-los dentro dessas questões. Muitas cartas foram trocadas entre eles, incluindo esta linda e sensível que segue abaixo:

Queridos pai e mãe,
    Nos últimos 18 anos, fui magoada diversas vezes por vocês insistirem que eu fingisse não estar em um relacionamento lésbico. Tentei ter compaixão e ser amorosa, na esperança de que, com o tempo, pudessem abrir a mente. Achei que, ao ver como eu estava feliz e como minha vida era boa, vocês, aos poucos, passariam a me tratar de um jeito mais carinhoso, mais solícito, mais paternal. Nunca vou pedir que aprovem minha vida se ela viola seus padrões. O que pensam sobre o meu relacionamento é problema de vocês. A minha questão é como vocês me tratam.
    Essa insistência para que eu finja ser solteira quando estamos juntos não ajuda em nada. Quando vocês me dizem "Você não cede, nem nós podemos ceder", fica claro que vocês dois consideram suas atitudes e palavras plenamente justificadas e não se lamentam nem um pouco. Agora percebo que não posso esperar que meu perdão e amor tenham um efeito curativo se vocês não se importam em como estão me magoando.
    Aqui vai como eu acho que nosso relacionamento poderia ser muito melhor, sem sacrificar seus valores ou minha integridade nem eu mesma.
    Quando vocês dizem "Não gostamos da Leah", estão me dizendo que não gostam do que ela representa. Da minha perspectiva, é uma forma educada de dizer que não gostam de quem eu sou. É o mesmo que dizer: "Só podemos tolerar estar ao seu lado se você negar quem você é." A realidade é que estou em um relacionamento com Leah, e já há vinte anos. Não sou solteira. Se eu não tivesse conhecido Leah, estaria em um relacionamento com outra pessoa, e com certeza ela seria uma mulher. Eu sou lésbica. Se não conseguem reconhecer essa verdade tão básica (não precisam aprovar, apenas reconhecer), fica difícil pensar em que tipo de relacionamento poderíamos ter.
    Do meu ponto de vista, as visitas são complicadas porque sei que vocês se irritam por eu mencionar o nome da Leah ou dizer qualquer coisa com a palavra "nós". Dá para imaginar como isso me restringe? Leah e eu trabalhamos juntas, temos os mesmos sonhos, os mesmos amigos e dividimos uma casa. Então sobre o que eu posso falar com vocês? Meus irmãos? Sim. Mas não posso falar sobre mim mesma, ao menos não com naturalidade. Parece muito falso falar com vocês sobre minhas viagens, meu trabalho, as coisas que me fazem rir, sem mencionar Leah na mesma frase. Ela tem um papel central em tudo que eu

faço. Minha vida seria uma casca vazia sem a alegria que compartilhamos e vocês só querem ouvir a respeito da casca. Isso é absurdamente triste para mim, porque acho que vocês iriam gostar muito de participar da nossa vida se não achassem que isso significa que estão aprovando nossa relação.

Há milhões de pais que não aprovam a escolha de parceiro dos filhos. Mas, mesmo assim, perguntam sobre eles e tentam ser cordiais. Quando não é assim, as famílias acabam se separando. Eu preferia que isso não acontecesse conosco, mas já aconteceu.

Então de que maneira nosso relacionamento poderia ser melhor? Eis o que eu acho que poderia ajudar:

1. Reconhecer que estou em um relacionamento com Leah. Pelo menos quando estiverem falando comigo, mas também talvez com seus irmãos e amigos, até mesmo seu pastor. Talvez vocês encontrem algum apoio. Alguns podem sentir empatia por vocês terem uma filha lésbica e encarar isso como um fardo terrível. Outros contarão que também têm parentes gays e vocês poderão conversar sobre como se sentem. Alguns podem até ensiná-los a rir disso e ajudá-los a se sentirem menos sozinhos.

2. Sejam educados com Leah. Se ela atender o telefone, identifiquem-se, falem algo simpático e trivial ("Como está no emprego novo? Está chovendo aí?") e depois perguntem se estou em casa.

Também tem sido difícil para ela nos últimos anos. Leah queria enviar cartões de aniversário e conversar ao telefone, conhecer um pouco vocês. Mas ela sabe como se sentem em relação a ela, e Leah não quer dizer algo simpático que vá afastá-los ainda mais. Ela não quer atrapalhar minha relação com vocês, então não fala nada, o que não é do feitio dela. Sei que ela fica magoada quando vocês me ligam, ela atende e ouve apenas um "A Melissa está?", como se ela não fosse digna nem de um "olá".

3. Entendam que, quando falo da minha vida e uso palavras como "nós" e "nosso", isso é um convite para que vocês façam parte da minha vida adulta. Gostaria que fôssemos mais próximos, mas isso não vai acontecer se eu não puder ser quem sou. E uma parte importante de mim é o meu *nós*.

4. Em vez de interagir do jeito que viemos fazendo nos últimos quase vinte anos — sem sucesso, ao que parece —, poderíamos tentar uma nova série de princípios. Eis o que proponho:

Vocês tentam relaxar e aproveitar junto comigo, quer eu esteja sozinha, quer eu esteja com Leah. Em troca, nunca vou interpretar sua risada ou qualquer alegria que compartilharmos como uma aprovação ao meu relacionamento com ela. Vou entender que, por mais que passemos um tempo agradável juntos e nos tornemos próximos, vocês ainda nos desaprovam e acreditam que nosso relacionamento é errado. Vocês não precisam me lembrar disso o tempo todo. Não precisam sentir a ansiedade constante de serem meus pais neste quesito. Podemos todos relaxar e aproveitar a companhia um do outro.

Eu gostaria de estar mais próxima de vocês. Tomara que vocês também queiram ficar mais perto de mim e levem minha proposta a sério.

Melissa

Os pais de Melissa nunca responderam. Dá para imaginar o quanto esse silêncio a magoou. O que a ajudou a sobreviver à decepção e manter o equilíbrio foi sua decisão de assumir o controle da própria vida, abrir mão de insistir em que eles a aceitassem e trabalhar em aceitá-los.

Eis o que ela fez:

* Ela se permitiu respeitar tudo o que sentia — a tristeza, a decepção, a raiva — como uma resposta legítima ao comportamento dos pais.

* Ela reconheceu o que havia na personalidade dos pais que os levava a agir como agiam. Isso impediu que ela levasse os preconceitos e a rejeição para o lado pessoal. "Minha mãe não vê motivo algum para fazer algo que não esteja focado nela ou atenda suas necessidades imediatas", lembrava a si mesma. "Meu pai evita conflito e faz o que ela manda."

* Ela desistiu de esperar ou ansiar por mais do que eles podiam lhe dar. "Ajuda muito não esperar ou sentir necessidade de nada que venha deles", contou-me.

* Sem querer fingir que o comportamento severo dos dois não tinha importância, ela se recusava a conceder o Perdão Barato. Sem querer passar a vida poupando-os, ela se recusava a sucumbir ao Não Perdoar.

* Ela se empenhou para limitar sua preocupação com quanto eles a magoavam e procurou pessoas que a faziam se sentir amada e respeitada.

* Ela abriu mão da necessidade de perdoá-los e chegou à posição autoconfiante da Aceitação.

Muitos meses depois de ter alta da terapia, Melissa me mandou um e-mail, contando que havia decidido continuar a interagir com os pais, ainda que o contato com eles tivesse de ser superficial. "Meu irmão mais velho tem deficiência intelectual e mora com eles", contou-me. "Se quero manter contato com ele, preciso passar pelos meus pais. E eu também gostaria de manter alguma relação com eles porque é a coisa moralmente certa a se fazer. Eles são meus pais e preciso respeitar o modo deles de viver. É claro que eu acho que eles deveriam querer fazer parte da minha também, mas, quer façam isso, quer não, é importante para mim me manter fiel à essência dos meus valores.

"Ainda falo com eles rapidamente ao telefone a cada dois ou três meses. Também envio cartões, mas sempre com mensagens que não deturpem meus sentimentos. Por exemplo, escolho um cartão que diz 'Desejo um dia cheio de felicidade para você' em vez de 'Você é a melhor mãe que uma filha poderia ter'. Isso me ajuda a ficar bem comigo mesma, saber que não fui vingativa com eles, que agi do jeito adequado. Também ajuda saber que há outras pessoas na minha vida que me amam. Tenho relacionamentos saudáveis. Estou com quase cinquenta anos. O amor dos meus pais não é mais algo imprescindível para minha felicidade. Para ser sincera, me sinto em paz comigo mesma. Estou confortável com quem eu sou."

Melissa escolheu se reconciliar com os pais por motivos que servem aos interesses estratégicos dela. Manter contato permite que ela aproveite os benefícios de uma relação com eles, enquanto continua sendo verdadeira consigo mesma e um ser humano generoso e inteligente. Ficar mais próxima deles seguiria sendo pouco provável, mas Melissa pagaria para ver. A porta estaria sempre aberta.

Como posso permanecer apegada ao ofensor e continuar verdadeira para mim mesma?

Manter limites rígidos entre você e quem a abusou fisicamente faz todo sentido. Mas, depois de um abuso emocional ou outras ofensas não físicas, seu afastamento pode revelar como você ainda está apegada a ele — como ainda precisa dele enquanto objeto da sua fúria.

A Aceitação permite que você permaneça em um relacionamento sem se sentir controlada, mentirosa ou anulada. A habilidade de ser você mesma na presença do ofensor — essa "diferenciação"[27] — oferece a liberdade de permanecer física e emocionalmente ligada a ele, porque você não se define mais pelos maus-tratos que sofreu. Seu poder reside menos em se distanciar dele do que manter um forte senso de independência de quem se é.[28] Como observou e. e. cummings, podemos ser "ambos e um só".

Em *A ciranda do amor e do ódio: atitudes práticas para mudar seus padrões de relacionamento amoroso*, Harriet Lerner nos lembra que podemos nos afastar da dor sem nos distanciar daquele que nos magoou.[29] Robert Karen sugere que podemos ficar com raiva "de um jeito caloroso, criativo e conectado", sem nos isolarmos ou criarmos barreiras. "Há limites para até que ponto permitimos que as pessoas voltem para a nossa vida", diz Karen, "e limites para até que ponto permitimos que elas voltem para o nosso coração — o que, é claro, são coisas diferentes."[30]

Como a compaixão afeta sua decisão de se reconciliar

A compaixão oferece uma atitude de boa vontade gratuita ao ofensor que abre a porta para a reconciliação. Assim como outras dádivas da Aceitação, é concedida unilateralmente e não exige nada em troca.

Para alguns, a compaixão começa na percepção de que vocês dois compartilham uma humanidade em comum: ambos são seres humanos falhos capazes de fazer coisas idiotas, insensíveis e vergonhosas, que precisam ser perdoadas. "Se eu fosse exposta às mesmas experiências prejudiciais, talvez eu tivesse respondido da mesma forma terrível", você lembra a si mesma.

Outros podem protestar por serem colocados no mesmo caldeirão de humanidade que o ofensor. "Nunca, jamais, eu faria o que ele fez", insiste você. Mas, mesmo assim, talvez você queira demonstrar compaixão como forma de expressar o desejo de viver em harmonia com os outros, e não demandar mais do que uma pessoa pode oferecer.

Alguns relacionamentos são mais importantes de se preservar do que outros

Alguns relacionamentos têm mais importância para nós do que outros. Se seu cônjuge é alcoólatra e se recusa a procurar ajuda, você pode optar pelo divórcio e cortá-lo da sua vida. Mas, se um irmão tem problema com álcool, talvez você queira manter os laços e ajudá-lo a enfrentar o vício.

Uma professora chamada Gail optou por aceitar e se reconciliar com a pessoa que a magoou: sua irmã mais velha, Myra. Para Gail, qualquer forma de relacionamento era melhor do que nenhuma.

"Myra arruinou o dia do meu casamento", contou-me Gail. "Não dava para ela ter sido mais azeda, crítica, egocêntrica. Eu sei que é difícil para ela ser a irmã mais velha, de 32 anos, morando sozinha. E pode apostar que, quando ela se casar, eu também vou sentir como se estivesse perdendo minha irmã. Mas ela passou o dia todo reclamando de seu vestido, da mesa em que tinha sido colocada, da salada, de tudo. Nada estava bom para ela. Eu queria lhe dizer: 'Às vezes, Myra, é preciso tirar o foco de si e entender que esse momento não é seu. Que em dadas ocasiões nosso papel é simplesmente estar ao lado de outra pessoa.' Isso é um conceito que ela nunca entendeu."

As irmãs se encontraram algumas vezes para conversar sobre o ocorrido, mas a tensão entre elas foi crescendo. Quando se encontraram em um restaurante, Gail acabou jogando um prato de espaguete na irmã e foi embora furiosa. Myra se recusou a discutir a briga de novo, então Gail entrou na terapia sozinha e trabalhou para aceitar a irmã. "Eu consigo ver como deixei Myra de lado no meu casamento", contou-me ela. "Eu poderia ter feito mais coisas para fazê-la se sentir especial. O que me ajuda muito é lembrar que ela era só uma criança de seis anos quando eu cheguei. Provavelmente, meu casamento trouxe à tona a sensação de se ver substituída outra vez. É claro que isso não é desculpa para o comportamento dela. Ela me magoou profundamente. Mas Myra é minha irmã. Temos muita história, e não vou deixar que esse incidente nos separe. Há muito mais vantagem em permanecermos uma na vida da outra."

Isso ficou óbvio muitas vezes ao longo dos anos, incluindo o dia em que Gail entrou em trabalho de parto e Myra correu com ela para o hospital, e, cinco anos depois, quando o pai delas faleceu, e as duas choraram juntas a perda dele.

A Aceitação com reconciliação dá a você, como deu a Gail, a liberdade de escolher um nível de intimidade que parece autêntico e seguro. Você não tem como ficar perto de alguém em quem não confia, mas pode escolher interagir de uma forma limitada.

É o que amigos meus, Steve e Miriam Carson, escolheram fazer para lidar com seus vizinhos, os Singers.

Steve e Miriam investiram grande parte de suas economias de vida em uma casa de veraneio em Cape Cod, com vista parcial para a baía. Os Singers planejavam aumentar uma parte de seu telhado e manter a integridade da vista, mas no fim das contas acabaram ampliando o outro lado, deixando os Carsons com vista para nada além da janela do sótão dos Singers. Os Carsons escreveram uma carta colérica para a associação de moradores. A associação enviou uma cópia para os Singers, que responderam furiosos. A prefeitura decidiu em favor dos Singers.

Sem forças, os Carsons começaram a ficar obcecados, e, em vez do lugar de refúgio que deveria ser sua casa de veraneio, transformaram-na em um campo de batalha emocional, onde deixavam correr soltas suas ruminações perversas. Eles ensaiavam todas as coisas horríveis e ácidas que podiam dizer: como os Singers eram mesquinhos e insensíveis por plantarem grama de jardim na beira das dunas, como seus filhos eram escandalosos e detestáveis. À noite, os Carsons ficavam até tarde confabulando sobre como pagar na mesma moeda.

Porém, com o tempo, foram se dando conta do impacto corrosivo que seu comportamento estava tendo neles mesmos. De modo egoísta e inteligente, começaram a aceitar o que não podiam mudar. "O que queremos conquistar aqui?", eles se perguntaram. "O que é importante? Até onde queremos que isso vá?" A raiva cheia de arrogância não era a resposta, perceberam os dois. Ela estava só os envenenando. Foi quando decidiram desistir e trabalhar em fazer as pazes. Ao ver o conflito pelo prisma dos vizinhos, aos poucos e com relutância, os Carsons foram aceitando o direito dos Singers de aprimorar sua casa de modo que melhor lhes servisse. Eles acreditavam que os Singers tinham um senso de direito de posse exacerbado e que nunca reconheceriam como o comportamento deles havia sido provocativo, tampouco pediriam desculpa. Mas os Carsons sabiam que nada traria sua vista de volta, e que ninguém, além dos dois, estavam sendo magoados por sua raiva. Então eles engoliram o orgulho e escreveram a seguinte carta:

> Caros Christine e Hank,
> Essa briga entre nós é terrível, e Steve e eu estamos muito chateados com isso. O mundo já é um lugar muito ruim, e é uma tristeza estarmos em uma situação tão complicada com nossos vizinhos de porta. A ideia de nos odiarmos ou de não nos falarmos pelos próximos vinte anos é deprimente. Não estamos felizes por ter nossa vista bloqueada, mas vocês têm por lei o direito de fazer o que quiserem. Talvez nunca sejamos amigos, mas gostaria de saber se podemos deixar toda essa raiva de lado e fazer as pazes. Steve e eu faremos tudo que pudermos.

Uma hora depois de receberem a carta, os Singers ligaram e disseram: "Estávamos prestes a escrever uma carta bem parecida. Também queremos seguir em frente."

A resposta dos Carsons à ofensa foi complicada, assim como a sua também pode ser. A carta foi meramente oportuna? Estratégica? Será que a escreveram só porque acreditavam que não tinham escolha a não ser fazer as pazes? Será que foram coagidos pelas circunstâncias, sem liberdade para responder de maneira autêntica e honesta? Será que aceitaram mesmo seus vizinhos, ou só jogaram com o que tinham nas mãos e ofereceram um Perdão Barato?

Eu diria que, sob muitos aspectos importantes, a resposta dos Carsons foi um modelo de Aceitação. Ao contrário dos evitadores de conflito, eles procuraram seus vizinhos ativamente e lidaram com a disputa de frente. Ao contrário dos abnegados, eles se permitiram sentir-se furiosos e violados, viram os Singers como não merecedores de perdão e fizeram as pazes com eles para satisfazer os próprios planos. E, ao contrário do agressor passivo, encararam o conflito do ponto de vista dos vizinhos, trabalharam para se libertarem de sua amargura e confrontaram seus opositores direta e respeitosamente no intuito de se reconciliarem.

Passo 10: Você se perdoa pelas próprias falhas.

Você pode perguntar: "Por que devo me perdoar? Não fiz nada de errado. Foi o ofensor que me violou." Mas a questão aqui não é como você errou com ele. É como você pode ter permitido que *ele* magoasse *você*.

Como você fez isso? Pelo que você precisa se perdoar? Em *Depois do caso*, listo um número de ofensas que dizem respeito à infidelidade,[31] incluindo:

* confiar cegamente e ignorar suas desconfianças;
* ter a visão deturpada de si mesma que lhe diz que você não é digna de lealdade nem amor; e
* fazer comparações injustas ao idealizar o amante e se desvalorizar.

Você também pode querer se perdoar por comportamentos autodestrutivos e retraídos, como:

* desprezar seu sofrimento e não conseguir analisar como foi profundamente magoada;
* acreditar que você recebeu o que merecia; encarar a forma como foi maltratada como punição e permitir que isso destrua e envergonhe você;
* tolerar o comportamento abusivo do ofensor;
* recusar-se a se perdoar, mesmo quando você é inocente;
* fazer as pazes a qualquer custo, não importa o quanto o ofensor possa ser superficial ou falso ou o quanto faça você se sentir insegura ou infeliz; e
* perder tempo e energia imaginando diálogos vingativos.

Por todas essas feridas autoinfligidas, você talvez precise se perdoar.

Como se perdoar ajuda a aceitar o ofensor?

Quando julgamos com muita rigidez, absorvemos toda a crítica e não deixamos sobrar nenhuma ou quase nenhuma para o outro. Incapaz de ver nosso papel com clareza, você não consegue perceber o papel *do outro*. Esse era o dilema de Kathy. Ela tinha sido sexualmente molestada pelo padrasto, mas não poderia aceitá-lo até que conseguisse se perdoar primeiro.

Soube da história dessa menina de 12 anos por uma colega que estava acompanhando-a na terapia familiar. Em uma das primeiras sessões, a terapeuta perguntou a ela sem rodeios: "Você se culpa?" Kathy assentiu. "Às vezes, eu me comportava como se fosse bem mais velha", disse ela. "Usava uma camisola e ficava bem bonita. Não contei para minha mãe que ele vinha até o meu quarto à noite. Ele me dizia que, se eu contasse, ele mataria nós duas."

À medida que a terapia progredia, Kathy trabalhava para se livrar do excesso de culpa que havia assumido e a direcionava a quem merecia. Com o tempo, foi desenvolvendo empatia por si mesma, enxergando-se como uma criança desprotegida e assustada, e por fim reconheceu que o comportamento do padrasto era responsabilidade apenas dele.

Em uma conversa posterior, Kathy demonstrou uma força e uma clareza notáveis. "Não importa qual foi o meu comportamento; eu era a criança, e ele era o adulto", disse ela, resoluta. "Eu poderia ser a menina mais bonita do mundo, nada justifica."

Enquanto se desprezasse pelo que o padrasto lhe fez, Kathy não poderia se perdoar. Enquanto continuasse absorvendo toda a culpa, não poderia designar a ele a culpa que lhe cabia, nem se libertar para quem sabe aceitá-lo e superar o abuso.

Quando você se recusa a se perdoar

Tirar a culpa dos ombros do ofensor e transferi-la para os nossos pode ser uma forma de protegê-lo e de manter a imagem dele ilesa e intacta. Culpar-se também simplifica nossa visão de mundo e nos tira do papel de vítima, nos devolvendo controle da situação.

Talvez seja interessante se perguntar: "Tenho um padrão de 'não perdão' em relação a mim, uma tendência eterna de me repreender por qualquer coisa ruim que aconteça, mesmo aqueles eventos sobre os quais não tenho controle algum? Sou dura e inflexível comigo mesma, mais do que preciso ou do que justificam os fatos? Ignoro as circunstâncias atenuantes que não são minha culpa? Meus pais ou responsáveis me puniam, humilhavam ou não perdoavam excessivamente? Eles pegavam meu ponto fraco e faziam eu me sentir horrível comigo mesma? Eu acreditei nas críticas deles?" Entender esses padrões nocivos da infância pode ajudar você a se livrar deles.

Quando uma paciente chamada Mary flagrou o marido, Sam, na cama com a vizinha, foi impossível continuar negando o que estava acontecendo. Sam parecia arrependido de verdade, até mesmo aliviado por ter sido descoberto, e trabalhou muito para reconquistar a confiança dela.

"Durante vinte anos, eu sabia que ele me traía", contou-me Mary. "Agora que isso está às claras e Sam está vindo atrás de mim, acho que posso perdoá-lo. Mas o mais difícil, muito mais difícil, é *me* perdoar. Como fazer isso quando fui tão idiota, tão negligente comigo mesma durante vinte anos?"

O que Mary descobriu é que, às vezes, é mais fácil perdoar os outros do que a nós mesmos, que às vezes é mais simples aceitar os maus-tratos do que confrontar a própria negação.

Assim como Mary, talvez você tema que, ao se perdoar, perca a noção dos próprios erros e os repita. Mas com o Autoperdão você não ignora ou minimiza o que fez nem alivia sua sentença. Pelo contrário, você se compromete a mudar seus padrões de comportamento, para que, numa próxima vez, sua resposta à violação seja mais voltada à autoproteção e à autoafirmação.

A Aceitação é boa o suficiente?

O perdão tem sido apontado como padrão de ouro no que diz respeito a se recuperar de uma mágoa interpessoal. Infelizmente, como já foi definido, sua capacidade excede seu alcance. Para muitos de nós, o perdão não consegue proporcionar a solução emocional e os benefícios à saúde física como prometido.

Ao dividir o conceito de perdão em duas opções adaptáveis — Aceitação e Perdão Genuíno —, você tem a liberdade de escolher dois caminhos diferentes. Uma, a Aceitação, é uma jornada de cura que você faz por si e para si. A outra, o Perdão Genuíno, é uma jornada de cura que você faz com o ofensor, considerando os esforços de reparação dele para fazer as pazes. Cada um desses caminhos é uma conquista a duras penas. E cada um é uma resposta saudável a uma série de circunstâncias bem diferente.

A Aceitação não é a incapacidade de perdoar, mas sim uma resposta igualmente poderosa para curar-se de uma ofensa quando a pessoa que magoou você não consegue participar do processo. A Aceitação não é uma reação inferior, imatura ou moralmente deficiente. É uma alternativa sábia e proativa. Não dá para tirar leite de pedra, mas é possível aceitar um ofensor impenitente.

A Aceitação é um processo no qual se embarca a princípio para se libertar do trauma de uma ofensa. *Seu objetivo não necessariamente é o perdão. Seu objetivo é uma solução emocional, a restauração da sua melhor versão, a renovação do significado e do valor da sua vida.* A Aceitação não é só uma resposta muito boa. Na minha opinião, é a única resposta honesta e saudável quando o ofensor não pode ou não vai se desculpar. No entanto, como o Perdão Genuíno demanda o envolvimento e o cuidado do ofensor, é mais provável sentir uma satisfação e uma completude mais profundas com ele do que com a Aceitação.

Olhar para a frente

A Aceitação respalda não só sua solução em relação ao passado, mas também sua visão de futuro. Ao compreender o que motivou o ofensor e como você pode ter provocado ou permitido seu comportamento, você fica menos propensa a acreditar que o conflito vai se repetir com outras pessoas. A sabedoria liberta você para forjar novas conexões com um tanto de otimismo e um senso de segurança e propósito. O que aconteceu com você não precisa se repetir.

Foi o que uma paciente chamada Kathleen percebeu. Quando era pequena, seu irmãozinho erguia os braços para ela e dizia: "Beijo, beijo." A mãe esquizofrênica de Kathleen batia nela, iludida pela crença paranoica de que a filha estava molestando sexualmente o menino. Quando Kathleen se casou e teve sua filha, ela viu o marido erguer os braços para a menina e dizer com amor: "Beijo, beijo." A primeira reação de Kathleen foi ficar paralisada de terror. As lembranças das agressões colidiram com aquela imagem de um amor puro e inocente, fazendo-a se sentir desnorteada e perdida.

"É difícil acreditar que hoje é real e que o que aconteceu comigo não vai acontecer com meu bebê", disse-me Kathleen. "Às vezes, tenho medo de fazer algo horrível com ela. Mas consegui entender que, por muitos anos, minha mãe conviveu com um transtorno mental e não era responsável por seu comportamento. Anos depois, quando ela já estava mais estável por causa da medicação, lhe perguntei o que tinha acontecido, e fui acusada de ser a maluca. Aceitei que minha mãe era incapaz de reconhecer o que fez comigo, que dirá se desculpar. Encerrei a velha história de querer mais do que ela é capaz de me dar. Também comecei a reforçar para mim mesma que não sou minha mãe. Pelo contrário, sou superprotetora com minha filha. Sob muitos aspectos, minha mãe me ensinou o que eu *não* quero ser."

Com o processo de Aceitação, Kathleen aprendeu a distinguir o "antes" do "agora", sua mãe de si mesma, para que, assim, pudesse investir em sua nova família. Ao reviver e entender melhor o pesadelo da infância, ela começou a trabalhar em nome de uma vida nova e a remover os efeitos destrutivos de seu passado.

"Minha vida é muito diferente hoje em dia", disse-me ela há pouco tempo. "Estou seguindo em frente com cautela, mas confiante de que estou segura, minha filha está segura, amar é seguro. Digo isso com um misto de culpa e respeito: não sou mais só uma vítima, sou uma sobrevivente. E uma ótima mãe."

O processo da Aceitação pode ajudar, assim como ajudou Kathleen, não apenas a sobreviver a um trauma, mas a aprender com ele e crescer. Não é, como dizem por aí, *a ofensa* que muda você para melhor, mas sim *o seu entendimento* da ofensa. Ao solucionar velhos conflitos e confrontar o modo como eles contaminaram suas respostas atuais, você cria novas possibilidades de integrar e empoderar seu eu mais resiliente.

PERDÃO GENUÍNO

Uma operação de cura, uma dança íntima

R OBIN, UMA MULHER CASADA DE QUASE QUARENTA ANOS, VEIO PARA A TErapia na esperança de reparar uma mágoa terrível que havia entre ela e a mãe. "Quando eu tinha 12 anos, meu pai nos abandonou", contou-me. "Foi um alívio, porque o único interesse dele em nós era sexual. Alguns anos depois, minha mãe alcoólatra foi atrás dele e também nos abandonou, deixando minha irmã e eu para cuidar de dois irmãos mais novos. Ela nos garantiu que voltaria, e de fato nos amaldiçoou com visitas ocasionais, sempre bêbada, mas, no geral, fomos deixados para nos cuidarmos sozinhos muito antes de estarmos prontos para isso. Ano passado, soube que meu pai morreu. A sensação foi de encerrar um capítulo, então decidi escrever para minha mãe e dizer a ela que eu estava casada e tinha acabado de dar à luz meu segundo filho. Ela me respondeu: 'Estou muito feliz por saber de você. Eu gostaria de conhecer sua família.'"

Robin respondeu na mesma hora: "Mãe, há tanto para a gente conversar. Estou guardando muita dor dentro de mim. Se você quiser que eu te perdoe, há algumas coisas que preciso que você faça. Preciso que se desculpe por me abandonar. Preciso saber se você tem consciência do quanto me magoou e se você se importa. Preciso que tente entender e me ajudar a entender por que foi embora para correr atrás de um homem que não era bom para nós. Preciso saber que, se eu permitir que volte à minha vida, você não vai desaparecer outra vez. E tem mais uma coisa. Quando eu falava que o papai abusava sexualmente de nós ao longo dos anos, você me chamava de mentirosa. Preciso que você retire o que disse. Aguardo sua resposta. Robin."

Robin me mostrou a resposta da mãe.

Minha querida filha Robin,

Espero que você e seus bebês estejam cada dia mais fortes e, é lógico, que Aaron [marido] também esteja bem e feliz.

Sinto muito por ter lhe causado qualquer tipo de dor. Você está totalmente certa em relação a mim por ter abandonado você e surtado. Mas nunca foi minha intenção te magoar. Na verdade, eu nunca soube que tinha te magoado tão profundamente. Você era uma jovem crescida naquela época. Não percebi que você ainda precisava tanto de mim. Infelizmente não posso voltar atrás e mudar as coisas. Se pudesse, eu faria. Hoje, peço a Deus que me dê forças para mudar as coisas que posso e sabedoria para saber a diferença. Acho que não falei isso certo, mas você sabe o que quero dizer.

Robin, a vingança pertence a Deus, e Deus não gosta da ideia de pessoas julgando as outras, porque todos nós cometemos pecados aos olhos dele. Lembre-se de que, quando as pessoas quiseram atirar pedras em uma prostituta até a morte enquanto ela pegava água no poço, Jesus disse: "Quem dentre vós não tiver pecado, seja o primeiro a atirar-lhe uma pedra." E ninguém atirou.

Além disso, Robin, Deus não vai querer perdoar quem não perdoa. Pessoas clementes são muito mais felizes e permanecem jovens por mais tempo. O perdão faz bem à alma. O que ganham aqueles que querem vingança? Nada a não ser rugas, e isso não é bonito. Aqueles que querem vingança perderam sua alegria e são os que mais se magoam — chafurdando em autocomiseração e raiva, pensando nesse tempo todo que estão fazendo a outra pessoa sofrer. Acham que estão conseguindo sua tão sonhada vingança. Vamos respirar fundo e admitir que nenhum de nós é perfeito. A vida é tão curta. Vamos fazer o melhor com os anos que nos restam. Vamos seguir em frente, não voltar atrás. Não há nada lá para nós.

Minha querida, preciso colocar isto no correio. Senti muito a sua falta na minha vida. Eu amo muito e sempre vou amar você. Quero que saiba que, se não tornar a vê-la nunca mais, carreguei você dentro de mim e nossos corações batem no mesmo ritmo. Sim, você já foi meu bebê.

Mama

Robin ficou desalentada com a carta da mãe. "Está repleta de banalidades", disse-me ela. "Não é o que eu precisava, nem pelo que tanto pedi." Ela respondeu:

Querida mãe,
    Recebi sua carta e, embora tenha ficado feliz por ter notícias suas, me senti decepcionada ao lê-la. Acho que não ficou claro o que estou pedindo. Você só falou sobre o que *eu* preciso fazer por *você*. Na carta, eu digo que *você* precisa se desculpar sinceramente por não ter me apoiado como minha mãe. Você foi embora para a Flórida quando seu trabalho como mãe ainda não tinha terminado. É claro que eu ainda precisava de você. Preciso de você agora. Eu com certeza não era uma jovem crescida na época. Quando você foi embora,

eu estava no ensino médio. Sinto muito que pense que estou julgando você. Não é minha intenção e também não acredito que eu esteja sendo vingativa. Essa separação também é difícil para mim. Estou fazendo tudo o que posso porque preciso. Preciso que você seja a mãe na nossa relação, e não o contrário. Se meus meninos algum dia achassem que eu os magoei, eu faria qualquer coisa que pudesse para me redimir. Espero que você entenda melhor dessa vez. Você falou que não devemos voltar atrás, mas sim olhar para o futuro. Só que eu preciso, sim, olhar para o passado e curar essa mágoa. É importante para mim.

Robin

P.S.: Se estiver com raiva de mim por algo que acha que fiz a você, podemos conversar. Só preciso que você assuma a responsabilidade por ter me deixado na mão e no que diz respeito ao papai. Talvez você não consiga fazer isso. Me avise, por favor.

Alguns meses se passaram e muitas cartas foram trocadas. Um tempo depois, a mãe de Robin combinou de ir ficar com a filha por uma semana. Eu estava fora da cidade, mas liguei para Robin no dia anterior ao que a mãe dela tinha planejado voltar para casa e perguntei como as coisas estavam indo. "Minha mãe realmente está tentando se aproximar. Ela fica a noite toda acordada com o bebê. Ver o quanto ela o ama e adora ficar com ele me faz amá-la mais ainda."

Eu disse para Robin: "Você não sabe quando vai ver sua mãe outra vez. Ainda há algo que você queira dizer a ela para tentar esclarecer as coisas?"

"Não quis trazer nada do que me incomoda à tona", contou Robin. "Está tudo indo tão bem. Mas a dor está enterrada bem dentro de mim e… é enorme."

Incentivei Robin a não perder a oportunidade. "Sugiro que ajude sua mãe a localizar a sua dor. Sugiro que diga a ela exatamente o que você precisa ouvir dela e não parta do pressuposto de que, como ela não expressa o que sente com palavras, os sentimentos não estejam lá ou que ela não queira compartilhá-los com você."

Na semana seguinte, Robin veio para uma sessão e me contou o que aconteceu.

"Pouco antes de ela ir embora, nós nos sentamos para conversar e eu disse: 'Ainda tem algo na minha cabeça que eu gostaria de falar. Não estou trazendo isso à tona para magoar, punir ou fazer você se sentir culpada, mãe. Estou tocando no assunto porque preciso colocar isso para fora para me sentir mais próxima de você, para me curar, para nos curar. Gostaria que você ouvisse e, se acreditar no que estou dizendo, gostaria que me dissesse. Pode ser?'

"Minha mãe concordou, então eu disse a ela: 'Preciso que me diga duas coisas. Primeiro, que reconheça que me abandonou quando eu ainda era uma criança, quando ainda precisava de você, e que isso foi errado. Segundo, quando contei do papai e você me chamou de mentirosa, você me magoou tanto quanto ele. Não estou pedindo que confirme o que aconteceu se não souber a verdade, mas preciso que se desculpe pelo que me disse.'

"Minha mãe me olhou com lágrimas nos olhos. 'Robin', disse ela, 'fui uma mãe tão horrível. Há tanta coisa que não consegui encarar. Sim, eu abandonei você quando precisava de mim. Sim, você não é alguém que mentiria sobre um estupro. Eu sinto muito mesmo. Espero que um dia você me perdoe.'

"E então eu cheguei mais perto dela e disse: 'Eu te perdoo, mãe. É hora de recomeçar.'"

Robin e a mãe são um retrato comovente do poder regenerativo do perdão merecido. A mãe começou o processo quando disse a Robin que a amava e se arrependia do passado. Robin deu sequência ao dizer à mãe que queria perdoá-la, mas não podia e não perdoaria. A questão não era Robin ser inclemente, mas sim o fato de primeiro precisar que a mãe se apresentasse, assumisse a responsabilidade pelo mal causado e se desculpasse por isso. Juntas, elas demonstraram que, quando a pessoa que nos magoou se esforça para nos curar, com segurança e consistência, e nós apoiamos seu empenho em fechar nossas feridas, algo extraordinário acontece: algo transformador, algo redentor.

O QUE É O PERDÃO GENUÍNO?

Ao contrário da Recusa em Perdoar, do Perdão Barato ou da Aceitação, o Perdão Genuíno é interpessoal em sua essência. Ele demanda a participação sincera das duas partes. Aqui vão as três características interpessoais principais.

1. O Perdão Genuíno é uma transação

O Perdão Genuíno não é um perdão concedido unilateralmente pela parte magoada. É uma aventura compartilhada, uma troca entre duas pessoas unidas por uma violação interpessoal.

2. O Perdão Genuíno é condicional

O Perdão Genuíno deve ser merecido. Vem com um preço que o ofensor tem de estar disposto a pagar. Em troca, a parte magoada deve permitir que ele quite sua dívida. Enquanto o ofensor se empenha arduamente em merecer o perdão através de atos genuínos e generosos de arrependimento e reparação, a parte magoada se empenha arduamente para se desprender do ressentimento e da necessidade de retribuição. Se qualquer um de vocês não conseguir realizar o trabalho necessário, não é possível haver o Perdão Genuíno.

Uma paciente chamada Jane deixou isso bem evidente para seu marido. Logo depois que ele admitiu que estava tendo um caso, disse a ela: "Nunca mais vou fazer isso e não quero mais falar sobre isso, nem sobre a sua tristeza. É passado." A resposta de Jane foi direto ao ponto. "Se você não quer saber da minha dor, não tenho como me aproximar de você. Não estou tentando puni-lo ou manipulá-lo. Só estou deixando claro o que preciso de você. É simples."

Com o Perdão Genuíno, as duas partes abordam a questão: "O que estou disposto a oferecer para criar um ambiente em que o perdão seja possível?" Enquanto ao ofensor nunca é *dado o direito* de ser perdoado, é mais provável que ele conquiste essa aceitação se tentar reparar o mal que causou. Enquanto a parte magoada nunca é *obrigada* a perdoar, é mais provável que ela o faça e ressuscite a relação se der ao ofensor a chance de fazer a coisa certa. Essa troca provisória, esse "dar para receber", é o cerne do Perdão Genuíno.

3. O Perdão Genuíno demanda uma transferência de vigilância

Depois de uma ofensa traumática, você, parte magoada, fica mais propensa a se tornar hipervigilante, patrulhando os limites entre você e o ofensor, certificando-se de que nunca mais sofrerá ou será feita de boba. Você pode viver e respirar sua mágoa, obcecada pelos detalhes mais sórdidos. Já o ofensor pode querer reprimir, negar ou minimizar seu comportamento indevido.

Com o Perdão Genuíno, ocorre uma mudança profunda de preocupação. Você, ofensor, demonstra que está plenamente ciente de sua transgressão e pretende nunca mais cair nesse erro. Você, parte magoada, fica menos preocupada com a ofensa e começa a superá-la.

Vejamos o exemplo de um casal que se empenhou nesse processo.

Depois que Julia descobriu que Evan estava tendo um caso, ele abandonou a amante, voltou a se comprometer com a esposa e trabalhou com afinco para reconquistar sua confiança. Para comemorar o aniversário de 25 anos de casamento, ele a levou para jantar. A garçonete veio até a mesa e se apresentou:

— Oi, meu nome é Sandy, vou ser a garçonete de vocês esta noite.

Acontece que Sandy era o nome da ex-amante de Evan. Julia fechou a cara, mas Evan estendeu a mão para ela e falou, com sinceridade:

— Sinto muito que isso esteja acontecendo. Eu quero muito que esta noite seja especial para nós. Como você está?

Julia parou e então respondeu:

— Você acabou de tornar a noite mais fácil.

Esse é um exemplo de transferência de vigilância. Evan estava atento ao sofrimento de Julia, e ela, por sua vez, fez um esforço para superar. Se ele tivesse ficado calado e deixado o momento passar, talvez Julia se entregasse à tristeza. Se ela o tivesse espezinhado lembrando do caso, talvez ele ficasse frio e ranzinza. Com o tempo, à medida que Evan demonstrava interesse na dor de Julia, num misto de compaixão e contrição, e ela respondeu de forma encorajadora, eles chegaram a um ponto em que ela pôde dizer: "Acredito que você esteja arrependido e que vai cuidar de mim. Seus esforços permitem que eu me abra para você e sinta mais confiança."

Como observa Terry Hargrave, especialista em perdão: "O perdão é conquistado quando a pessoa vitimizada não precisa mais considerar o transgressor responsável pela injustiça; o transgressor faz isso por conta própria."[1]

Por que o perdão é mais genuíno quando é conquistado?

Ao longo dos anos, aprendi com meus pacientes que o perdão é mais satisfatório, mais sincero, mais natural — e, portanto, mais genuíno — quando é merecido do que quando não é. Por que isso é verdade? Talvez pelo mesmo motivo que, quando uma pessoa o presenteia com algo que demonstra o quanto ela te valoriza e quão bem te conhece, é provável que esse presente tenha mais significado do que algo que você mesmo comprou para si. Talvez seja o mesmo motivo pelo qual o amor seja mais gratificante, mais carinhoso, quando é abraçado por vocês dois, e não apenas por um.

Somos seres sociais, vitalmente conectados, e nos sentimos validados e compensados quando o outro nos oferece um bálsamo para aplacar nossas feridas, trabalhando para nos libertar da dor que ele mesmo causou. A cura, assim como o amor, prospera no contexto de um relacionamento de cuidado. *Vou mais além e digo que não podemos amar sozinhos e não podemos perdoar sozinhos.*

O que vem a seguir é uma visão concreta, uma série de recomendações práticas e específicas que mapeiam exatamente o que cada um de vocês precisa fazer para alcançar o Perdão Genuíno. Espero que isso os ajude a aceitarem as tarefas cruciais e desafiadoras adiante.

O QUE VOCÊ, OFENSOR, DEVE FAZER PARA MERECER PERDÃO

Deixe-me primeiro falar com você, ofensor, já que, ao contrário do que possa acreditar, são o seu arrependimento e a sua expiação que em geral abrem a porta para o perdão.

Descobri que há seis tarefas cruciais que uma pessoa deve enfrentar para merecer perdão. Não posso dizer que, se não fizer todas as seis, você jamais será perdoado, mas, se fizer uma tentativa sincera, você pode dar à parte magoada o incentivo e a coragem para perdoá-lo. (Estou aqui presumindo que a pessoa que você machucou física ou emocionalmente está disponível para você. Se ela já faleceu ou está inacessível de outra forma, obviamente você não tem como conquistar seu perdão.)

Seis tarefas cruciais para merecer perdão

Tarefa crucial 1: Olhe para suas suposições equivocadas a respeito do perdão e veja como elas bloqueiam seu empenho em conquistá-lo.

Tarefa crucial 2: Testemunhe a dor que você causou.

Tarefa crucial 3: Peça desculpas de verdade, sem ficar na defensiva, e com responsabilidade.

Tarefa crucial 4: Busque entender seu comportamento e revelar para a pessoa que você magoou a verdade a seu respeito, por mais vergonhosa que seja.

Tarefa crucial 5: Se empenhe para reconquistar a confiança.

Tarefa crucial 6: Perdoe-se por ter magoado outra pessoa.

Curar um relacionamento dá trabalho — um trabalho sério, dedicado e nobre — e exige sacrifícios. Se você quer algo tão precioso e sagrado quanto o perdão da pessoa que você magoou, se quer restaurar a ordem do caos que você mesmo criou e reconquistar seu lugar no coração dela, você deve estar disposto a pagar — e bem caro. O Perdão Genuíno não é gratuito. Ele deve ser merecido.

Tarefa crucial 1: Olhe para suas suposições equivocadas a respeito do perdão e veja como elas bloqueiam seu empenho em conquistá-lo.

Suas suposições equivocadas a respeito do processo do perdão fazem com que se sinta menos disposto a ter o trabalho de conquistá-lo? Vamos dar uma olhada em várias delas.

Suposição equivocada: Não posso começar a conquistar o perdão até que eu me sinta perfeitamente seguro, confortável e pronto.

É provável que você nunca se sinta perfeitamente seguro, confortável e pronto. E como poderia se vai precisar se submeter ao julgamento da pessoa que o feriu? Assumir a culpa vai causar constrangimento, sim. Mas, se não agora, quando?

O livro de preces judaico *Machzor para Rosh Hashaná e Yom Kippur* conta a história do rabino Eliezer, que aconselhou os membros de sua congregação a se arrependerem um dia antes de sua morte.

— Mas quem sabe quando vai morrer? — perguntou um seguidor.

Eliezer respondeu:

— É exatamente por isso que você deve se arrepender hoje.[2]

E, a isso, ainda acrescento: "Tampouco viva como se a pessoa que você magoou fosse estar aqui para sempre. Peça desculpas agora, enquanto ainda pode."

Suposição equivocada: Mereço ser perdoado.

Muita coisa é escrita incentivando a parte magoada a perdoar, e muito pouco é dito a respeito do que você, ofensor, precisa fazer para merecer essa dádiva. Não é de se admirar que você ache que o perdão seja uma dádiva que você tem o direito de receber.

Ouvimos o mandamento (Levítico 19:18) àqueles que foram magoados: "Amarás ao próximo como a ti mesmo." Recordamos o famoso dito de Alexander Pope: "Errar é humano, perdoar é divino." Jesus recomendou a seus seguidores: "Amai a vossos inimigos, e orai pelos que vos maltratam e vos perseguem; para que sejais filhos do vosso Pai que está nos céus [...] Pois, se amardes [apenas] os que vos amam, que galardão tereis?"[3]

À parte magoada é ensinado que seu ato de perdoar vai lhe trazer benefícios significativos tanto emocionais quanto físicos. De acordo com o International Forgiveness Institute (Instituto Internacional do Perdão): "Aquele que perdoa descobre o paradoxo do perdão: quando damos aos outros as dádivas da misericórdia, da generosidade e do amor moral, nós mesmos somos curados."[4] Lewis Smedes, autor de diversos livros sobre perdão, escreve que, ao perdoar, "você liberta um prisioneiro, mas descobre que o verdadeiro prisioneiro era você mesmo".[5] Em outro momento, Smedes escreve: "A primeira e às vezes única pessoa que recebe os benefícios do perdão é aquela que o concede."[6]

Crescemos fazendo uma conexão entre o perdão humano e a graça de Deus. "A graça", escreve Philip Yancey, "é uma dádiva de Deus para pessoas que não a merecem."[7] Em seu contemplativo livro *Maravilhosa graça*, Yancey descreve a "Festa de Babete" como uma parábola da graça, "uma dádiva que custa tudo àquele que dá, e nada àquele que recebe".[8] Ele escreve: "A graça veio até eles na forma de uma festa [...], derramada sobre aqueles que de forma alguma a mereceram [...] sem qualquer custo, sem amarras, por conta da casa."[9]

Diante disso e de outros trechos similares, você, ofensor, pode facilmente acreditar que o perdão é um direito seu. Que, quando a pessoa que você magoa o perdoa, você não deve nada em troca.

Não cabe a mim defender ou questionar conceitos bíblicos de perdão ou graça. Eu apenas apontaria o que muitos teólogos nos lembram há séculos: *a graça não é uma licença para errar e não nos absolve da necessidade de buscar o perdão; que não importa o que a graça de Deus nos conceda, ainda é esperado que reconheçamos nossas transgressões e conquistemos a salvação; e que, quando Deus nos perdoa, Ele não está nos dando uma vida mansa no paraíso.*

Quando líderes espirituais falam sobre o perdão divino, em geral não estão querendo dizer que Deus nos oferece uma dádiva pela qual não espera nada em troca, mas sim que, não importa o quanto nos comportemos mal, Ele nos aceita em uma comunidade de pecadores nos quais somos livres para expiar nossos erros.

Só posso relatar para você o que observei em meus pacientes à medida que eles se empenharam para se curar e perdoar:

* Se você presumir que merece categoricamente ser perdoado, que tem esse direito simplesmente por ser humano, você deixará a parte magoada menos propensa a perdoá-lo.
* Se você não tentar merecer o perdão, a pessoa que você magoou só poderá lhe oferecer um substituto barato.
* Se quiser compaixão, benevolência, amor e perdão, precisará agir de modo a evocar esses sentimentos na pessoa que ofendeu.
* O que pode ser tão incrível quanto a graça é sua habilidade de tomar a tarefa para si, desempenhar atos de penitência extraordinários e se empenhar em merecer o perdão pelos erros cometidos.

Se buscar orientação no Novo Testamento, há mais passagens que devem ser lidas. Jesus, por exemplo, diz a seus seguidores que os sacrifícios deles em nome de Deus terão pouco significado se não repararem o dano diretamente com a pessoa que magoaram. Diz em Mateus: "Portanto, se trouxeres a tua oferta ao altar, e aí te lembrares de que teu irmão tem alguma coisa contra ti, deixa ali diante do altar a tua oferta e vai reconciliar-te primeiro com teu irmão e, depois, vem e apresenta a tua oferta."[10]

O livro de oração judaica diz: "A expiação não é um simples ato de graça ou um milagre da salvação que sucede aos escolhidos. Ela demanda a livre ética de escolha e ação do ser humano. Ao homem, nada é concedido de forma incondicional. É preferível que ele decida por algo incondicionalmente. Sua ação é o começo de sua expiação."[11]

Suposição equivocada: Se eu admitir que estava errado e me empenhar para merecer seu perdão, vou parecer fraco e vulnerável aos seus olhos e aos meus.

Essa premissa é equivocada porque é mais provável que você seja visto como forte, não fraco, ao admitir um erro, e é menos provável que projete força ao insistir em que sempre esteve certo. Se você se empenha em merecer o perdão, não renuncia ao poder, mas devolve à pessoa magoada o poder que você tirou dela. É restaurar o equilíbrio entre vocês.

Cuidado para não confundir a humildade dos atos em prol do perdão com fraqueza e vulnerabilidade. É preciso ter caráter para aceitar a verdade. É preciso resolução para trocar seu orgulho por algo ainda mais valioso: sua integridade e o perdão de quem te magoou.

Se você é corajoso o bastante para dizer "Me desculpe" e se empenha em provar isso, não deveria presumir que a pessoa magoada vai tentar constrangê-lo ou se gabar da própria vitória. É mais provável que sua confissão conquiste o respeito dela, diminua a necessidade dela de punir você e aumente sua boa vontade de aceitar um quinhão justo da culpa pelo que deu errado.

É claro que há momentos em que o seu empenho pode não dar em nada. A pessoa magoada talvez queira ver você de joelhos, implorando por misericórdia, e então vá embora, intocável. O único objetivo dela pode ser punir e humilhar você. Se ela tem uma personalidade vingativa, não vai ter interesse em perdoá-lo: só vai querer revanche. Outra pessoa talvez se recuse a perdoá-lo porque, para ela, o que você lhe fez foi muito condenável, e seus esforços para curá-la não conseguem chegar tão longe ou tão profundamente. Mas, se você tem um senso de identidade consolidado, pode escolher fazer o que acredita ser a coisa certa e se empenhar para fazer o bem, sejam seus esforços recompensados ou não.

Se atos de contrição fazem você se sentir fraco e indefeso, talvez isso tenha relação com o significado pessoal que você atribui a se desculpar, e não porque a parte magoada vai usar o seu remorso contra você. Seu medo de ser magoado diz mais a respeito de suas experiências de vida formativas do que qualquer coisa que tenha acontecido no presente. Se sempre que pedir desculpa você esperar ser tripudiado, talvez seja bom rever o seu passado em busca dos motivos para isso.

Donna aprendeu com os pais tóxicos o perigo de aceitar a culpa. Quando criança, sempre que fazia algo errado, sem querer ou não, o pai dela a xingava e partia para cima dela. Já adulta, Donna desviava das críticas e se recusava a admitir cumplicidade ou imperfeição. Por toda a vida, seu padrão era associar o ato de pedir desculpa a ser subjugada por um tirano. Nada a fazia pensar em pedir perdão. Colegas de turma a descartavam por ser presunçosa e arrogante, quando a verdade era o oposto. Donna não conseguia admitir seus erros não porque acreditasse estar sempre certa, mas porque tinha pavor de admitir esses erros.

Se você é como Donna, é provável que suas primeiras experiências na vida tornem mais difícil realizar o trabalho terapêutico exigido para merecer o perdão. Para você, um relacionamento não é um lugar em que seus erros são perdoados, mas parece mais um jogo de xadrez no qual você disputa por poder e faz movimentos estratégicos. Para você, dizer "Me desculpa" é o mesmo que dizer "Perdi".

Uma paciente chamada Maxine não conseguia se desculpar por seu caso amoroso porque acreditava que o marido iria abandoná-la, assim como todo mundo importante em sua vida fez. "Quando eu tinha dez anos, meus pais se separaram", contou-me. "Minha mãe nos mandou para a casa do nosso pai sem nos contar que não haveria volta. Então meu pai se casou outra vez e me disse: 'A casa é pequena demais. Você precisa morar com a sua irmã mais velha.'"

Maxine cresceu achando que havia algo nela que era impossível de amar. Por que outro motivo os pais a rejeitariam? Ao se casar com Andy, ela esperava que um dia ele também fosse abandoná-la. Depois de admitir que estava tendo um caso com o melhor amigo dele havia um mês, ainda assim Maxine se recusou a se desculpar ou ter empatia com a dor do marido. Intrigada por sua reação, ela entrou na terapia e entendeu que persistir era sua maneira de se agarrar: a Andy, ao poder, ao controle. "Se eu mostrar a ele como lamento por tê-lo magoado, ele vai perceber como sou imperfeita e vai se separar de mim", raciocinou ela. "Se eu não mostrar, ele ainda pode me abandonar, mas pelo menos a decisão vai estar nas minhas mãos, não nas dele." Sua lógica distorcida fechou as portas para o perdão.

Suposição equivocada: Não sou digno do seu perdão.

Para pedir perdão, você deve acreditar que vale a pena ser perdoado. Se presumir que não há nada de compensatório a oferecer, ou que é cruel demais ou vazio demais para fazer algo bom, não há por que tentar.

Foi o caso de Murray, um patologista de quarenta anos, que me procurou depois de viver um romance devastador. Ele estava determinado a construir uma vida nova com sua terceira mulher, Jill, mas se sentia tão inadequado, tão indigno do respeito dela que tornou impossível para ela perdoá-lo. No aniversário deles, Murray tentou comprar um cartão para ela, mas nada transmitia o quanto se sentia triste e arrependido. "Passei uma hora procurando, lendo as mensagens, me sentindo cada vez mais enojado de mim", contou-me ele. "Por fim, escolhi um com uma piadinha: 'Se está infeliz comigo, não se preocupe... Você pode ir embora!' Foi uma idiotice, mas nada expressava exatamente o que eu queria. Quando Jill leu, jogou imediatamente no lixo. 'Eu preferia que você não tivesse me dado nada', disse para mim." Falar sobre o que aconteceu revelou a verdade aos dois: não fora a falta de amor que o fizera comprar um cartão cheio de sarcasmo, mas a sensação opressiva de sua falta de valor, sua crença de que não tinha direito ao perdão dela. Não se tratava de não querer curar a mágoa da esposa, mas sim de se sentir ferido demais para curá-la.

Saber isso a respeito de Murray deu a Jill um motivo para ficar com ele. Também ensinou a ele uma lição valiosa: compartilhar o que pensamos de nós mesmos, não importa quão pouco seja, pode ser a dádiva mais íntima a se oferecer.

Suposição equivocada: Nada pode desfazer o mal que fiz.

Aqui você falha em se empenhar para merecer o perdão porque acha que não há palavras ou gestos, seus ou de mais ninguém, que possam desfazer o mal. Nenhum ato de penitência importa, insiste você, porque sua ofensa foi hedionda a ponto de estar além de qualquer perdão.

Se você se sente assim, apenas digo: não parta do pressuposto de que seus esforços não fazem diferença. Não há como saber a não ser tentando. Mesmo que a pessoa que você magoou se recuse a se reconciliar, você pode ajudá-la a reparar a autoconfiança e reduzir a hostilidade que direciona a você. Suas tentativas de pedir desculpa podem não se equiparar à ofensa, mas é provável que seu esforço por si só desfaça um pouco do dano.

Suposição equivocada: Quando busco seu perdão, admito que sou uma pessoa ruim.

Você pode achar que, se odeia o que fez, deve odiar quem é. Essa é uma suposição debilitante. O desafio é tecer críticas pertinentes a respeito de seu *comportamento* sem voltá-las contra *você mesmo*. Condene o "você" por completo em vez de apenas uma ação em particular e você não terá incentivo algum para mudar ou aprender com seus erros.

Quando Adam confessou que estava tendo um caso, jurou para Lydia que queria consertar o casamento, mas na verdade começou a menosprezá-la mais do que antes. "Talvez eu não a ame o bastante e não possa estar do lado dela como ela precisa que eu esteja", disse-me ele.

Interpretei seu comportamento de forma diferente. O que vi foi um homem que se odiava pelo que fizera e tinha medo de admitir. A verdade era repugnante demais para ele. Seu pai tinha sido um mulherengo e destruíra a mãe de Adam, sua família e o negócio de família. "Eu lembro de estar deitado na cama, chorando e rezando, implorando para que ele não fosse embora em mais uma 'viagem de negócios'", contou-me Adam.

Para ele, admitir que tinha se comportado da mesma forma desprezível que o pai — que, ao trair Lydia, ele não era nada melhor do que o homem que demonizara a vida toda — teria o deixado exposto, obrigando-o a direcionar a antipatia que sentia pelo pai para si mesmo. Incapaz de lidar com essa humilhação, ele projetou sua autodepreciação na esposa.

Se, assim como Adam, você precisa negar sua culpa para se proteger da vergonha, saiba que não será capaz de fazer o trabalho de merecer perdão. Fazer a distinção entre culpa e vergonha pode ser um bom começo. A culpa é responsável por um comportamento específico, um que você deseja corrigir. A vergonha é uma resposta negativa a si mesmo como pessoa. Você se sente culpado por *fazer* mal; você se sente envergonhado por *ser* mal. A psicóloga June Price Tangney, uma proeminente pesquisadora sobre vergonha e culpa, descobriu que ofensores mais propensos à culpa do que à vergonha tendem a ser mais empáticos, mais capazes de chegar até a pessoa que magoaram, mais abertos a se criticar sem se crucificar. Ofensores mais propensos à vergonha do que à culpa tendem a justificar ou negar seu comportamento indevido e insistir em dizer que não fizeram nada que precise ser perdoado.[12] Como apontam os psicólogos Exline e Baumeister: "É mais provável que sentimentos de vergonha gerem respostas de autoproteção com intuito de ocultar a ofensa, esquivar-se da responsabilidade ou fazer o perpetrador parecer inocente, competente ou poderoso."[13]

Se você sabe tecer críticas pertinentes ao que fez (e se permite sentir culpa) sem odiar quem você é (e se permite sentir vergonha), é provável que banque o que fez de errado e procure consertar.

Suposição equivocada: Você nunca vai me perdoar, então de que vale tentar?

Se essa é a sua posição, peço que pergunte a si mesmo: "Eu acredito mesmo nisso? Ou só estou usando esse argumento para justificar minha insegurança e minha relutância em fazer o trabalho árduo de merecer o perdão? Estou falando a verdade ou apenas dando voz à minha desesperança e ao meu desamparo?" Sua crença de que nada do que fizer vai conquistar o perdão dela pode se tornar uma profecia que se autorrealiza, o que evidencia menos a capacidade dela de conceder perdão do que sua disposição em conquistá-lo.

Suposição equivocada: Você devia saber que estou arrependido.

Sua premissa de que a outra pessoa deveria ler seu coração e sua mente pode não passar de um pretexto para evitar pedir desculpa. Se você for checar com a parte magoada, talvez escute: "Se *eu* devia saber que você está arrependido, *você* devia saber que eu preciso que você diga e que eu sinta verdade nas suas palavras." Minha experiência me diz que, quando não expressamos nosso remorso, nosso silêncio barato tem apenas um perdão barato — ou ira — como retribuição.

Suposição equivocada: Se eu me empenhar em merecer o perdão, estou dizendo que sou o único que fez algo errado.

Reconhecer sua cumplicidade não é o mesmo que declarar que a pessoa magoada é inocente. O perdão que você busca refere-se apenas ao mal que você causou. Em algum momento, você vai querer que ela aceite a cota que lhe cabe de culpa. Mas, para fazer o processo de perdão avançar, é preciso reconhecer a própria transgressão e deixar que seu remorso, e não seu orgulho, guie o processo.

Você pode querer que ela reconheça sua culpa primeiro, acreditando que, dessa forma, ela será mais humilde e clemente. E talvez você tenha razão. O problema é que quanto mais você tenta tirar a atenção de si, mais provável é que ela fique na defensiva e cheia de críticas. Portanto, recomendo que comece se concentrando na própria contribuição para a ofensa, desculpando-se integral e generosamente, sem nenhum "se" ou "mas". Isso é mais para criar um ambiente no qual a pessoa se chegue por livre e espontânea vontade e peça desculpas por si mesma. Se ela não conseguir fazer isso, você pode discutir a questão, mas em outro momento. Insistir no pedido de desculpa dela como condição para o seu não vai levar a lugar algum. Ela só vai ouvir acusações. Talvez seja bom escutar o conselho de Mateus (7:5): "Hipócrita, tira primeiro a trave do teu olho, e então cuidarás em tirar o argueiro do olho do teu irmão."

Suposição equivocada: Não faz sentido tentar merecer seu perdão se não tenho intenção de manter uma relação com você.

Muitos não vão se dar o trabalho de buscar o perdão de alguém que não planejam ver de novo. Mas talvez tentar fazer isso traga benefícios.

Uma amiga chamada Erin me fez entender essa verdade. "Fui correndo até a Eileen Fisher, comprei um vestido, voltei correndo para casa, experimentei-o e depois o trouxe de volta — tudo durante a hora do meu almoço", contou-me ela. "Uma vendedora tentou passar meu cartão de crédito, mas não estava conseguindo fazer a máquina funcionar. Como eu estava muito atrasada, explodi com ela. 'Se você não foi treinada para esse trabalho', sibilei para ela, 'melhor ficar longe do caixa.' Ela me ouviu e se retirou para a sala dos fundos. Eu me senti péssima, então, no dia seguinte, voltei lá e me desculpei. 'Eu estava atrasada para voltar ao trabalho', disse a ela. 'Me desculpe por ter sido tão grossa. Eu sei que essas máquinas podem ser bem temperamentais.'

"É provável que eu nunca mais veja essa moça", considerou Erin, "mas me senti melhor ao me desculpar, e provavelmente ela também. Foi algo muito gratuito, mas acabei tirando de mim um pouco dessa crueldade e colocando no lugar algo mais gentil. Eu me desculpei tanto por mim quanto por ela."

O que todos nós podemos concluir desse incidente é que o perdão e a reconciliação são dois processos diferentes, tanto para a pessoa que você magoa quanto para você. Assim como Erin, você não precisa ter um relacionamento contínuo com a parte magoada para buscar o perdão dela e seguir em frente.

Tarefa crucial 2: Testemunhe a dor que você causou.

Para merecer o Perdão Genuíno, é preciso incentivar a pessoa que você magoou a desabafar e ouvi-la de coração aberto. Ela não pode se curar até liberar toda a dor, e você não pode merecer o perdão até estar disposto a saber o que ela guarda dentro de si.

Vamos dar uma olhada no que cada uma dessas iniciativas demanda.

Incentive a pessoa que você magoou a compartilhar a dor dela.

Para se proteger contra os sentimentos de dependência e vulnerabilidade, a parte magoada pode se calar de diversas formas. Pode perdoar você com muita facilidade. Pode ficar insensível. Pode concordar com tudo para que fique tudo bem como se tivesse perdoado você, mas, por dentro, continuar furiosa. Ou pode simplesmente se fechar.

Se você é um evitador de conflito, o silêncio dela vai parecer preferível à sua ira. Mas não se deixe enganar. Uma dor sufocada é tão problemática quanto a fúria incontrolável, e talvez ainda mais disfuncional. Se você não a trouxer para fora e incentivá-la a falar sobre a ofensa, essa pessoa nunca mais vai se aproximar de você ou perdoá-lo.

Não tenho como dar mais ênfase a esse ponto: *sem conflito, sem intimidade*. Se o seu objetivo é reconstruir o vínculo, você, ofensor, precisa chamá-la e incentivá-la regularmente para que ela revele a profundidade da mágoa que você causou. Revelar esses sentimentos é um ato de intimidade, um primeiro passo para baixar a barreira entre vocês. O desapego pode ser a forma de proteção dela, mas é justamente essa proteção que pode ser o golpe fatal no relacionamento.

Quando Vicky soube que Sid estava tendo um caso amoroso havia oito meses, o casal entrou na terapia parecendo duas bonecas de plástico sorridentes: atraentes, impecáveis, super-respeitosos e educados um com o outro. Quando perguntei como estavam, ambos listaram todas as coisas boas que vinham acontecendo: o filho que estava prestes a cursar um MBA na Universidade Columbia; a oferta que fizeram para uma casa de repouso em Palm Beach fora aceita. Em uma sessão individual, Sid me disse: "As coisas estão bem." Porém, Vicky tinha uma história diferente. Ela falou sobre o consumo excessivo de álcool, sua depressão clínica profunda, seu rancor em relação à traição dele. O que parecia ausência de conflito era simplesmente fachada. Vicky estava se consumindo em ressentimento. Sid estava determinado a fazer vista grossa.

O casal passou a vida inteira evitando questões dolorosas. Mas, à medida que a terapia avançava, Vicky revelou como estava abalada com a traição de Sid, e ele reconheceu como estava incomodado com a aposentadoria e um caso recente de câncer de próstata. Sid começou a lutar pela sobrevivência do casamento.

O desafio para ambos era enorme. "Tem ideia do quanto Vicky está magoadíssima?", perguntei a ele. "Você precisa provar a ela que a dor dela é importante para você. Se quer vê-la curada, precisa voltar a se envolver emocionalmente com ela e ajudar a absorver a ansiedade e amargura que ela guarda dentro de si."

Sid entendeu e respondeu: primeiro, chamando Vicky para acompanhá-lo nas sessões semanais de terapia, para que pudessem aprender como conversar sobre o sofrimento deles, e depois dando continuidade a isso em casa, tirando um tempo para incentivá-la a se abrir. Sid passou a falar com ela de forma simples e gentil: "Como você está? Por favor, não se feche para mim. Estou falando sério sobre me reconectar com você, Vicky, e isso não vai acontecer se você esconder seus sentimentos de mim. O que você precisa que eu entenda? Me conte mais. Há mais?"

Aos poucos, Vicky foi começando a confiar nas palavras dele e a falar sobre alguns momentos insuportáveis no casamento, como a ocasião em que ela sofrera um aborto e Sid arrumara um vizinho para levá-la ao hospital para que ele pudesse ir trabalhar. Sid estava aprendendo a ser presente, estável, e a apoiar os esforços dela para liberar a tristeza em seu coração.

Quando, assim como Sid, chamamos a pessoa magoada para compartilhar sua dor e se permitir ser vulnerável em nossa presença, estamos construindo uma ponte para ela e ajudando-a no processo de cura.

Inicie a discussão sobre a ofensa.

Cada vez que traz a mágoa à tona, você também permite que a parte magoada saiba algo muito importante: que ela não está sozinha nessa. Quando você demonstra que não vai esquecer o que fez e que vai continuar atento às lições aprendidas, a pessoa é liberada da preocupação com a ofensa. Costumo dizer: *Se quer que sua companheira siga em frente, esteja atento à dor dela. Senão, ela vai estar.*

Jim deu o primeiro passo quando, com o Dia das Mães se aproximando, disse à esposa, Donna: "Foi bem nessa época no ano passado que você descobriu sobre o caso, não é? Sei que isso está na sua cabeça. Está na minha também. Tenho pensado em como passar esses dias de um jeito diferente esse ano, para criar uma lembrança nova, uma associação mais positiva. Pensei em algumas coisas…"

Em um episódio mais pessoal, lembro-me de almoçar com meu pai frágil e bem mais velho quase um ano depois da morte da minha mãe. Embora eu não tenha sido a causa da agonia dele, quis ser uma fonte de conforto. Ao nos sentarmos em uma lanchonete para dividir um sanduíche de atum, eu me perguntei: "Será que ele sabe que está chegando o aniversário da morte dela? Será que devo tocar nesse assunto? Será que vou deixá-lo triste se mencionar isso?" Por fim, me vi me atrapalhando com as palavras. "Pai, já faz quase um ano desde que a mamãe faleceu." Aquele homem, que tantas vezes parece cognitivamente confuso e perdido, olhou bem para mim e respondeu: "Eu sei. Neste domingo, 21 de outubro."

Eu presumira que, se ele quisesse falar sobre isso, ele mesmo teria levantado a questão. Ou que, se eu trouxesse o assunto à tona, eu o deixaria chateado. Ou que, se eu não falasse nada, ele não se lembraria. Mas esse trauma — o falecimento precoce da minha mãe, que foi sua esposa durante 53 anos — era só sobre o que ele queria falar. Foi só uma questão de se ele ficaria sozinho com sua dor ou se eu iria compartilhá-la com ele.

Dê ouvidos à dor da pessoa magoada de coração aberto.

Talvez você queira fugir da angústia que causou. Você pode pensar: qual é a vantagem de deixar que a pessoa magoada despeje sua tristeza apenas para puni-lo e fazê-lo se sentir diminuído? O que posso lhe dizer é que a sua escuta ajuda a pessoa magoada a se abrir e permitir que você volte para a vida dela. Não é possível pular esse passo. A pessoa magoada não pode chegar junto, confiar em você ou perdoá-lo até que você a convença de que entende e se importa com o mal que você causou.

Como uma pessoa pode perdoar se seu algoz é indiferente ao sofrimento dela? A resposta é: ela não pode, não de forma autêntica — não até você ir lá e *abraçar a dor dela*. Por "abraçar a dor", quero dizer deixar de lado seus próprios sentimentos, suas próprias necessidades, seus próprios compromissos. Quero dizer se despir de suas defesas e justificativas, até mesmo da sua versão do ocorrido, e vivenciar a dor dela pela ótica dela, como se fosse a *sua* dor.

Não tente animá-la: é provável que a pessoa encare isso como uma manipulação para diminuir ou dissipar o sofrimento dela em vantagem própria. Melhor apenas ouvir e se permitir ser afetado pelo que ela diz. Tente experimentar o medo, a tristeza, a indignidade da outra pessoa, mesmo que você nunca tenha sido magoado dessa forma. Mesmo que você acredite que sua ofensa não é tão grave quanto ela faz parecer.[14] Permita-se entrar no mundo do outro e reverberar sua dor.

Howard aprendeu a fazer isso, mas não foi um aprendizado que veio com facilidade ou sem desconforto. Quando ele saiu de casa após uma série de casos extraconjugais, Alice, sua filha de 14 anos, tentou cortá-lo de sua vida. De vez quando, Howard aparecia e se oferecia para levá-la ao treino de futebol ou sair para jantar, mas ela continuava fechada para ele. Um dia, depois de ouvir a mãe gritando com ele ao telefone, Alice extravasou sua dor em um e-mail que enviou ao pai:

> Hoje você me fez perceber que pessoa ruim e horrível você tem sido. O único sentimento que tenho neste momento por você é ÓDIO e é de todo coração. Várias e várias vezes, conversei com você sobre como fez minha mãe sofrer e como prometeu tentar agir com dignidade e respeito. Mas agora ela está chorando na cozinha porque você a trata como se ela não fosse nada. Isso foi a gota d'água. É VOCÊ o infiel aqui, nem tente negar, então por que ela ainda tenta ser legal com você?
>
> Outro dia, na quadra de tênis, Roger [irmão mais velho de Alice] te chamou de "Howard", e todos nós rimos. Quer saber por quê? Ele não quer estar relacionado a você de forma alguma. Ele não quer chamar VOCÊ de pai. Porque VOCÊ não merece nem nunca vai merecer esse título. Eu te odeio muito, MUITO. Tentei manter esse ódio quieto, mas agora sei que é só isso que consigo sentir por você. Roger nunca vai te perdoar, e eu nunca sequer vi você se desculpar com ele. Você é mesmo tão covarde? Pra que você serve? Pra mentir, pra trair as pessoas? Pai... eu sei que provavelmente essas palavras estão deixando você com muita raiva, mas não consigo mais negar e preciso que saiba como eu me sinto. Imagina só, daqui a trinta anos, quando estiver sozinho no mundo... quem vai estar do seu lado? Talvez um dia você finalmente perceba tudo de bom que perdeu. E quanto a mim e Roger? Vamos ter esquecido você e seguido em frente.
>
> *Alice*

Howard chegou à terapia com uma cópia do e-mail da filha. "Não sei como reagir", disse ele. "Parte de mim está abalada, eu sei que magoei minha família profundamente. Mas parte de mim acha que eu deveria puni-la por falar comigo com tanta falta de respeito. Nunca falei assim com meu pai, embora ele tenha feito coisa muito pior do que eu. O que você acha?"

Minha resposta foi: "Sua filha deve amar muito você. Provavelmente seria bem mais fácil para ela se distanciar do que compartilhar a angústia que está sentindo. Ela está confiando sua dor a você e isso é uma dádiva muito preciosa. Recomendo que a aceite, supere os insultos ríspidos e tente levar a sério a devastação e o desespero que sua filha está sentindo. Ela pode estar dando a você uma oportunidade de reconquistar a confiança e o amor dela, até mesmo seu perdão."

Howard começou a chorar. Ao longo de semanas, ele fez um esforço genuíno para se aproximar de Alice. Ele respondeu ao e-mail agradecendo por ela falar com tanta sinceridade e conseguiu marcar um encontro com ela, para ouvi-la. Nada disso teria acontecido se Alice não tivesse se aberto para o pai e assumido o risco de expor a própria fúria. Nada disso teria acontecido se Howard fosse incapaz de validar a dor da filha e absorver o que Alice tinha para dizer, sem se colocar na defensiva ou se desapegar dela.

Uma lição na escuta

Se você, assim como Howard, não sabe como escutar de mente e coração abertos, há muitos livros de treinamento em comunicação que podem orientá-lo. Entre eles, estão: *Conversas que curam: o que dizer quando não se sabe o que dizer*, de Nance Guilmartin; *Casamentos: por que alguns dão certo e outros não*, de John Gottman; e *The Zen of Listening: Mindful Communication in the Age of Distraction* [O zen de escuta: comunicação atenta na era da distração], de Rebecca Z. Shafir. Esses livros destacam a importância da comunicação não verbal, tais como:

* ouça com os dois olhos e ouvidos;
* tenha respeito por pausas e silêncios na conversa e não intervenha para espantar a dor;
* monitore seu tom de voz para transmitir preocupação sincera; e
* use a linguagem corporal (por exemplo, inclinar-se na direção da parte magoada), crie uma conexão.

Não subestime o poder da comunicação não verbal. De acordo com um estudo, nossos gestos e expressões faciais transmitem 55% do significado de uma mensagem; o tom de voz, a velocidade e o ritmo do discurso e a ênfase transmitem 38%; e o que de fato falamos transmite apenas 7%. Em outras palavras, "a linguagem não verbal comunica a maior parte da mensagem".[15]

Ouça tanto as emoções amenas quanto as implacáveis

Se a pessoa que você magoou expressa sua dor através de emoções "amenas", como tristeza, vergonha ou pesar, sugiro que você tente refletir o que ela precisa que você entenda. Você pode tentar dizer, por exemplo: "O que você precisa que eu compreenda é que, quando fui infiel, destruí sua confiança na bondade dos outros e roubei de você a imagem que tinha de si. Você costumava se ver como uma pessoa capaz, atraente, divertida, cheia de vida. Agora, não importa o que faça, não consegue recuperar o modo como costumava se ver e está furiosa por causa disso."

Se ela expressa a dor através de "emoções implacáveis", como amargura ou raiva, pode ajudar ver para além desse exterior inflexível e se conectar com a pessoa assustada e machucada encolhida lá dentro. Ainda que possa parecer que ela está tentando afastar você, talvez ela queira justamente o contrário. Se a fúria dela for persistente, e você vir sua própria paciência se esgotando, recomendo que tente com delicadeza redirecionar a conversa para longe dos detalhes da argumentação dela e volte-a para o que está acontecendo entre vocês dois em um nível emocional. Por exemplo, se ela estiver gritando com você, e sua vontade for explodir ou sair correndo, recomponha-se e diga: "Quero saber da sua dor, mas preciso que você fale comigo de uma forma que me ajude a ouvir. Não estou pedindo que doure a pílula em relação a como se sente, mas tampouco quero que você me expulse. Estou aqui. Estou ouvindo."

Ouvir sem estar na defensiva não quer dizer necessariamente que você concorde com a versão do outro. Mostra apenas que você se importa profundamente com a dor que causou e que quer fazer parte do processo de cura.

Ao ouvir, você a ajuda a se curar e se sentir humana outra vez. "Ouvimos uns aos outros no discurso", observa Judith Jordan, psicóloga de Harvard. "Somos ouvidos para existir."[16]

Ouvir é um dos gestos de cura mais significativos que podemos fazer. Ele supera o senso de depreciação e isolamento da parte magoada e a incentiva a se reconectar com o ofensor. Estar totalmente presente para validar a dor do outro é o que Mary Jo Barrett, especialista em trauma, chama de "testemunho piedoso". Essa troca, onde ela confia seus sentimentos a você, e você está lá ao lado dela oferecendo carinho e atenção, derruba a barreira entre vocês e abre o caminho para o perdão.

Tarefa crucial 3: Peça desculpas de verdade, sem ficar na defensiva, e com responsabilidade.

Um pedido de desculpa é mais do que um simples "Sinto muito", embora esse seja um bom modo de começar. É também uma maneira de dizer que você assume a responsabilidade por seus atos, que se importa profundamente com a dor que causou e que pretende nunca mais repetir a transgressão.

Gosto de pensar — ou talvez goste que você pense — que não há muitos momentos em que sinto necessidade de pedir perdão aos outros. Mas sejamos realistas. Eis aqui um deles. Depois de atacar verbalmente meu marido, eu o enquadrei como sendo o problema e depois me esforcei para assumir o controle da minha raiva inadequada e da bagunça que, sozinha, eu tinha criado.

Depois que minha mãe morreu, tirei meu pai da Flórida e o levei para Connecticut, pois assim ele ficaria mais perto do restante da família. Foi um projeto exaustivo, repleto de milhões de detalhes: pesquisar casas de repouso, transferir registros médicos, fechar seu apartamento antigo, mobiliar o novo. Quando voei de volta para Connecticut, eu estava totalmente exaurida. Michael, meu marido, nos buscou no aeroporto e nos trouxe para a casa nova do meu pai. Enfim tudo parecia estar em seu devido lugar. Mas, pouco antes de nos despedirmos, Michael abriu uma garrafa de vinho tinto para fazer um brinde de boas-vindas e derramou o líquido em cima de tudo que eu tinha arrumado nas bancadas da cozinha: o cronograma com as medicações, a comida fresca, os utensílios limpos. Eu estava descompensada e parti para cima imediatamente: "Nossa, mas como você pode ser tão imbecil? Era óbvio que isso ia acontecer!" e por aí vai. Não foi meu momento mais bonito. Papai e Mike ficaram me olhando em silêncio, perplexos.

Será que entrei em parafuso por causa do estresse com a mudança? Eu estava muito ansiosa com a questão de realocar meu pai, ainda chocada pela perda da minha mãe, extremamente exaurida por toda aquela provação. Ou será que entrei em parafuso por ser quem eu sou — uma mulher com uma necessidade absurda de que tudo esteja perfeito? Será que devo culpar minha experiência na primeira infância como uma cuidadora, como uma pessoa responsável em excesso, que sempre assumia muitas responsabilidades? Isso importa?

Importa. Ainda que eu quisesse arrumar desculpas para mim mesma e culpar Mike por minha reação, eu sabia que isso era covardia e mentira. Finalmente reuni força suficiente para me aproximar daqueles dois homens profundamente importantes na minha vida. "Quero pedir desculpas por meu comportamento", disse, tímida. "Mike, eu sei que você só estava tentando ser útil e carinhoso. Agi de uma forma horrível e estou com vergonha de mim mesma. Me desculpe."

Para não parecer tão madura, racional e integrada, permita-me reconhecer como foi difícil dizer essas palavras. Sem dúvida, meu comportamento possesso contradizia minha história "oficial", uma psicóloga e especialista em perdão sensata e controlada. Mas sei, bem lá no fundo, que, se eu agisse sem pensar e simplesmente me deixasse sair impune, eu não mereceria o perdão: nem das pessoas que magoei, nem de mim mesma.

Por que pedidos de desculpa são tão importantes?

Quando não consegue se desculpar, é provável que você se sinta como eu me senti comigo mesma: péssima. Em geral, sabemos quando erramos com uma pessoa e precisamos conviver com isso. Se tentamos minimizar ou dispensar esse conhecimento, ficamos presos em nossa culpa. Peça desculpas, e você começará a se reinventar, a restaurar o respeito por si, e consertará o que rachou por dentro. Você sabe que errou. E sabe que pode fazer melhor. Acontece uma reintegração.

Seu pedido de desculpas transmite respeito pela pessoa que você magoou: mais uma precondição para o perdão. Fazer isso é reconhecer que ela merece coisa melhor e que você passou dos limites. Transmitir que está ciente disso faz de você mais humilde, eleva a pessoa magoada e restaura um equilíbrio.

Seu pedido de desculpas pode ajudar vocês dois a se reconectarem. Quando diz a verdade, você não só a desarma e permite que ela sinta mais afeto por você, como também alivia sua consciência e fica mais propenso a se permitir se reconectar com ela. Como observa Beverly Engel: "Saber que erramos com alguém pode fazer com que nos afastemos da pessoa, mas, depois que nos desculpamos, nos sentimos livres para ser vulneráveis e íntimos."[17]

O que faz um pedido de desculpas ser bom?

Para um bom pedido de desculpas, recomendo as sete diretrizes a seguir:

Diretriz 1: Assuma a responsabilidade pelo estrago que você causou.

Por trás de toda ofensa, há um ofensor. Para que seu pedido de desculpas tenha efeito, você precisa saber bem seu papel: "Eu sou o responsável. Eu fiz isso com você." Como escreve Beverly Flanigan, autora de *Forgiving the Unforgivable* [Perdoar o imperdoável]: "Alguém está errado. Alguém deve ser identificado. Só então alguém pode ser perdoado."[18]

Em um memorial para 1.600 judeus massacrados na Polônia durante a Segunda Guerra, foi inaugurado um monumento no qual se lia: "Em memória dos judeus de Jedwabne e arredores, homens, mulheres e crianças, habitantes desta terra, que foram assassinados e queimados vivos neste local em 10 de julho de 1941." Embora o presidente da Polônia tenha publicamente pedido perdão em seu nome e "em nome do povo polonês cuja consciência está em choque por esse crime", muitos líderes judeus e simpatizantes se indignaram pela inscrição não culpar explicitamente o povo polonês daquela cidade.[19] Em nenhum lugar dizia: "Nós fizemos isso."

Como parte do processo de cura, a parte magoada precisa atribuir culpa e fazer com que você, ofensor, aceite que é o culpado. Portanto, um pedido de desculpas eficaz não é apenas uma vaga referência ao fato que alguém de algum jeito foi magoado, mas sim um reconhecimento contundente de que "eu errei com você e, por isso, sinto muito".

Diretriz 2: Faça do seu pedido de desculpas algo pessoal.

O pedido de desculpas mais eficiente é refinadamente pessoal. Não é apenas uma admissão "Fiz algo de errado". É um reconhecimento de que "Errei com *você*. Fiz isso com *você*". O que ajuda a parte magoada a se curar e seguir em frente com o processo de perdão não é só o fato de você se preocupar em violar seu *próprio* padrão de comportamento, mas sim de você se importar por ter violado *a parte magoada*.

Quando Jane descobriu que o marido tinha dormido com Ellen, sua meia-irmã solteira, Jane a confrontou. "Penso nisso todo dia", confessou Ellen. "Não gosto de... Não se encaixa na ideia que tenho de mim mesma. Mas preciso encarar o que fiz."

Jane ouviu a confissão de Ellen, mas continuou furiosa e aborrecida. Logo ela percebeu por quê. "Não estou nem aí se Ellen está se sentindo mal com ela mesma ou acredita que quebrou algum código de honra pessoal", disse-me Jane. "E daí que ela se decepcionou consigo mesma? O que eu quero saber é se ela está chateada por *minha* causa. Será que ela se importa com o que ela fez *comigo*?"

Jane escreveu uma carta para Ellen pedindo que ela reconhecesse esse problema. Ellen nunca respondeu, e Jane nunca a perdoou.

Roy, um paciente de 62 anos, oferece mais um bom exemplo do que é um pedido de desculpa eficaz. Quando confessou para a esposa que era ninfomaníaco e que saía com outras mulheres havia mais de 15 anos, ele explicou que tinha sido sexualmente molestado quando criança. "Eu também sofri", disse Roy a ela.

Sua esposa se mostrou incrivelmente indiferente. "Esse pedido de desculpas tem mais a ver com a dor dele do que com a minha", disse-me ela. "Ele está magoado por si, não por mim."

Há momentos em que você talvez não compreenda o profundo impacto pessoal da sua defesa. Para dar mais corpo à questão, você poderia dizer à parte magoada algo simples como: "Eu queria entender como posso ter aberto velhas feridas e me desculpar com você. Pode me ajudar?"

Jack, um eletricista de quarenta anos, tentou seguir esse conselho quando contou à sua mulher que havia sido infiel durante o último mês de gravidez. Primeiro, ele a incentivou a falar sobre a dor dela e escutou tudo atentamente. Depois, se desculpou, deixando claro que havia entendido todos os pontos dela: "Quero me desculpar por tê-la magoado tão profundamente e por maltratá-la em aspectos nos quais você já estava vulnerável", disse ele para ela em meu consultório. "Entendo que ter sido traída estando grávida fez você se sentir encurralada, sem ter a quem recorrer e nem lugar para ir, do mesmo jeito que seus pais a fizeram se sentir quando era uma criança e a abandonaram. Eu abandonei você do mesmo jeito. Você achou que podia contar comigo, mas eu só reforcei sua crença de que ninguém está do seu lado."

A disposição de Jack de vivenciar a experiência da esposa e ver como o comportamento dele acrescentou mais uma camada na cicatriz emocional do eu já prejudicado dela abriu-a para a possibilidade do perdão. Seu pedido de desculpas pessoal foi um começo.

Diretriz 3: Seja específico em seu pedido de desculpas.

Quando pedir desculpas, não diga apenas "Sinto muito". Você precisa transmitir *exatamente pelo que sente muito*. Precisa descrever não apenas o traçado geral da ofensa, mas também seus mínimos detalhes. Precisa ser destemido e claro, desculpando-se não só por magoar a pessoa, mas precisamente por *como* você a magoou. Só então ela vai acreditar que você tem consciência do mal que causou e que nunca mais vai cruzar essa linha outra vez.

Sugiro, em particular para aqueles que magoaram um parceiro ou parceira ou alguém com quem tem um passado importante, tentar listar tudo o que você fez para magoá-la ao longo dos anos, e não apenas focar a única e óbvia grande ferida que você infligiu.

Quando Amy, uma cabeleireira de 52 anos, se desculpou com o marido por ser infiel, ela não disse simplesmente: "Me desculpe por ter tido um caso." Ela tentou transmitir que entendia o quanto aquele caso tinha devastado seu marido e pelo que exatamente ela estava se desculpando. Ela também foi além do episódio mais recente e pensou de que outras formas podia tê-lo magoado. "Há momentos ao longo dos últimos trinta anos que tratei você de um jeito totalmente indefensável", começou ela. E então listou todos os comportamentos pelos quais queria se desculpar:

* Expus você ao risco de infecções sexualmente transmissíveis cada vez que dormi com uma pessoa.

* Guardei segredos e releguei você ao papel de um estranho, de alguém que sabia menos sobre mim do que um desconhecido.

* Fiz você duvidar de si mesmo e se questionar.

* Manchei várias recordações felizes da nossa vida como casal.

* Culpei você por me sentir sozinha, em vez de tratar o sentimento de solidão que me acompanha por toda a vida.

* Afastei você quando eu estava furiosa ou frustrada com nosso relacionamento, em vez de conversar abertamente sobre o que me incomodava.

* Bebi demais e trabalhei demais, aumentando a distância entre nós.
* Desisti do nosso relacionamento sem avisar você, tornando impossível que consertássemos as coisas juntos.

Paul, marido de Amy, sabia que ele não era de todo inocente: a seu modo, ele também a abandonara. Paul respondeu a ela escrevendo um pedido de desculpas: "Quero me desculpar por não estar do seu lado ao longo desses anos e por toda a frustração e dor que lhe causei. Em específico, me desculpe por viver tão preocupado com a segurança financeira a ponto de ignorar a qualidade da nossa vida conjugal. Fiquei indisponível para você quando sua irmã morreu. Guardei minha raiva e voltei isso para você de forma passivo-agressiva, impedindo você de ter acesso direto às minhas reclamações."

Diretriz 4: Faça um pedido de desculpas profundo.

Quem quer ser perdoado precisa abrir o jogo e não se omitir em relação ao mal que fez. Não se contente com argumentos que são facilmente aceitos pelo outro e continue, mesmo que a duras penas, revelando verdades mais profundas e mais sombrias a seu respeito. Permita-se morrer de vergonha se isso atender às necessidades da situação. Albert Ellis, conhecido por aconselhar pacientes que estão se dedicando a exercícios de crescimento pessoal, costuma dizer: "Se estiver se sentindo desconfortável, provavelmente você está no caminho certo."

Talvez seja útil escrever e reescrever seu pedido de desculpas, com cada rascunho se aproximando mais da verdade nua e crua. Foi o que um paciente chamado John fez. Ele começou com um bilhete superficial de desculpas para a esposa por ter magoado os sentimentos dela. Então, tentou mais uma vez. "Ao longo dos anos, falei com você com desdém", começou ele. "Coloquei você para baixo com a intenção de me colocar para cima. Escondi como me sinto inseguro e indigno, como tenho medo de perder você ou me aproximar de você. Fiz mal a uma pessoa tão gentil... Fingi que era superior à sua custa. Minha mãe agia exatamente assim comigo e com meu pai. Odeio reconhecer isso em mim."

Aqui estão outros exemplos de pedidos de desculpas eficazes:

* Uma mãe que diz à filha: "Nunca fiz você se sentir bem, nunca te disse que é incrível do jeitinho que é. Sempre tentei mudar você, te deixar mais feminina, mais parecida com sua irmã, fazer você corresponder à minha imagem da garotinha perfeita. Não sei por que me senti tão ansiosa, por que duvidei de você. Mas isso é uma questão minha, não sua."

* Uma filha que diz à mãe: "Sei que fui dura com você na adolescência e sentia raiva por você parecer tão preocupada. Agora que tenho minha filha, entendo como é difícil administrar casa e trabalho e ainda estar sintonizada com os sentimentos dos filhos. Com meu pai alcoólatra e sem oferecer nenhum apoio, não sei como você conseguiu segurar as pontas. Eu só pensava em mim mesma. Nunca me ocorreu pensar em você."

* Um amigo que diz a outro: "Falei coisas ruins e mesquinhas sobre você, tipo, 'Nem todo mundo nasce com um milhão de dólares na conta'. Odeio reconhecer isso, mas houve momentos em que senti inveja de você. Sua vida parece bem mais fácil que a minha."

* Um irmão que se desculpa com a irmã: "Deixei que cuidasse sozinha do papai e não ajudei em nada. Fingi que estava ocupado, mas a verdade é que eu estava ocupado fazendo coisas só do meu interesse. Como você gosta de ajudar os outros, deixei que fizesse isso. Explorei você. Não preciso ser supersolícito, mas não é justo que eu faça tão pouco."

Diretriz 5: Peça desculpas com toda a sinceridade.

Às vezes, as pessoas fazem um bom pedido de desculpas, mas por motivos egoístas: para se livrar da própria culpa, para diminuir o conflito e tornar a própria vida mais fácil, para posar diante de Deus ou dos amigos como um ser humano decente. Preciso dizer que é provável que seu pedido de desculpas não dê em nada se a intenção não for boa? Qualquer um pode ser treinado para soltar palavras de remorso refinadas. O desafio é vivenciar e comunicar "uma transformação sincera".[20] Para ser perdoado com sinceridade, seu remorso precisa ser verdadeiro, profundo e persistente.

Meu mentor, o rabino Israel Stein, gosta de lembrar à sua congregação durante o Yom Kippur — o dia mais sagrado para o povo judeu — que Deus não fica impressionado pelo comprometimento de jejuar. Jejuar é, por si só, apenas um comportamento habitual, observa ele. Mas o jejum feito de coração tem significado e propósito. Ele mexe com a alma. Ele nos inspira a nos aproximar daqueles a quem fizemos algo de errado. Durante os cultos nos Dias da Expiação, um *shofar* — uma trombeta de chifre de carneiro — é soprado na sinagoga para despertar os congregantes de seu repouso, para tocar seu coração. "Deus", afirma o rabino Stein, "não tem interesse em nossos rituais. Ele tem interesse em nossa humanidade."

Como transmitir um pedido de desculpas sincero? Uma das formas é usar um tom de voz gentil, afável e honesto. Outra é através de uma linguagem corporal adequada. Quando as pessoas se desculpam no espaço do meu consultório, peço a elas que liberem tudo que estão guardando, encarem-se, descruzem os braços e se olhem nos olhos. Se estiverem sentados, sugiro que ambos descruzem as pernas e se inclinem na direção um do outro. Então aconselho o ofensor a falar bem devagar, permitindo que a parte magoada sinta a sinceridade e absorva a verdade nas palavras dele.

Em *Sexo, amor e violência: estratégias para a transformação*, Cloé Madanes exige que qualquer abusador sexual se ajoelhe diante de sua vítima para expressar arrependimento.[21] Não importa se você se prostra ou não, a humildade genuína deve estar no âmago do seu pedido de desculpa. É só quando você se livra do seu senso de autoimportância e elimina suas táticas defensivas que começa a convencer a pessoa magoada de que você está realmente arrependido.

O pai de Marie não conseguiu fazer isso. Quando tinha 35 anos, ela recebeu uma carta dele contando que estava morrendo e que queria se desculpar pessoalmente por seu comportamento ao longo dos anos. "Quero que saiba que me arrependo de tudo o que fiz de mal a você", escreveu ele. "Agora me deram dois meses de vida, e eu ficaria muitíssimo em paz se você me perdoasse antes de eu morrer."

Marie se lembrou de que, aos cinco anos, viu sua mãe expulsar seu pai de casa quando ele negou que tinha um problema com álcool e que ignorava a família. "Todos esses anos ele nunca pagou pensão, nunca mandou um presente, um cartão sequer, e agora quer que eu salve sua alma."

O pedido de desculpas insípido e muito genérico não fez nada para que esse pai merecesse um lugar no coração da filha. Ela precisava ouvi-lo dar voz a uma profunda tristeza pelo impacto que seu comportamento teve sobre ela, mas tudo o que recebeu foi medo dele de ir para o inferno.

Quão triste é essa história? Quem pode dizer que o pesar desse homem não era real? Que, através de palavras diferentes, talvez ele tivesse conseguido curar os dois? Mas ouvir nada além de um "sinto muito" indiferente só reforçou a suposição de Marie de que o pedido de desculpas do pai era apenas conveniente, uma forma de garantir para si um lugar à mesa de Deus. Os dois nunca mais tiveram contato.

Diretriz 6: Faça com que seu pedido de desculpas seja bem claro.

Os pedidos de desculpas mais eficazes são puros, simples e descomplicados, sem *todavias*, sem firulas ou ressalvas.

Pedidos de desculpas limitados tendem a sair pela culatra. Quando você tenta fazer sua má conduta passar como um mero erro, um evento insignificante, uma reação compreensível ao mau comportamento da pessoa magoada, é provável que ela se sinta ainda mais agredida e com raiva. Cabe a ela ver a ofensa sob um prisma mais brando, não a você.

Em casos assim, é de grande ajuda lembrar que, quando você reconhece sua culpa, a pessoa magoada fica mais propensa a reconhecer a dela também. Foi o que aconteceu com Stan e Naomi.

Depois de conviver 26 anos com o alcoolismo de Naomi, Stan se envolveu com outra mulher. "Eu me senti mal-amado e rejeitado por muito tempo", contou-me ele. "A bebedeira de Naomi a deixa cruel, e o comportamento horrível dela em público me constrange."

Naomi não culpava Stan por ser a causa de seu problema com o álcool — ela já bebia demais na época da faculdade —, mas ele viajava muito, entretinha clientes japoneses em bares de *striptease* em Tóquio, e a solidão dela alimentava seu vício. Naomi também se sentia mal-amada e abandonada.

Quando Stan abriu o jogo sobre seu caso amoroso, o relacionamento do casal ruiu. Intimamente, os dois sabiam que tinham errado um com o outro, mas se limitaram a trocar acusações. "Tive um caso porque você estava absorta em um mundo só seu e se recusava a mudar", dizia Stan. Naomi retrucava: "Eu bebia para afogar minha solidão porque você nunca estava ao meu lado. Você também não é perfeito."

Sugeri que os dois escrevessem pedidos de desculpas em casa ao mesmo tempo e depois viessem para a sessão seguinte preparados para lê-los. Eu os incentivei a superar sua abordagem de "preciso lamber minhas feridas antes de lamber as suas" e a se revezarem no reconhecimento da culpa.

O conteúdo das cartas serviu como uma ponte para o perdão. Stan começou: "Peço desculpas por fazer você se sentir insegura e solitária e por me vingar me mantendo distante. Sinto muito por lidar com minha mágoa machucando você em vez de fazer algo construtivo, como entrar na terapia ou no Al-Anon."

Naomi escreveu: "Sinto muito por fazer você se sentir tão desesperado a ponto de procurar alguém fora do nosso casamento para ser ouvido. Sinto muito por ignorar meu problema com bebida e por expor você em público."

O que esse casal aprendeu é que não dá para acusar o outro e se desculpar ao mesmo tempo, assim como não dá para dar e receber com a mesma mão ao mesmo tempo. Um gesto anula o outro. É preciso colocar nossas repreensões de lado e revezar, pedindo desculpas por completo e dando chance para que o pedido seja absorvido.

Diretriz 7: Peça desculpas repetidamente.

Para "feridas superficiais", um simples pedido de desculpas pode ser o suficiente. Mas, para mágoas mais graves, talvez seja necessário se desculpar várias e várias vezes, principalmente quando se espera uma reconciliação. Uma paciente disse ao marido, depois de flagrá-lo fazendo dívidas nos cartões de crédito deles:

"Não quero que você peça desculpas. Quero que você fique triste comigo. Quero que carregue a tristeza do mesmo jeito que eu, que percorra o mesmo caminho que percorro todos os dias."

Não espere o momento perfeito ou certo para se desculpar. Arrume tempo. E não espere até encontrar as palavrinhas mágicas. Você pode revisá-las ou acrescentá-las depois.

Um pedido de desculpas vai além de uma confissão.

Quando você confessa, admite o erro cometido. Quando se desculpa, expressa remorso pelo erro cometido. Cada uma dessas coisas tem seu valor. Uma confissão é uma declaração de um fato: "Sou padre e molestei meninos." "Sou pai e bati nos meus filhos com um cinto que deixou marcas em seus corpos e almas." "Sou esposa e me afastei sexualmente, fazendo meu parceiro se sentir inadequado." Um pedido de desculpas, por outro lado, é uma declaração de sentimento. Vai muito além de fatos e revela como você se sente a respeito deles.

A confissão tem valor porque demonstra que você tem o *insight* e a fibra moral para distinguir o certo do errado. O pedido de desculpas vai mais além porque demonstra que você tem a coragem e a humildade de ser julgado pela pessoa com a qual você errou. "A confissão expõe suas limitações", observa Beverly Flanigan. "O pedido de desculpas coloca essas limitações nas mãos do outro para serem aceitas ou rejeitadas."[22]

Às vezes, a parte magoada não sabe que você a ofendeu até que você assuma a culpa. Essa revelação dá poder e *status* à outra pessoa. De repente, ela está tão próxima da verdade quanto você. Como disse certa vez Frank Pittman, o problema "não é com quem você mente. É para quem você mente".[23] A pessoa com quem você compartilha segredos é aquela com quem você compartilha um vínculo íntimo.

Tanto a confissão quanto o pedido de desculpas podem diminuir a vergonha, estimular o diálogo e reparar a conexão entre vocês. Mas somente um pedido que demonstra consideração pelos sentimentos da parte magoada pode conquistar o perdão.

As limitações da confissão por si só, sem um pedido de desculpas, são retratadas na história de Connie e Martin. Depois de um noivado de oito meses, Connie pediu que ele frequentasse as aulas do "pré-nupcial" com ela. Essas aulas eram organizadas pela igreja de Connie para ajudar os casais a solucionarem conflitos e encontrarem o caminho de volta para o outro e para Deus. Martin hesitou. "Não sei", disse ele. "Eles fazem muitas perguntas."

"O que você está escondendo de mim?", Connie quis saber.

Martin por fim confessou que tinha um histórico de verrugas genitais. Sabia que havia exposto Connie a essa doença contagiosa, que ele estava tratando em segredo com hidróxido de nitrogênio.

Embora chocada, Connie ficou grata por saber a verdade. Mas ela precisava descobrir como ele se sentia pelo que tinha feito e o pressionou a falar sobre seus sentimentos. Martin começou a chorar. "Fiquei com vergonha de contar e com medo de que você não quisesse mais se casar comigo se soubesse a verdade", disse ele. "Eu sinto muito mesmo por ter mantido em segredo algo tão importante. Fui absurdamente egoísta. Coloquei você em risco. Quebrei sua confiança em mim. Você provavelmente está querendo saber o que mais eu escondo de você, quem eu sou de verdade, o que de fato é nosso relacionamento."

A confissão de Martin deu informações para Connie. Seu pedido de desculpas deu ao relacionamento uma chance de viver.

Seu pedido de desculpas precisa ser mais do que uma expressão de arrependimento.

Uma expressão de arrependimento é *intrapessoal*, é algo que você oferece por e para si. Isso revela como você se sente a respeito de seu comportamento, não a respeito da pessoa que você magoou. Passa uma mensagem: "Sinto muito pelo que fiz. Provavelmente não valeu as consequências que estou sofrendo." Isso não necessariamente reconhece que você se importa com a parte magoada ou sequer que acredita que o que fez foi errado. Pode não ser nada além de uma expressão de incômodo por você ter causado um problema para si e deixado sua vida mais complicada. Já um pedido de desculpa é *interpessoal*. Isso expressa tudo a respeito dos seus sentimentos pela pessoa que você magoou. E comunica, às vezes de maneira explícita, sua promessa de nunca mais magoá-la.

Em abril de 2001, um avião de reconhecimento estadunidense voou pelo espaço aéreo da China e colidiu com um jato militar chinês. O presidente Bush expressou publicamente pesar pela perda de um piloto chinês. O secretário de Estado Powell por fim acabou usando a palavra "lamentar", mas ela foi traduzida para um termo chinês que não traz reconhecimento algum pela culpa. Essas nuances linguísticas retratam a delicada arte do perdão. Os chineses insistiram até que a administração estadunidense usasse uma palavra que implicasse que "quem fala reconhece a transgressão".[24]

Um pedido de desculpas precisa ser mais do que a "cereja de um bolo rançoso".

Quando magoa uma pessoa, você pode demonstrar remorso ao fazer coisas boas para ela. Mas esses comportamentos amáveis, por mais sinceros que sejam, não substituem um pedido de desculpas simples e sincero. Como dádivas colaterais, eles podem transmitir o desejo honesto de querer fazer as pazes, mas não são o suficiente para valer o perdão. Chamo essas ofertas indiretas de *cerejas de um bolo rançoso*.

A mãe de um dos meus pacientes, David, tentou conquistar o perdão do filho em seus últimos dias de vida. Durante a venda de sua casa no ano anterior, ela o acusou de roubá-la. Ofendido e aviltado, David contratou um contador e provou que ela, na verdade, devia mais de cem mil dólares a ele. Não só ela não se desculpou, como o atormentou com sua frase favorita: "Maomé nunca vai até a montanha. A montanha vai a Maomé." Alguns meses depois, na tentativa de conquistar o afeto dele, ela ofereceu-lhe sua cristaleira: "a cereja de um bolo rançoso".

"Acho que aquela era a ideia que minha mãe tinha de uma oferta de paz", contou-me David, "mas não aceitei. Como ela pôde ter questionado minha honestidade? Eu fui um filho muito bom. Eu a amo e quero que a gente tenha um relacionamento, mas ela dificulta muito isso."

Um ano depois, o câncer de pulmão avançara e, com ela já internada em um hospital para doentes terminais, David finalmente disse:

— Antes de você partir, gostaria que me fizesse um favor — começou ele. — Gostaria que se desculpasse por dizer que roubei você.

A mãe dele pegou sua mão e disse:

— Eu errei, filho, e sinto muito por ter magoado seus sentimentos. Você nunca me deu motivos para desconfiar de você. Essa coisa de desconfiança vem com a idade. A gente se sente mais vulnerável, mais ansiosa. É coisa minha, não é com você. Você tem sido um garoto maravilhoso.

Ela sorriu e acrescentou:

— Agora pode ficar com a cristaleira?

Há pouco tempo, eu estava em um trem ao lado de uma mulher que segurava um buquê de rosas de hastes longas. Sempre disposta a ouvir uma boa história, comentei:

— Posso perguntar qual é a ocasião?

Ela respondeu com um brilho débil nos olhos:

— É um pedido de desculpas.

— Você deve ter feito algo muito ruim mesmo — brinquei.

— Eu não — sorriu ela. — Ele.

Apontei para as flores.

— E isso aí funcionou?

— De jeito nenhum! — rebateu ela.

— O que ele precisa fazer? — perguntei. — Ir direto à raiz do problema?

— Pode apostar que sim — respondeu ela.

Todas essas histórias demonstram uma lição básica sobre o perdão: se você quer curar uma ofensa, não pode simplesmente se divertir com a pessoa ou oferecer presentes superficiais. Você deve ir direto à raiz da dor que causou.

Exemplos de pedidos de desculpas ruins

Um pedido de desculpas ruim é tudo o que um bom pedido de desculpa não é. Com ele, você nega, descarta ou dispensa a ofensa. Você transmite estar absurdamente irritado por ter de consertar a situação. Você deixa a parte magoada ciente de como o processo de conquistar o perdão é entediante e ridículo. Você pede desculpas de um jeito que impede a cura e mantém a ofensa viva.

Aqui estão alguns exemplos de pedidos ruins:

* O pedido de dois segundos: "Foi mal."
* O pedido estéril: "Sinto muito por seja lá o que eu tenha feito de errado."
* O pedido que se esquiva da responsabilidade: "Me desculpe *se* eu magoei seus sentimentos."
* O pedido mal endereçado: "Lamento que seus sentimentos tenham sido feridos."
* O pedido indiferente: "Como já disse, me desculpe."
* O pedido vingativo: "Vou lhe mostrar o que significa sentir muito."
* O pedido de má vontade: "Já *falei* que sinto muito. O que mais você quer?"
* O pedido de praxe: "Sei que vou ficar numa situação difícil até pedir desculpas, então aqui está."
* O pedido "sim... mas", que desvia da culpa: "Desculpe por ter feito tal coisa, mas você também não é nenhuma Madre Teresa."
* O pedido "Ah, que droga": "É, foi mal, amigo."
* O pedido subserviente: "Eu sinto muito, eu sinto muito, eu sinto muito (mas não me pergunte por quê)."
* O pedido depreciativo: "Sinto muito por ter pisado no seu ego do tamanho do mundo."
* O pedido exagerado e manipulador: "Eu me odeio pelo que fiz. Será que um dia você vai conseguir me perdoar?"
* O pedido que induz à culpa: "Você precisa mesmo que eu peça desculpas por *isso*?"

Um exemplo de um bom pedido de desculpas

Alex, um médico de meia-idade, manteve um relacionamento emocional e sexual com uma parceira de negócios de outro estado durante os 16 anos de seu casamento. Kate, a esposa, foi criada por um pai alcoólatra e predador sexual, e levou para a vida adulta o medo da raiva e do confronto. Alex também tinha problemas com bebida. Isso e um tom condescendente tornavam impossível para Kate gostar do sexo com ele. Quando Kate descobriu que Alex estava levando uma vida dupla, ele deu fim ao caso amoroso. Na terapia de casal, ele escreveu para Kate a seguinte carta, que captura muitos elementos de um bom pedido de desculpas:

Me desculpe, Kate. A lista das coisas pelas quais devo me desculpar é longa e difícil de escrever. Começando de trás para a frente, sinto muito por ter trazido você (nós) até esse ponto [...]. Espero que eu seja capaz de expressar esses pensamentos de modo que transmitam a sinceridade do meu remorso e do meu desejo verdadeiro de reconstruir nosso relacionamento [...]. Sinto muito por ter passado tanto anos em uma névoa alcoólica, ignorando seus alertas sempre tão carinhosos e virando as costas para a presença de um demônio, agora evidente, que persegue famílias em todo lugar. Alcoolismo nunca é coisa boa, mas, no nosso caso, é duplamente ruim, porque traz todo o horror daquele aspecto da sua infância. E da minha. O alcoolismo debilitou minha capacidade de encarar a realidade, distorceu minha personalidade e, o que é mais devastador, erigiu um muro entre nós.

Sinto muito por ter deixado você criar as crianças em grande parte sozinha. Enquanto eu me escondia das minhas falhas em cavernas — trabalho, álcool e alguém além de você —, você trilhou o caminho árduo de cuidar dos nossos filhos sem o conforto e a ajuda que eu devia ter proporcionado. E você fez isso com maestria, até mesmo preservando para mim um espaço de amor na vida deles. Teria sido tão melhor ter dividido a angústia sobre os problemas deles comigo, não é? Agora entendo que teria sido de grande ajuda para o nosso relacionamento e para as crianças.

No que diz respeito à nossa relação física, também decepcionei você sob vários aspectos. Em vez de trabalhar em algo que nenhum de nós entendia muito bem, tornei isso impossível. Primeiro ao destruir o relacionamento pessoal e emocional que é essencial para uma vida sexual feliz. Deveria ter sido um aprimoramento, uma ampliação do comprometimento entre nós. Em vez disso, removi a fundação. Depois acrescentei o álcool, trazendo medo do passado desconhecido e fazendo você se sentir usada e nem um pouco amada. Por fim, traí nosso vínculo matrimonial, e fiz de você uma mulher traída e depreciada, em vez de sagrada. Essas coisas não podem ser apagadas como se nunca tivessem acontecido. São atitudes irreparáveis. O débito é imenso, e não há dúvidas de que nunca poderá ser totalmente quitado. Mas, se houver alguma chance de reconquistar sua confiança, eu vou tentar.

"Você nem era bom comigo." Confesso que fiquei perplexo ao ouvir você dizer isso. Agora sei que é verdade e me sinto péssimo. Espero substituir esse comportamento vergonhoso com atitudes que façam você enxergar que, embora sejamos diferentes sob muitos aspectos, eu respeito, admiro, amo e, de fato, estimo você.

A lista poderia continuar por páginas e páginas. Os detalhes dolorosos poderiam ser explicados com todas as letras. Pelo menos essas coisas precisam ser ditas. Dizer, com certeza, é mais fácil do que fazer, mas espero que essa carta seja um começo.

Tarefa crucial 4: Busque entender seu comportamento e revelar para a pessoa que você magoou a verdade a seu respeito, por mais vergonhosa que seja.

Quando a pessoa magoada pergunta para você "Por que você fez isso? Por que me magoou?", e você responde "Eu não sei", é provável que ela fique uma fera. Se você não tem a menor ideia, por que não a magoaria de novo? Por que ela deveria se sentir segura ao seu lado? Por que deveria perdoá-lo?

O hábito de Pete de marcar um encontro com a esposa às duas horas e só aparecer às quatro, sem avisar, pode ter se desenvolvido por ele ter dificuldade em organizar o próprio tempo ou por acreditar que seu tempo era mais valioso do que o dela. Para que a esposa o perdoe, ele precisa vasculhar bem a fundo em seu próprio íntimo para descobrir o que sua ofensa revela a respeito de si e de sua atitude em relação a ela.

Não há muito a ser feito para remediar a situação depois que ofendemos uma pessoa. Não há como refazer nosso comportamento. Não há como fazer a dor ou a devastação causadas desaparecerem. Mas é possível dedicar um tempo à tentativa de descobrir o que nos levou a agir de tal forma e depois confiar à parte magoada o que descobrimos.

Se você tende a não se confrontar criticamente e hesita em revelar suas muitas falhas para os outros (o que abrange a maior parte de nós), talvez seja bom explorar suas questões com a ajuda de um terapeuta. É fácil dar explicações rasas e egoístas, mas esse é um trabalho vazio e insignificante, não é o caminho para o perdão. É preciso estar disposto a encarar a realidade dura a nosso respeito que, em algum grau, sabemos que é verdade, mas lutamos com todas as forças para não reconhecer. Resista ao impulso injustificado de culpar os outros, de olhar para eles sob o pior prisma possível e se agarrar à sua história "oficial", que mantém sua inocência.

Explore as fontes do seu comportamento.

Suas palavras ou ações ofensivas podem ser uma resposta automática e banal a qualquer um que pareça ameaçar você, e elas falam mais a seu respeito do que sobre a pessoa que você magoou. Você pode ler mais sobre isso e outros fatores-chave na Parte Três deste livro, Aceitação.

Vocês dois precisam entender que esse exercício da autodescoberta, esse voltar-se para dentro, não significa descartar ou diminuir o que você fez. Você está apenas tentando esclarecer suas vulnerabilidades para poder se comportar de uma forma mais consciente e cuidadosa no futuro.

Ao confrontar o motivo para ter magoado uma pessoa, incentivo você a se perguntar estas questões difíceis:

* O que me deu permissão para violar os direitos do outro — para desvalorizá-lo e tratá-lo sem o menor respeito?
* No que eu estava pensando? Eu sequer estava pensando?
* Como justifiquei o que fiz? Como me dei permissão para agir daquele jeito?
* O que posso aprender sobre mim com tudo isso? Que comportamento foi esse? O que *eu* sou?

Por que esse trabalho é necessário?

Talvez você esteja se perguntando: "Por que preciso analisar meu comportamento e expor meu íntimo sombrio? É para me humilhar no intuito de fazê-la se sentir melhor? É para me punir?"

Talvez ajude reformular essa tarefa e vê-la mais como uma maneira de desenterrar suas falhas e criar um cenário em que o perdão possa ter lugar. É provável que sua disposição em se esmiuçar abertamente e chamar para si a responsabilidade por suas questões ajude a pessoa magoada a confiar em você como alguém que, por vontade própria, quer assumir o controle do próprio comportamento.

"Mas toda essa autoanálise vai validar meu remorso e convencê-la de que estou 'curado'?", você pode se perguntar. Não, é claro que não. O autoconhecimento por si só não vai tornar um parceiro infiel em um fiel, não vai dar a um pai abusivo mais autocontrole nem vai fazer um chefe insensível ser mais afável. Mas, sem o autoconhecimento das origens e do significado do seu comportamento — ou, mais especificamente, *sem sua disposição em se interessar por essas questões* —, a parte magoada não vai ter por que confiar em você outra vez, que dirá perdoá-lo.

Karen se viu incapaz de perdoar o marido infiel. "E por que eu deveria", perguntou ela em nossa sessão, "quando ele não consegue entender por que tomou outro caminho?" Durante dois anos, Karen considerou se devia voltar com ele ou dar entrada no divórcio. Ao longo de todo esse tempo, o marido se recusou a entrar na terapia com ela ou discutir o relacionamento. "Ele diz que não consegue olhar para trás, que algo aconteceu com ele na infância, algum tipo de abuso que teria consequências catastróficas se ele as revelasse", contou-me ela. "Ele me diz que nunca mais vai ter um caso, porque está tomando remédios para hipertensão, o que o deixa impotente. E isso deveria fazer eu me sentir segura? Eu disse a ele: 'Preciso que você entenda e que me ajude a entender por que me traiu. Que me deixe saber seus segredos e trabalhe comigo para fazer nosso casamento ser mais sólido e amoroso.' Sabe, não é exatamente a traição que faz o comportamento dele ser imperdoável. É essa má vontade em conversar sobre o assunto ou compreender a situação. Estou na corda bamba. Ele está ocupado demais protegendo os próprios sentimentos para dar atenção aos meus."

Partes magoadas como Karen precisam de mais do que palavras de remorso. Precisam ser convencidas de que você mudou para valer, em particular se elas estiverem pensando em reconciliação. "Ele diz que sente muito e não vai fazer mais isso", disse-me Karen. "Mas como posso ter certeza de que está sendo sincero? Como posso ter certeza de que ele mudou para valer? E se eu me abrir e tomar uma pancada outra vez?"

Responder "Não vai mais acontecer" não vai gerar muita confiança. É melhor dizer: "Não vai mais acontecer porque eu vi o que meu comportamento fez com a gente e não quero que isso se repita." Porém, o melhor é dizer — e demonstrar: "Não vai mais acontecer porque agora tenho uma compreensão mais profunda sobre mim. Estou mais consciente das minhas origens. Sei das minhas vulnerabilidades, o que me irrita e como tendo a reagir. Quando vejo o que não gosto em mim mesmo, não olho para o lado ou culpo você, como eu costumava fazer. Olho com mais atenção para mim mesmo."

Passagem das explicações de Nível 1 para as de Nível 2

Ao responder à pergunta "Por que fiz o que fiz?", suas primeiras respostas podem ser rasas ou insinceras. Chamo isso de explicações de Nível 1. As de Nível 2 vão mais a fundo e costumam ser incômodas pelo que revelam a seu respeito. Elas exigem honestidade, percepção e humildade.

Aqui estão três explicações do Nível 1. Elas passam para o Nível 2 à medida que você se aprofunda em si mesmo e se aproxima da verdade.

Exemplo 1: Quando Ron, um advogado, deu fim ao caso com uma mulher que trabalhava no mesmo tribunal, ele concordou em contar para Amelia, sua esposa, sempre que precisasse ir até lá. Um dia, Amelia passou de carro pelo tribunal e viu o dele no estacionamento. "Por que você quebrou sua promessa?", perguntou ela naquela noite. "Por que quer destruir minha confiança em você de novo?"

Entre as explicações de Nível 1 de Ron estavam: "Esqueci de te ligar." "Não tive tempo." "Passei lá só para pegar uns documentos." "Ela não trabalha lá às quintas, então achei que não seria importante para você saber."

Ron concordou em ser mais honesto consigo mesmo e com Amelia. Ao passar para o Nível 2, ele admitiu para ela: "Percebi que é importante para você saber onde estou. Mas há algo em ser muito confiável — algo referente a saber como isso é importante para você — que torna difícil, para mim, lhe dar o que deseja. Ligar para você faz eu me sentir um prisioneiro que precisa atender às exigências do carcereiro. Ainda estou lidando com o controle do meu pai, ainda me sinto desafiando a vontade dele, e você acabou indo parar no meio disso tudo."

Exemplo 2: As filhas adolescentes de Stephen o confrontaram a respeito de seu temperamento explosivo. Operando no Nível 1, ele tentou explicar: "O mundo é duro. Preciso ser rígido e ensinar vocês a serem fortes. Quando me provocam, vocês me levam ao limite."

Sua resposta de Nível 2 foi mais ponderada. Em uma carta às filhas, escreveu: "Vocês perguntam por que ajo assim. Acho que sou resultado do meu passado. Meu pai era maníaco-depressivo. Ele permanecia calado por dias e depois explodia. E, quando isso acontecia, eu ficava destruído. Eu não conseguia falar com ele, mas jurei que nunca mais deixaria ninguém me tratar como lixo. Sei que perco o controle com facilidade. Levo as coisas muito para o lado pessoal. Mas saibam que essa minha raiva é uma máscara. Ela me faz sentir forte e me faz achar que estou no controle. É como se eu erguesse um escudo contra a humilhação, a sensação de desamparo que estou vivenciando na hora. Nunca quis ser como meu pai. E, vejam só, acabei sendo e odeio isso."

Exemplo 3: Um ano depois do nascimento da filha, Tory disse a Warren, seu marido, que queria o divórcio. A princípio, ela ofereceu uma explicação de Nível 1 para sua frieza: "Estou só respondendo à maneira como você me trata."

Ao voltar-se para seu passado, Tory passou para o Nível 2: "Cresci com um pai que guardava um registro do meu comportamento trancado em um armário de cozinha. Toda vez que ele achava que eu tinha sido malcriada, ele acrescentava uma estrela dourada. Quando eu chegava a dez — e eu nunca sabia quando isso acontecia —, ele me dava uma surra de cinto. Minha mãe nunca fazia nada por mim. Aprendi que relacionamentos eram perigosos e que, se eu quisesse sobreviver, teria de contar só comigo mesma. Por que será que achei que um casamento seria mais fácil?

"No que diz respeito a nós, fico com raiva se você não olha para mim quando estou falando com você, quando monopoliza a conversa, quando não me pergunta o que eu acho. Presumo que você não me respeita. Entendo que esse é o seu jeito: às vezes egocêntrico e distraído. Se eu não reagisse de maneira extrema, poderia chamar atenção para esse seu comportamento padrão, e você provavelmente se esforçaria mais. Você tem defeitos, mas não é má pessoa. Eu sou fria desde o início porque esperava que você fosse me machucar. Nunca dei uma chance de verdade para o nosso casamento. Eu já estava fora dele antes mesmo de assinar os papéis."

Tarefa crucial 5: Se empenhe para reconquistar a confiança.

Suas palavras transmitem sua intenção. Seu comportamento demonstra sua capacidade de mudar. Para merecer o perdão, precisamos respaldar nossas palavras de remorso com atos de arrependimento. Tão importante quanto o "Sinto muito, não vou fazer isso de novo" são os gestos concretos e corajosos, dia após dia, que enfatizam o quão a sério estamos levando o que dizemos.

Atos concretos de expiação e restauração da confiança

Aqui estão quatro modos de restaurar a confiança e demonstrar seu desejo de produzir uma mudança permanente.

1. Comprometa-se com comportamentos de baixo e de alto custo para reconstruir a confiança.

No meu livro sobre se recuperar de uma infidelidade, *Depois do caso*, desenvolvi o conceito de comportamentos de baixo e de alto custo para reconstruir a confiança. O "custo" se refere a uma despesa emocional, não necessariamente financeira, do ofensor.

Um comportamento de baixo custo para reconstruir a confiança é algo que pode ser feito com regularidade e certa facilidade para demonstrar a sinceridade da sua penitência. Um comportamento de alto custo demanda muito mais de você. Muitas vezes envolve um grande sacrifício que faz você se sentir desconfortável, na defensiva e ou cheio de resistência. Ao escolher os atos de expiação adequados, você precisa dar à parte magoada o que importa para *ela*, o que *ela* precisa para confiar em você de novo. Não há fórmula nem prescrição para a cura. Apenas fique atento a uma resposta anêmica: pode ser tarde demais. Talvez peçam de você uma intervenção significativa — não só algumas gotas de sangue, mas uma transfusão. É melhor errar para mais do que para menos.

No que diz respeito a documentar seu arrependimento, não presuma que vocês estejam na mesma página. Recomendo que identifique as necessidades dela, seja perguntando o que exatamente pode fazer para reconquistar sua confiança, seja fazendo sugestões e pedindo que ela avalie a importância delas.

Se quer ser perdoado por ter tido um caso, comportamentos comuns e com um custo baixo para reconstruir a confiança podem ser:

* mudar de número de telefone para que a ex-amante não consiga entrar em contato com você;
* incentivar sua parceira a ligar para você a qualquer momento;

- deixar sua parceira ciente o mais rápido possível caso você encontre a outra pessoa ou tenha notícias dela;
- dar à sua parceira uma cópia mensal do seu telefone e das faturas do cartão de crédito;
- mandar e ler e-mails apenas na presença da sua parceira; e
- dizer à sua parceira quando se sentir furioso ou irritado com ela, em vez de guardar seus sentimentos, como você já deve ter feito no passado.

Entre os comportamentos com um custo alto estão:

- mudar de emprego se você e a amante trabalham no mesmo lugar;
- mudar de casa ou bairro se você e a amante são vizinhos;
- terminar formalmente seu relacionamento com a amante na presença da sua parceira; e
- colocar uma parcela significativa das suas economias no nome da sua parceira.

Aqui estão alguns comportamentos com custo alto e baixo que podem ser usados para remediar outras ofensas:

- explorar traumas da sua primeira infância na terapia e escrever uma carta para a parte magoada revelando o que você aprendeu sobre si e sobre seu comportamento atual;
- reconhecer a verdade das acusações da parte magoada tanto para ela quanto para aqueles que importam para ela (cônjuge, filhos);
- respeitar a necessidade de distância dela (nada de toques ao se cumprimentarem se esse for um desejo dela);
- não pressioná-la para perdoá-lo.

2. Preencha um Formulário de Pensamento Disfuncional (FPD)

Outra forma de comunicar seu remorso é preenchendo um Formulário de Pensamento Disfuncional (FPD). Desenvolvido por Aaron Beck,[25] esse formulário ajuda a responder às ideias negativas ou distorcidas que moldaram a forma como percebemos a pessoa que magoamos, como nos sentimos em relação a ela e de que maneira a tratamos. Veja como preenchê-lo.

Formulário de Pensamento Disfuncional

1. Descreva a situação: os fatos	2. Descreva como se sente	3. Registre seus pensamentos automáticos	4. Registre suas ideias corrigidas

Na primeira coluna, anote os fatos objetivos: o que aconteceu, à parte de quaisquer pensamentos ou sentimentos que você possa ter em relação a isso. Na segunda, descreva as muitas maneiras como você se sente: ofendido, humilhado, desafiado, furioso, ansioso, frustrado, deprimido e assim por diante. Na terceira coluna, escreva seus pensamentos automáticos: aqueles que simplesmente passam pela sua cabeça. Não edite ou os embeleze, apenas escreva sem pensar muito. Na quarta, tente voltar a esses pensamentos automáticos e identificar erros na sua forma de raciocinar. Por trás desse exercício, está a ideia de que nossos pensamentos alimentam nossas emoções, mas costumam ser irracionais ou equivocados. Quando corrigimos nossas ideias, nossa resposta emocional também muda e se torna menos reativa, mais calibrada às realidades da situação. Para uma descrição mais detalhada de como desafiar pensamentos desajustados, recomendo *A mente vencendo o humor*, de Dennis Greenberger e Christine A. Padesky, e *Antidepressão: a revolucionária terapia do bem-estar*, de David D. Burns.

Vejamos a situação de Maria, uma paciente que usou o FPD e seu "exercício de restruturação cognitiva" para conquistar o perdão do marido.

Maria cresceu em uma família italiana grande e barulhenta. "Todo mundo falava ao mesmo tempo." A gente aprendia a levantar a voz para ser ouvida. Minha mãe tinha um temperamento infernal e brigava comigo e com minha irmã o tempo todo, mas nós respondíamos na mesma moeda, e as coisas ficavam bem feias. Meu marido, George, vem de um planeta totalmente diferente. A família dele ignora conflitos e tende a viver em silêncio. Quando fico com raiva, eu esbravejo. Para mim, a raiva é uma liberação. Não significa nada. Para ele, é o fim do mundo. Não há dúvida de que ele me provoca, mas eu também coloco lenha na fogueira. Acho que ele se cansou de mim. Talvez a gente esteja a uma briga de se separar."

Veja como Maria preencheu o formulário.

Coluna 1: Descreva a situação. Estávamos dando uma festa, então pedi que ele pendurasse quatro vasos de flores do lado de fora enquanto eu resolvia algumas coisas. Ele estava em casa com nossos dois filhos pequenos. Quando cheguei, três horas depois, ele não tinha feito nada, e o computador estava ligado.

Coluna 2: Descreva como se sente. Estou com ódio. Quero matá-lo.

Coluna 3: Registre seus pensamentos automáticos. Pedi a ele que fizesse uma porcaria de uma coisa para mim e ele não fez. Eu tenho mesmo que fazer tudo sozinha? É claro que ele ainda arruma tempo para jogar no computador.

Coluna 4: Desafie seus pensamentos automáticos. Pergunte-se: Minhas ideias são precisas? Minhas ideias são úteis? Minha resposta é do meu feitio? O que posso fazer de diferente?

Minhas ideias são precisas? A verdade é: George fez muito pela família hoje. Ele levou as crianças ao parque e capinou o jardim enquanto eles brincavam no quintal. Ele não pendurou as plantas, como me contou depois, porque não se sentiu confortável em estar em cima de uma escada com ferramentas elétricas enquanto as crianças corriam à sua volta. Ele ligou o computador por um minuto enquanto as crianças faziam um lanchinho.

Minhas ideias são úteis? Tirei conclusões precipitadas e polarizei nós dois: sou perfeita, ele é incompetente. Trabalho muito, ele é preguiçoso. Então falo com ele cheia de desdém, o que faz ele me odiar e querer fazer menos ainda.

Minha resposta é do meu feitio? Sim. Preciso me acalmar e observar meu tom de voz. Cresci em uma família muito diferente da de George, onde se lidava com conflitos de outra forma. O que parece benigno para mim é letal para ele — e para nós. Eu perco controle rápido demais e saio atacando.

O que posso fazer de diferente? Eu podia ter perguntado a ele o que aconteceu em vez de presumir o pior. Ou então qual seria o melhor momento para ele fazer o que pedi. Isso é importante para ele. Tenho de tornar isso importante para mim. Mudar o que ele quer que eu mude não vai me machucar. Na verdade, eu me sentiria melhor comigo mesma se tentasse.

Ao analisar as ideias por trás de seu comportamento, criticando-as e oferecendo respostas novas e mais construtivas, Maria demonstrou que estava falando sério a respeito de se tornar uma parceira mais compreensiva. O que ela disse, na verdade, foi: "Para que você me perdoe, para mim não basta me desculpar ou assumir meu comportamento. Preciso mudar a maneira como trato você. Quero fazer isso. Vou trabalhar para que isso aconteça."

3. Bilhetes de Constatação

Bilhetes de Constatação são cartões ou e-mails curtos que você manda com o intuito de demonstrar que está incomodado por seu próprio comportamento e está tentando mudar. Eles ajudam você a ir além das expressões genéricas de arrependimento ou promessas de mudança e compartilham *insights* específicos a seu respeito que tornam sua penitência mais crível.

Victor era o típico evitador de conflito. Quando algo o incomodava, ou ele não processava a coisa de modo consciente ou abafava seus sentimentos, dizendo a si mesmo que falar sobre o assunto não traria nada de bom, que sua esposa só se sentiria criticada e daria o troco. Por anos, ele guardou suas tristezas, camada em cima de camada.

Depois de 15 anos de casamento, Victor teve um caso com uma mulher que conheceu na internet. Quando Beth, a esposa, descobriu — o filho deles, um jovem com idade para ir para a faculdade, tinha lido escondido os e-mails pornográficos do pai durante meses —, Victor ficou louco de vergonha e concordou em realizar diversas tarefas para fazer a esposa se sentir segura e amada. Uma delas era preencher Bilhetes de Constatação.

Primeiro, Victor parou para ouvir o que Beth mais precisava que ele fizesse para restaurar a confiança. Ela disse a ele: "Quero saber quando você estiver infeliz. Você sempre é muito gentil comigo, muito generoso, muito envolvido. Mas não sei o que se passa dentro de você. Como posso saber quando faço algo que afasta você? Preciso que venha até mim e *me* diga, não para outra pessoa. Para algum estranho. Nem mesmo um terapeuta."

Então Victor começou a se dedicar a isso: a se interessar por seus sentimentos e escrever sobre eles em um diário todo dia, lutando contra sua propensão natural a reprimir conflitos. Quando algo o incomodava, ele escrevia um Bilhete de Constatação e o entregava para Beth.

Um dia, ele comprou flores no supermercado e as levou para casa. "As flores de lá não são muito frescas", lembrou Beth a ele. "E, para o futuro, vamos precisar de dois buquês para encher o vaso."

Victor parou e registrou o que sentiu. No passado, ele teria reprimido a raiva até se acalmar o suficiente para enterrá-la. Dessa vez, ele escreveu um cartão para Beth, que dizia: "É difícil admitir isso, estou muito acostumado a abrir mão do conflito. Seu comentário me fez sentir como se tivesse levado um chute na bunda. Ache o que quiser das flores, mas preciso ouvir você dizer que reconhece meus esforços. Preciso ser capaz de agradar você."

Beth sentiu um formigamento ao ler o cartão, mas também o encarou como um ato de arrependimento e intimidade. "É melhor do que sufocar seus sentimentos e expressá-los na cama com outra pessoa", disse a ele.

4. Planeje uma cerimônia para renovar o compromisso.

É importante tomar a iniciativa aqui e planejar os detalhes de uma forma que diga: "Isso é algo em que acredito e escolho fazer." Você pode conduzir a cerimônia na frente de seus filhos, parentes ou amigos mais próximos, mas não necessariamente diante de um público.

Leia em voz alta o que prometeu fazer pela pessoa que você magoou, assuma a responsabilidade pelo futuro do relacionamento e do restabelecimento de um vínculo seguro e afetuoso. Diga, por exemplo: "Prometo me dedicar constantemente a fazer você se sentir segura e amada. Prometo parar de beber e frequentar reuniões do AA pelo menos seis vezes por semana. Prometo não guardar meus sentimentos, mas conversar com você quando me sentir magoado ou irritado." A outra pessoa então recita suas próprias promessas.

Todos esses exercícios foram concebidos para ajudar você a fazer a parte magoada se sentir segura, valorizada e cuidada, além de aprofundar o processo de perdão. O tempo sozinho não vai tornar as coisas mais confortáveis para vocês.

Tarefa crucial 6: Perdoe-se por ter magoado outra pessoa.

Quando magoa uma pessoa, você se rebaixa. Quando trabalha para conquistar o perdão, você não apenas demonstra consideração por ela, mas também por si mesmo. Uma "convalescência espiritual"[26] acontece quando você cumpre sua obrigação de confrontar e corrigir o dano causado por você a outro ser humano.

Para que você precisa se perdoar?

Eis alguns comportamentos pelos quais você pode querer se perdoar:

* Você teve uma reação exagerada em relação a uma pessoa e respondeu de modos ofensivos ou vingativos.
* Você tratou uma pessoa injustamente porque também foi tratado assim. Você a submeteu ao mesmo abuso que viveu quando criança.
* Humilhou outra pessoa para elevar sua própria autoestima frágil.
* Desprezou uma pessoa por ela não alcançar seus padrões inatingíveis.
* Agiu mal com alguém porque não conseguiu encarar sua própria culpa e cumplicidade.
* Você não conseguiu controlar seu vício e colocou em risco a segurança e o bem-estar daqueles à sua volta.
* Você quebrou promessas ou infringiu a lei deliberadamente.

Esses são apenas alguns exemplos. Por eles e outros mais, incentivo que você se desculpe, busque consertar seus erros e mereça o Autoperdão Genuíno.

O que é necessário para se perdoar?

Existe muita controvérsia acerca do que é exigido de você, ofensor, para se perdoar. O Autoperdão é uma dádiva gratuita e incondicional que oferecemos para nós mesmos ou um prêmio que demanda muito esforço? É um bálsamo de cura para a culpa que nos inspira a agir melhor ou um anestésico conveniente que embota nossa percepção da dor que causamos e ameniza nossa responsabilidade por ela? Quanto do processo acontece em nossa mente e quanto acontece na interação com a pessoa ofendida? Contrariando a crença popular, acredito que o Autoperdão pode e deve ser merecido, e que, à medida que executamos atos significantes de reparação, podemos nos curar.

É possível abordar o Autoperdão de quatro maneiras.

Abordagem 1: Você se recusa a se perdoar.

Algumas pessoas não vão se perdoar pelo que fizeram, não importa o quanto estejam pesarosas ou arrependidas, não importa se a parte magoada os perdoa ou não. Essa resposta não é saudável, intensificando depressão, ansiedade e baixa autoestima.[27] Quando você se incrimina de maneira implacável e opressiva, não há espaço para expiação ou redenção, e não há penitência que chegue para liberar você dessa culpa. Como observa Harriet Lerner: "Como podemos nos desculpar por algo que somos em vez de por algo que fizemos?"[28]

Jon, um advogado de 35 anos, é o caso em questão. Depois de dormir com a cunhada, ele se sentiu tão desprezível que não conseguiu lutar para reconstruir seu casamento. Com a alma em frangalhos, acreditava que merecia ser punido para sempre e saiu de casa. Contudo, ele e a esposa se mantiveram na terapia, onde ele continuou admitindo sua parte da culpa. Com o tempo, ela o chamou para voltar para casa e se dedicar a começar uma família, mas ele recusou. "Não acho que eu seria um bom pai", contou-me ele. "Não acho que a criança iria me amar, ou que eu fosse amá-la o suficiente." A incapacidade de Jon de se encarar sob um prisma compassivo e benevolente — como uma pessoa digna de amar e ser amada — o impediu de buscar o perdão da esposa. Com o tempo, ela desistiu dele e deu entrada no divórcio. Ela fez inseminação artificial e teve um filho em maternidade solo. Jon largou a terapia. Hoje ele vive sozinho, dominado pela vergonha e pela sensação de que é indigno.

Abordagem 2: Você se perdoa fácil demais (Autoperdão Barato).

Você pode ter crescido com a crença de que sempre que magoa alguém o outro tem a obrigação moral de perdoá-lo, e você, por sua vez, tem o direito de se perdoar e se tratar com a mesma compaixão e generosidade de espírito que o outro estende a você. A ênfase é fazer você, ofensor, se sentir melhor em vez de fazer de você uma pessoa melhor. E, dessa forma, sem nenhum pudor em trabalhar pelo perdão, você se dá um substituto fácil e fútil.

Perdoar-se com muita rapidez, sem compreender seu comportamento ou reparar o dano diretamente com a pessoa ofendida, é uma forma rasa e conveniente de se libertar do sofrimento. Esse Autoperdão não merecido representa "o novo sedativo que não apenas cega [você] para [suas] transgressões, como também aumenta a chance de que essas transgressões ocorram sem culpa".[29] Livre de consciência moral, você escolhe uma sensação superficial de bem-estar em vez do autoconhecimento e do crescimento pessoal.

Alguns de nós se sentem tão bem quando se perdoam que querem cometer outro erro só para serem perdoados outra vez: em particular quando esse perdão demanda tão pouco deles. Algumas pessoas, segundo Marshall Frady, pecam repetidamente para vivenciarem "a maravilha do perdão e da redenção que regeneram a alma".[30] Em sua biografia sobre Martin Luther King, Jr., Frady reverencia as enormes conquistas sociais do dr. King, mas postula a necessidade vertiginosa de se envolver com "indulgências" e "conspirações sexuais" para vivenciar a limpeza espiritual subsequente que o arrependimento traz. "Pode não ser tão irreal sugerir", afirma Frady, que King "era impelido a se crucificar repetidas vezes por sua libertinagem com o intuito de renovar a alma. Seu objetivo era sempre a experiência de ressuscitar novamente em graça e reparação para seu chamado nobre".[31]

Você pode acreditar que o Autoperdão te motiva a confrontar e corrigir o mal que fez. Mas, muitas vezes, o que acontece é o contrário. Como observa Solomon Schimmel em seu livro genial, *Wounds Not Healed by Time: The Power of Repentance and Forgiveness* [Feridas que o tempo não cura: o poder do arrependimento e do perdão]: "Há um perigo ainda maior do que a promessa moral quando o autoperdão é incentivado em alguém com a consciência fraca, com níveis baixos de culpa e vergonha depois de uma transgressão. Uma pessoa assim precisa sentir mais culpa e vergonha, não menos."[32] Em outras palavras, o Autoperdão Barato pode liberar você da necessidade de confrontar e amenizar o sofrimento que causou.

Certa vez, em uma manhã de domingo, fui a um culto liderado por um bispo episcopal. Ao convidar a congregação a se levantar, ele pediu que cada um de nós pensasse em alguém que tivéssemos prejudicado e então que recitássemos o pai-nosso. Quando nos sentamos, com sorrisos afáveis para nós mesmos e uns para os outros, pensei: "Que moleza!" Em algum nível, me senti purificada. Mas, em outro, me senti desonesta e fiquei pensando: "Por que o bispo não diz para nós 'Agora, ao saírem deste santuário, vão até a pessoa que ofenderam e peçam desculpa'?"

Eu me senti impune e questionei se o fato de me perdoar daquela maneira rápida me inspiraria a assumir o árduo trabalho da reparação.

Abordagem 3: Você se perdoa depois de assumir a responsabilidade por seus atos, mas sem reparar a situação com a pessoa que magoou.

Ao seguir esse modelo, desenvolvido por Robert Enright, especialista em perdão, você se confronta e se critica por errar com outra pessoa, e substitui o "ressentimento por si" por "compaixão, generosidade e amor" para si mesmo.[33] Contudo, você não se sente na obrigação de se dirigir à parte magoada e consertar as coisas. Afirmo categoricamente que isso deixa de fora um elemento crucial do Autoperdão e o torna barato.

Abordagem 4: Você se perdoa, mas só depois de assumir a responsabilidade por seus atos e reparar a situação.

Quando você se desculpa diretamente com a pessoa que magoou, é provável que seu Autoperdão pareça mais merecido e, portanto, mais genuíno. Também é provável que você aprenda e cresça com a experiência, diminuindo a chance de repetir o erro.

Mas o que acontece quando a pessoa que você magoou está morta ou inacessível de alguma outra forma? Se o Autoperdão Genuíno deve ser conquistado, em que pé isso o deixa? Você ainda pode se perdoar? Eu diria que sim. Ainda há muito a ser feito para reconhecer sua violação, demonstrar arrependimento diante do mundo e de si e fazer-se sentir inteiro. Esses atos indiretos de reparação não vão recuperar o relacionamento, mas poderão ajudá-lo a se recuperar. Porém, quando não dá para fazer o bem diretamente à pessoa que você magoou, é improvável que seu Autoperdão traga uma sensação plena de satisfação, purificação ou completude.

Gandhi uma vez ensinou a um homem como se perdoar, embora sua vítima estivesse morta. O homem, um hindu fanático, arrebentou a cabeça de uma criança muçulmana contra um muro em retaliação pelo assassinato do próprio filho, e logo se viu assolado pelo pesar. "Sei como sair do inferno", disse Gandhi. "Encontre uma criança. Uma que um dos pais tenha sido assassinado [...] e crie essa criança como sua. Apenas se certifique de que ela seja muçulmana e que você a crie desse jeito."[34] Adotar o menino seria um retorno relativamente fácil. Mas criá-lo como muçulmano teria obrigado o hindu a reconhecer, dia após dia, que nenhum grupo de pessoas, nenhum conjunto de crenças, é superior a outro — uma percepção que "o redimiria e permitiria que ele voltasse a se sentir humano".[35]

Se a pessoa que você prejudicou estiver indisponível, siga o conselho de Gandhi: tenha humildade e pague sua penitência todos os dias de algum modo diretamente ligado à sua ofensa. Isso vai ajudá-lo a restaurar seu senso de decência. Você também pode sentir pena de si mesmo como uma vítima das condições que despertaram sua pior versão — outro componente do Autoperdão.

E surge mais uma questão: o que acontece quando a pessoa que você magoou está disponível, mas se recusa a perdoá-lo, mesmo que você tente consertar as coisas do modo mais sincero possível? Ainda assim você é capaz de se perdoar? Aqui mais uma vez respondo com o "sim... mas" — e pelos mesmos motivos. *Sim*, você pode se empenhar unilateralmente e fazer reparações humildes, que o desafiam e estejam diretamente ligadas ao sofrimento que causou. *Mas* saiba que o seu Autoperdão parecerá menos sólido quando a parte magoada não considera seus esforços.

Um modelo para conquistar o Autoperdão

Proponho o seguinte modelo de cinco etapas para merecer o Autoperdão:

Etapa 1: Autoconfronto. Você confronta o erro que cometeu e o mal que causou. Se despe de todas as racionalizações arrogantes, todas as justificativas e desculpas egoístas, e tenta desobstruir a verdade. Talvez seja útil pedir à pessoa magoada que preencha as lacunas e diga exatamente como o seu comportamento a traumatizou.

Etapa 2: Autoavaliação. Você critica acidamente suas palavras e atitudes, sabendo que elas ofenderam outra pessoa e não representam sua melhor versão. Contudo, também coloca seu erro em perspectiva, reconhecendo que você é mais do que isso e identificando aspectos de si mesmo que valoriza. Ao merecer o perdão, você se lembra de que seus esforços para reparar a situação também são parte de quem você é e do que é capaz.

Etapa 3: Autocompaixão. Você analisa os motivos que levaram ao seu comportamento, desvelando todos os fatores — estresses, características de personalidade, influências biológicas, experiências de vida — que indicam a pessoa que você é hoje. O objetivo desse autoescrutínio não é desculpar o que você fez, mas sim ajudá-lo a sentir compaixão por si mesmo e abrir as portas para uma mudança.

Etapa 4: Autotransformação. Você faz o que pode para consertar as coisas — diretamente com a pessoa magoada, quando possível. Estre suas tarefas estão: confrontar sua resistência em conquistar o perdão; prestar atenção à dor que você causou; pedir desculpas de modo genuíno e responsável, sem estar na defensiva;

revelar a verdade em relação ao seu comportamento (o que isso diz a seu respeito); e se empenhar em reconquistar a confiança.

Etapa 5: Autointegração. Você aceita que nunca poderá consertar inteiramente o que fez de errado, mas permite que seus atos de penitência e reparação transformem a forma como você sente, conhece e trata. Você não vai necessariamente substituir o sentimento de autodesprezo por amor-próprio, mas se dará permissão — e motivo — para se sentir menos distante de si mesmo, mais integrado, mais inteiro. Aceita a culpa que lhe cabe, mas abre mão da necessidade de se punir e se desprezar continuamente. Você se empenha em criar uma narrativa que incorpore sua transgressão, mas de uma forma que acrescente significado e propósito à sua vida. Ao libertar as pessoas que você magoou da dor que elas sentem, você se liberta da sua.

Conclusão

Como escrevi em *Depois do caso*: "O Autoperdão não tira de você a responsabilidade por suas palavras ou ações, mas pode libertá-lo do autodesprezo e da 'sensação debilitante de perversidade' que faz você acreditar: 'Não consigo ser melhor.' Com o Autoperdão, olhamos com uma compaixão gentil para a nossa forma de ser e para os motivos que nos levaram a transgredir, recuperando o que mais valorizamos em nós."[36]

Eu acrescentaria aqui que o Autoperdão não trata apenas de se sentir eximido ou absolvido — sem dúvida, não tem a ver apenas com se sentir melhor. Tem a ver, sobretudo, com tentar merecer a redenção daqueles que você prejudicou e se empenhar em fazer com que *eles* se sintam melhor. Os dois objetivos estão entrelaçados, já que o empenho em curar o outro ajuda você a *se* curar. Portanto, sou contra a visão do Autoperdão como uma oferta para si mesmo, um ajuste de contas interno com o que você fez de errado. Incentivo você a encará-lo mais como um processo que começa quando você admite sua cumplicidade e recompensa diretamente a pessoa que magoou. Ao buscar o perdão dela, é provável que você vivencie o seu de uma maneira mais corajosa, mais substancial e mais instrutiva do que quando ele é apenas pessoal.

O QUE VOCÊ, PARTE MAGOADA, DEVE FAZER PARA CONCEDER PERDÃO

Sim, o ofensor deve trabalhar com afinco para merecer o perdão, para provar a sinceridade de seu remorso, para consertar seu erro, para aliviar sua mágoa. Mas o perdão é um projeto que envolve duas pessoas. Não é possível haver cura se o ofensor vai até você e você dispensa a oferta dele.

Três tarefas cruciais para conceder perdão

Não estou dizendo que você precise ou deva perdoá-lo. Mas, se vai considerar essa opção, eis o que precisa ser feito.

Tarefa crucial 1: Olhe para suas premissas equivocadas a respeito do perdão e veja como elas a impedem de concedê-lo.

Tarefa crucial 2: Conclua todos os dez passos da Aceitação — não sozinha, mas com a ajuda do ofensor.

Tarefa crucial 3: Crie oportunidades para o ofensor resolver a situação e ajudar você a se curar.

Examinemos cada uma dessas tarefas.

Tarefa crucial 1: Olhe para suas premissas equivocadas a respeito do perdão e veja como elas a impedem de concedê-lo.

Aqui estão diversas premissas equivocadas que você talvez tenha feito a respeito do perdão. Cada uma delas pode sabotar sua boa vontade em perdoar.

Suposição equivocada: Não posso entrar no processo de perdoar até que eu me sinta perfeitamente segura, confortável e pronta.

Não importa o quanto o ofensor esteja arrependido, talvez você nunca se sinta de fato pronta para perdoá-lo. Porém, se esperar até que isso aconteça, é provável que você espere a vida toda ou de todo o relacionamento. Mesmo com reservas, você talvez queira considerar dar a ele um sinal verde para se provar. Isso significa permitir que o ofensor saiba que, caso se empenhe em reparar a situação, você vai se empenhar em se abrir para ele, sem trazer à tona suas dúvidas e ansiedades a cada interação. Mantenha uma atitude negativa e desdenhosa, e ele vai acabar desistindo de você ou reagindo na mesma moeda — e que benefício isso traria?

Suposição equivocada: O perdão é uma indulgência unilateral. Não devo pedir nada em troca.

"O perdão não pode ser conquistado", argumenta Karlotta Shanahan, mestre em artes, conselheira clínica licenciada em saúde mental (da sigla em inglês LCMHC), na amável carta que me enviou após um dos meus *workshops* sobre infidelidade. "Concordo em que o parceiro infiel ou ofensor precisa se esforçar para reconquistar a confiança e demonstrar o desejo de restaurar o relacionamento, e que ele precisa estar disposto a suportar a dor da parceira magoada, mas esses comportamentos por si só não conseguem conquistar o perdão. Ele pode conquistar a confiança e pode conquistar a cura. Mas o perdão [acontece] quando a parceira que foi magoada diz: 'Desisto do meu direito de te magoar por ter me magoado.'"

Essa crença tradicional — de que o perdão é incondicional — foi defendida na literatura psicológica por Robert Enright e pelo International Forgiveness Institute. Enright utiliza o trabalho de Kohlberg[37] para mapear estágios do perdão que refletem nosso desenvolvimento moral. Ele se refere ao extremo "mais baixo" dessa hierarquia como "perdão vingativo": "Eu posso perdoar uma pessoa que errou comigo apenas se puder puni-la em um nível similar ao da minha própria dor." O estágio seguinte é o "perdão restituível": "Se eu recuperar o que foi tirado de mim, aí posso perdoar." O estágio "mais alto" é o "perdão como amor": "Eu perdoo incondicionalmente porque isso promove o amor verdadeiro. Me preocupo de coração com cada pessoa e, mesmo que ela aja de forma prejudicial, meu amor permanece inalterado."[38]

Minha preocupação com essa premissa — de que, se você é um ser humano desenvolvido moral e psicologicamente, vai oferecer seu perdão como uma dádiva incondicional — é que ela fecha a porta do perdão para muitos de nós. "Por que se espera que eu perdoe um ofensor impenitente?", você se pergunta. "Por que não insistir em que *ele* amenize o sofrimento que *me* causou e *me* ajude a perdoá-*lo*?" Para muitos, conceder o perdão de forma unilateral parece algo divino... mas não para você.

Beverly Flanigan, médica docente na Escola de Serviço Social da Universidade de Wisconsin, descreve a diferença entre um perdão unilateral e a qualidade interativa do Perdão Genuíno ao afirmar: "Perdoar dá trabalho. A indulgência é concedida. Aquele que perdoa se liberta do ódio, mas não liberta o ofensor da responsabilidade."[39] Eu ainda acrescentaria que a indulgência é uma dádiva que não pede nada do ofensor. O perdão, em contrapartida, tem um preço e precisa ser conquistado.

Suposição equivocada: O perdão é imediato.

É comum pensar que o perdão é uma transformação instantânea, algo que acontece de uma só vez. Essa ideia vem sendo reforçada pelo trabalho de Frederick

DiBlasio, professor de serviço social na Universidade de Maryland. Ele recomenda uma única "sessão de perdão" catártica com duração de até seis horas, onde vítima e perpetrador se juntam sob a orientação dele para remediar a ofensa.

Essa abordagem requer recomendações. Vocês discutem a ofensa juntos: os fatos, os sentimentos resultantes, as consequências. O ofensor revela segredos do próprio passado e se compromete a realizar atos de expiação. O perigo é que a parte magoada pode acabar se sentindo pressionada a perdoar e se reconciliar antes que vocês avaliem por completo o dano causado. Os esforços do ofensor para conquistar seu perdão podem acabar não passando de uma solução temporária.

Em que ponto o perdão de fato ocorre? Para a maioria, é um processo que se desdobra em etapas à medida que o ofensor se desculpa e cumpre com a promessa de nunca mais magoá-la. Pode levar um tempo para suas emoções se sintonizarem com a decisão de perdoar e para você acreditar que os esforços dele são dignos de confiança.

Algumas pessoas podem conceder perdão quase imediato se o ofensor apresentar atos de penitência sinceros e substanciais. Outras podem concedê-lo de repente, mas só anos mais tarde. Levou 15 minutos para que uma paciente chamada Annie perdoasse sua ex-sogra, Linda, por uma ofensa que acontecera 19 anos antes.

"Quando Tom se divorciou de mim e foi embora com a babá, a mãe dele, Linda, parou de falar comigo", contou-me Annie. "Ela nunca me ligou. Nunca me procurou ou se dirigiu a mim de novo. Éramos muito próximas. De um dia para o outro, era como se eu nunca tivesse existido. Achei que devia ter algo errado comigo."

Quase duas décadas mais tarde, quando o marido de Linda faleceu, Annie decidiu prestar condolências e foi visitá-la. "Linda me recebeu com um abraço forte", lembra-se Annie. "Ela me perguntou sobre minha carreira e meu marido. Depois me chamou no canto e sussurrou que queria me dizer uma coisa. Com os olhos cheios de lágrimas, ela disse: 'Você sabe que sempre te amei. Quando Tom te abandonou, estava com muita raiva. Ele falou coisas horríveis sobre você — que você estava tentando roubar o negócio de família, que estava tentando pegar a guarda das crianças. Ele não conseguia suportar que eu tivesse uma relação com você. Eu fiquei dividida, claro, mas ele é meu filho. Tom parecia muito frágil, então fiquei ao lado dele e te deixei sozinha. Agora sou eu que estou sozinha e sei como é a sensação. Sinto muito pela dor que te causei.'

"Desde o divórcio, Linda sempre tinha sido boa com meus filhos", reconhecia Annie, "viajando com eles, ajudando na educação deles. Aprendi a aceitá-la. Mas só agora, ao ouvi-la admitir o quanto ela ficou mal por me magoar, que consigo pensar em perdoá-la. Ela demorou 19 anos, mas isso não torna seu pedido de desculpas menos importante ou poderoso."

Suposição equivocada: O perdão é perfeito e completo.

Você também se recusa a perdoar se presumir que o perdão deve ser 100%. Ao tratá-lo como uma proposta de tudo ou nada, você pode se sentir encurralada e concluir: "Estou muito distante do sim, então devo dizer não." Esse pensamento categórico e rígido não permite um meio-termo como resposta, mas o "meio-termo" é onde a maioria vive.

Você pode perdoar 5% quando ele pede desculpa pela primeira vez e 65% quando ele demonstra remorso. Mas 35% podem permanecer imperdoáveis para sempre. E tudo bem. Quem vai julgar a quantidade de perdão suficiente? Qualquer que seja a porcentagem, incentivo você a considerar um modelo que permita o perdão *parcial* para perdoar o *suficiente*.

Você pode se apaixonar perdidamente por uma pessoa só para descobrir, meses depois, que estava curtindo a paixão do amor romântico e não sabia de verdade o que é o amor maduro. O mesmo pode ser verdade em relação ao perdão. Você pode acreditar um dia que perdoou alguém e, depois, à medida que ele vai demonstrando mais boa vontade e continua a reparar sua confiança nele, você o perdoa mais do que já achou possível. Em contrapartida, se ele te ofende outra vez ou quebra sua promessa, você pode retirar seu perdão e voltar à estaca zero, ou até pior.

O perdão não é uma ciência, mas sim um processo muitíssimo subjetivo. Alguns podem não ligar muito para pedidos de desculpa verbais: se o ofensor disser "Me desculpe" com muita frequência, ouvir isso mais uma vez pode não significar nada, e apenas atos concretos vão tornar o remorso dele convincente. Outros podem insistir em palavras de arrependimento, e quanto mais, melhor.

Quando o ofensor lhe dá um pouco do que você precisa, mas não tudo, é provável que seu perdão também seja parcial. Essa foi a experiência de Peggy. Quando Mark, seu marido, teve um encontro sexual com uma antiga namoradinha de escola, ele pediu desculpa diversas vezes. "Mark assumiu a responsabilidade", contou-me ela. "Ele chega em casa mais cedo do consultório. Quando ligo para ele, ele parece feliz de verdade ao me ouvir. Ele faz café da manhã para nós nos fins de semana e marca de jogar tênis com irmãos. Nossa vida sexual está boa, e ele deixa bilhetinhos de amor para mim na porta da geladeira. Ele odeia falar sobre coisas dolorosas, mas temos um bom casamento e acredito que ele tem um bom coração. Quero perdoá-lo se conseguir."

De acordo com o cartão de pontuação de Peggy, Mark concluiu três das quatro tarefas para merecer perdão: ele deu ouvidos à dor dela de coração aberto, se desculpou de um jeito significativo e vem trabalhando com afinco para fazê-la se sentir segura e amada. O que ele ainda não fez foi olhar para dentro para tentar entender e comunicar por que a traiu. "Sempre que menciono o caso", disse-me ela, "ele rebate:

'A gente tem mesmo que falar sobre isso de novo?' Mas eu preciso muito saber *por que* isso aconteceu e pergunto a ele: 'Você achou que eu não tinha tempo para você quando eu estava levando minha mãe para fazer quimioterapia? Por que começou a tomar Viagra? Estava preocupado com seu desempenho sexual, com sua saúde, com estar envelhecendo?' Mas ele não fala. E, sinceramente, isso me assusta. Se ele não chegar à raiz do problema, como posso acreditar que isso não vai acontecer de novo?"

Peggy deu o seu melhor para se concentrar em todas as coisas que Mark estava fazendo para consertar o estrago, mas se ressentia pela maneira como ele se fechava para ela. Ela escolheu perdoá-lo, mas não completamente; só o suficiente para que tivessem uma vida juntos gratificante, autêntica e íntima.

Suposição equivocada: Ao perdoar, renuncio a todos os sentimentos negativos direcionados ao ofensor.

Uma suposição muito comum é de que, quando você perdoa, seus sentimentos negativos são totalmente substituídos por outros positivos. O problema com essa expectativa é que ela é tão categórica que coloca o perdão fora de alcance e deixa você sem alternativa a não ser perdoar por completo.

Ao conceder o Perdão Genuíno, abrimos espaço para a raiva e a reconhecemos como algo normal e adaptável. Não simplesmente a substituímos com compaixão ou amor e apagamos o quadro. Essa espécie de reversão mágica não é o que acontece com pessoas reais que sofreram ofensas emocionais reais.

Mesmo agora, anos depois, ao pensar em como você já foi magoada ou quando algo a faz lembrar do seu sofrimento, uma ferida antiga pode ser reaberta, dominando você e deixando-a para baixo. Esperar que seja o contrário é negar o poder que nosso cérebro tem de conjurar momentos traumáticos e nos obrigar a revivê-los com a mesma clareza de detalhes e a mesma intensidade visceral de quando ocorreram pela primeira vez.

O teólogo Lewis Smedes escreveu que, quando perdoa uma pessoa, você para de odiá-la, ou para de odiá-la, mas continua a odiar a ofensa.[40] Concordo com Smedes até certo ponto, mas eu acrescentaria o seguinte: ainda que você perdoe um ofensor, ainda que esteja comprometida a uma vida mais equilibrada ao lado dele, pode haver momentos em que você vivencie espasmos de ódio e não consiga separar o que ele fez a você do que ele é. Você ainda é humana, e pensar que suas reações podem ser divididas em caixas é irreal. Aceitar isso vai abranger sua compreensão do que significa perdoar e vai abrir espaço para espinhos de emoção negativa que estão fadados a surgir.

O que acontece quando você perdoa de verdade não necessariamente esvazia você de todos os sentimentos hostis, mas permite que outras emoções coexistam — emoções mais ternas ou positivas, como tristeza e pesar. Com a sua raiva, vem uma reação mais rica, mais equilibrada, mais complexa, englobando o que o ofensor fez de certo e de errado, o dano que ele infligiu e os esforços em consertar as coisas.

Esteja preparada: o perdão não fará a ofensa desaparecer. Talvez você fique com um resíduo de sentimentos ruins e uma sensação avassaladora de perda. Foi o que aconteceu com Wendy. Embora tenha perdoado Russell, seu marido, pelo caso extraconjugal, Wendy continuou a se debater com a amargura e a angústia. "Sei que ele está tentando muito me fazer sentir valorizada e segura", me assegurou ela, "mas eu perdi a imagem idealizada que tinha dele... para sempre. Meus sentimentos continuam oscilando entre a empatia e uma sensação insuportável de traição."

O momento exato em que Russell revelou seu caso permanece indelevelmente entalhado na mente de Wendy. Com a aproximação do aniversário desse momento terrível, Wendy ficou surpresa com a intensidade de seu pesar. "Russell quer que a gente passe o dia juntos para criar lembranças novas e positivas", contou-me ela. "Fico grata, mas sempre há um duelo de sentimentos. Ele está vindo até mim, e isso é ótimo. Mas também é triste, porque, quanto mais ele faz, mais eu lembro do quanto me machucou. Vivo me perguntando: 'Será que um dia teremos momentos de pura alegria outra vez?'"

Dois anos depois da revelação, Wendy me mandou a seguinte mensagem: "Ainda dói muito, embora a terapia ajude, assim como o hábito da leitura e o passar do tempo. Convivemos com isso e fazemos o melhor que podemos, e nos amamos."

Dá para dizer que Wendy ainda não perdoou Russell porque seus sentimentos positivos em relação a ele às vezes são maculados pelos negativos. Também seria possível dizer que ela o perdoou de forma parcial e que talvez venha a perdoá-lo mais com o tempo. Eu diria que o último capítulo ainda não foi escrito.

Perdoar não é simplesmente virar uma chave. Wendy perdeu sua crença no amor perfeito, na excepcionalidade de seu casamento, e é natural que lamente essas perdas e culpe Russell por elas, não importa o quanto ele faça para reparar esses danos. Mas o pesar e o ressentimento que ela sente não precisam anular sua gratidão por ele pelos atos genuínos de contrição nem impedir o sentimento de perdão.

Suposição equivocada: Ao perdoar, admito que minha raiva direcionada ao ofensor foi exagerada ou injustificada.

As pessoas costumam me dizer: "Quando penso em perdoar, é como se eu estivesse banalizando a ofensa. E ai de mim se eu fizer isso."

Mas, ao perdoar, você não diz: "O que você fez não foi tão ruim assim." Você mantém o reconhecimento de que o ofensor passou do limite. E ele está ao seu lado, convencendo-a de que ele sabe que o que fez foi "bem ruim". A menos que reconheça a violação de modo consciente, ele não tem o direito de pedir seu perdão. A menos que *você* reconheça isso de modo consciente, não há nada a ser perdoado.

Quando Dave, um contador de meia-idade, se desculpou com Jenny, sua filha de trinta anos, por seu problema crônico com álcool, ela aceitou o pedido de desculpa dele e concordou em perdoá-lo. Sandy, sua esposa que era distante, foi menos benevolente. "Eu me sinto traída", contou-me ela. "Que direito Jenny tem de apagar todos esses anos? Saiu tudo barato para Dave. Ele não merece."

Mas Dave ofereceu à filha mais do que desculpas baratas. Ele atravessou metade do país para explicar pessoalmente como estava envergonhado por seu comportamento. "Meu vício deve ter assustado e constrangido você por anos", disse a ela. Ele prometeu parar de beber e, para dar crédito à promessa, entrou em um programa de reabilitação. Jenny, por sua vez, abriu mão de sua necessidade em manter distância — sua forma costumeira de puni-lo — e se permitiu sentir compaixão, respeito e até mesmo amor por ele. Ela continuou condenando o antigo comportamento do pai, mas o liberou dos efeitos que isso trouxera a ele, contanto que ele se responsabilizasse por isso.

Essa troca está no cerne do Perdão Genuíno. Jenny abriu mão da necessidade de acusar o pai porque ele a convenceu de que tinha compreendido o quanto fora horrível o mal que causara a ela, além de dar passos valiosos rumo à mudança. Quando o pai se tornou juiz do próprio comportamento, liberou Jenny desse cargo.

Suposição equivocada: Ao perdoar, dou poder ao ofensor e me torno fraca e vulnerável.

Se você negar sua dor no intuito de ficar em paz, é provável que compartilhe da convicção de Nietzsche de que o perdão é para os fracos.[41] Mas o Perdão Genuíno demanda força e determinação. Ao se impor, você insiste no fato de que erraram com você e exige que prestem contas no "livro-razão da justiça".[42] Não abre mão da sua posição de poder, mas sim da sua preocupação com o poder. Você não se desfaz da necessidade de restituição, mas deixa o ofensor trabalhar ao seu lado para conquistar essa reparação.

Suposição equivocada: Perdão significa reconciliação.

Se você associar o perdão à reconciliação, talvez relute em oferecer ambos. Mas lembre-se de que são processos distintos e devem ser assim considerados.

Quando você opta por perdoar, mas não se reconciliar, permite que o ofensor compense o erro do passado, mas se recusa a dar a ele outra chance de te magoar. Não importa o quanto ele se sinta culpado, você fecha a porta para qualquer interação no futuro.

Depois de uma violação significativa, você pode querer terminar o relacionamento antes de considerar qualquer tipo de reconciliação. Se seu parceiro foi infiel, por exemplo, talvez você decida que o melhor é se divorciar, garantir um acordo financeiro e de guarda dos filhos antes mesmo de se perguntar: "E agora?" Quando a poeira baixa e você não está mais sob a pressão de ter de demonstrar boa vontade, você pode se sentir mais segura passando um tempo junto com o parceiro, vendo do que ele é capaz e trabalhando para recriar a relação. Às vezes, um antigo relacionamento precisa morrer para que um novo nasça.

Contudo, na vida real, o perdão e a reconciliação costumam levar um ao outro, não importa em que ordem. Se o ofensor está emocional e fisicamente disponível para você — se ele acolhe sua dor com empatia e se empenha em se corrigir —, talvez você se sinta mais disposta a recebê-lo de volta à sua vida.

É claro que há muitos graus de reconciliação, assim como há muitos graus de separação. Optar por se relacionar com o ofensor não significa manter uma amizade, uma conexão acolhedora ou sentir amor profundo um pelo outro. Esses sentimentos afáveis podem se desenvolver, mas só com o passar do tempo, à medida que o outro demonstre sua integridade.

Tarefa crucial 2: Conclua todos os dez passos da Aceitação — não sozinha, mas com a ajuda do ofensor.

Será que o Perdão Genuíno e a Aceitação evocam o mesmo tipo de resposta? Em grande parte, sim. Nos dois casos, você se empenha muito para abrir mão do ódio, da mágoa, da necessidade obsessiva de vingança. Você tenta ver o ofensor e a ofensa com clareza e aceitar um quinhão justo da culpa. Define um relacionamento que protege e promove seus principais interesses.

Porém, só com o Perdão Genuíno o ofensor anda ao seu lado e oferece ajuda. A participação ativa dele tem implicações profundas, o que permite uma purificação tanto em seu íntimo quanto entre vocês, algo que a Aceitação sozinha não consegue alcançar.

Vejamos algumas maneiras que o ofensor tem de ajudar você a se sentir melhor consigo mesma e em relação a ele.

Passo 1: O ofensor ajuda você a considerar toda sua ampla gama de emoções.

Você não precisa do ofensor para reconhecer seus sentimentos no intuito de legitimá-los. Mas, quando os reconhece, ele ajuda você a restaurar seu centro de gravidade em si mesma — um passo necessário rumo à cura.

Minha paciente Vivian vivenciou o impacto de a princípio ver o ofensor desprezar os sentimentos dela e depois validá-los. Aos 18 anos, quando contou à mãe que seu pai, um médico renomado, a violentara com penetração anal por toda sua infância, a mãe respondeu categórica: "Cale a boca. Você só arruma problema." Vivian se sentiu aniquilada. "Comecei a me perguntar o que era real e o que não era", contou-me.

Cinco anos depois, após a morte do pai e o nascimento do primeiro filho, Vivian recebeu uma carta da mãe pedindo que ela voltasse a fazer parte da sua vida. Em diversas conversas, a mãe ouviu a história de Vivian com atenção e reconheceu a verdade. "Quando você estava no ensino fundamental", admitiu sua mãe, "sempre era mandada para casa por estar com diarreia. Vivia ansiosa e doente. Hoje percebo o terror, o torpor, a humilhação que você sentia. O que aconteceu com você foi muito cruel."

O que você pode descobrir, assim como Vivian, é que, quando o ofensor entra no seu mundo e senta-se com você em seu espaço emocional violado, ele ajuda a proporcionar uma base acolhedora estável: um lugar relativamente seguro onde até seus piores sentimentos têm voz e são ouvidos. Você não grita mais para o vazio. Quando você expressa sua dor, ele ouve e a reflete. "Minha mágoa", diz você. "Sua mágoa", reflete ele. "Meus sentimentos são importantes", afirma você. "Sim, seus sentimentos são importantes", responde ele. É provável que esse *pas de deux* verbal acalme e te ajude a prestar atenção em suas emoções confusas. Seria muito mais difícil identificar e vasculhar essas emoções se você dissesse "Meus sentimentos são importantes", e a resposta dele fosse "Mas não são mesmo"; ou se dissesse "Fui violada", e ele rebatesse com "Você está louca".

O ofensor pode ajudá-la a passar pelo caos, a superar a sensação de impotência e desimportância criada pela violação dele e dar à luz uma nova narrativa, na qual você se sinta mais ancorada, mais no controle, mais inteira. Com o Perdão Genuíno, ele se torna um leitor da sua história, mergulhando em sua experiência, página a página, palavra por palavra.

Juntos, vocês se mantêm firmes "contra o apagamento da sua experiência".[43] Você não precisa mais bloquear os próprios sentimentos ou ser assolada por eles. Eles não representam mais uma força destrutiva que a aliena de si mesma e dele, mas sim uma fonte inestimável de clareza e reconexão. À medida que o ofensor testemunha seu trauma, vivenciando seu sofrimento como se fosse o próprio, ele ajuda você a integrar tudo que sente, incluindo, talvez, alguns sentimentos novos e afáveis em relação a ele.

Passo 2: O ofensor ajuda você a abrir mão da sua necessidade de vingança, mas não da sua necessidade de uma solução justa.

Quando dá ouvidos com compaixão à sua angústia e assume a responsabilidade por ofender você, o ofensor ajuda a restaurar o seu senso de dignidade e justiça.

Ele também pode diminuir sua necessidade de puni-lo e humilhá-lo, o que facilita o perdão. No fim das contas, sua vingança não trata de causar sofrimento a ele, mas sim dos esforços dele em tirar o fardo da vergonha dos seus ombros e colocá-lo em seu devido lugar.[44] Como o rabino Harold S. Kushner observa em *Que tipo de pessoa você quer ser?*, nossa "sede por vingança é na verdade uma necessidade de reivindicar poder, de sair do papel da vítima e substituir o abandono pela ação".[45] Talvez você sinta uma menor necessidade de retribuição se o ofensor se apresentar voluntariamente e assumir seu erro.

Passo 3: O ofensor ajuda você a parar de ficar obcecada pela ofensa e voltar a viver sua vida.

Quando o ofensor deliberadamente relembra como a magoou e repara esse erro, ele permite que você relaxe, desanuvie a mente e encha sua vida com distrações mais animadoras.

Anne, uma psicóloga, me deixou convencida disso. Durante um dos meus *workshops* sobre o tema da infidelidade, ela descreveu um trauma causado pela própria terapeuta. "Quando descobri que meu marido estava me traindo, procuramos acompanhamento psicológico para tentar nos reencontrar", contou ela. "Eu não conseguia parar de pensar no que ele tinha feito comigo e como eu tinha deixado minha própria casa em segundo plano enquanto salvava a vida dos outros. Ele tinha terminado o caso extraconjugal e estava pronto para seguir em frente. Assim como nossa terapeuta. A única que estava presa ao passado era eu. Eu sentia os dois cada vez mais irritados comigo. Pode ter certeza de que, se eu pudesse ter feito algo melhor, eu faria. Não era nada legal estar dentro da minha cabeça, e eu sabia que eu não estava colaborando muito. Tomei até remédio para tentar controlar meus pensamentos de raiva. Sentindo a pressão e o desdém deles, fui piorando cada vez mais em relação a mim e ao mundo. Por fim, larguei a terapia, e meu marido entrou com o pedido de divórcio. Olhando para trás, acho que foi um trauma em dobro: primeiro, pelo caso que o meu marido teve e depois pela terapeuta, que fez eu me sentir tanto uma esposa ruim quanto uma paciente ruim."

Perguntei a Anne se tivera mais algum contato com a terapeuta. Ela disse que não. Sugeri que escrevesse uma carta, então, explicando por que tinha abandonado a terapia. Anne concordou. Em uma consulta pelo telefone, muitas semanas depois, fizemos o rascunho dessa carta juntas — ela convidava a terapeuta a responder de forma receptiva e sem estar na defensiva.

Anne enviou a carta por e-mail e, para sua surpresa, recebeu uma resposta rápida, que compartilhou comigo.

"Anne, me sinto mal por você ter abandonado a terapia por eu não ter conseguido ajudá-la", escreveu a terapeuta. "Eu tinha plena consciência do quanto você estava sofrendo e me sentia péssima porque nada do que eu tentasse fazia você se sentir melhor. Provavelmente levei isso para o lado pessoal e me senti incompetente. Em vez de expor minhas próprias dúvidas, de alguma forma passei a impressão de que você era o problema por não se recuperar logo. A infidelidade é um trauma grave, e a última coisa de que você precisava era uma terapeuta que tentasse apressar você a abrir mão da sua dor. Se quiser falar mais sobre isso, eu teria prazer em encontrar com você outra vez — por minha conta. Tudo de bom. Dra. X."

Você, assim como Anne, pode achar que, quando o ofensor reage à sua dor com paciência e compaixão, não com julgamento ou desdém, ele ajuda você a se sentir mais normal, menos destruída e sozinha. Ao ouvir com empatia, sem nenhuma prioridade pessoal, e aceitar que a sua recuperação não necessariamente seguirá um caminho linear — que falsos começos e retrocessos surgirão ao longo do caminho —, ele envia um sinal de que não está apenas investindo na própria necessidade egocêntrica de tirar você do pé dele, mas sim querendo estar ao seu lado no sofrimento, não importa o tempo que leve. A disposição dele de aceitar o seu protesto pode liberar você das suas obsessões e abrir sua mente para o perdão.

Passo 4: O ofensor ajuda a proteger você de mais abusos.

Veja como um pai criou um porto seguro para a filha, dando a ela a confiança de convidá-lo de volta para o mundo dela.

Quando Debbie era mais nova, Dave, seu pai, bebia muito e a molestou sexualmente. Ela se lembra de estar vendo televisão com ele no sofá da sala, com medo demais para se mexer, enquanto ele passava um braço ao redor dos ombros dela e lhe acariciava os seios.

Uma década depois, ao dar à luz seu primeiro filho, ela começou a relembrar essas memórias traumáticas reprimidas. Então decidiu chamar o pai para fazer terapia com ela, e durante a sessão ele não confirmou nem negou as acusações. "Eu não lembro o que fiz", disse ele a ela. "Eu bebia demais naquela época."

Nos anos que se seguiram, Dave realmente se esforçou para controlar seus impulsos destrutivos, considerar os limites de segurança da filha e demonstrar que tinha credibilidade e que seu amor era verdadeiro. Ele se comprometeu com um programa do AA e parou de beber. Respeitou a necessidade dela de estar no controle do próprio mundo e concordou em não adentrar o espaço dela sem ser convidado. Ele nunca ligaria para a casa dela nem atenderia o telefone na própria casa quando o visor mostrasse o número de Debbie. Não tocaria nela de forma alguma, nem mesmo ao se cumprimentar em público. Nunca pediria para tomar conta dos filhos dela ou ficar sozinho com eles. Em uma reunião de família, ele reconheceu que devia ter feito algo muito grave com ela. Aos poucos, Debbie foi perdoando o pai, mas manteve seus limites.

Mais dez anos se passaram. Embora tivesse se divorciado, Debbie se sentia mais autoconfiante e ancorada e começou a permitir que o pai fizesse mais parte de sua vida. Ele ofereceu ajuda de forma altruísta. Quando Debbie se mudou para uma nova casa, por exemplo, ele foi até lá para passar aspirador de pó antes que o pessoal da mudança chegasse. Mais tarde, naquele ano, construiu um jardim no quintal dela. Quando a mãe dele faleceu, Debbie se juntou ao pai em um velório fora da cidade. Ele continuava a manter uma distância respeitosa, mas foi carinhoso e agiu adequadamente quando ela passou lá. Ele nunca a abordou em busca de conforto ou consolo, nunca pediu que ela cuidasse dele.

Levou muitos anos e muitas interações de correção, mas, juntos, Debbie e o pai restauraram o senso de segurança dela. Ele continuou provando que era digno de confiança, e, aos poucos, com muita cautela, Debbie abriu a porta para ele. Os esforços do pai tinham reparado a ferida dentro dela e entre eles. Ele não era mais apenas a fonte do trauma: ele era parte da cura.

Passo 5: O ofensor ajuda você a enquadrar o comportamento dele nos termos das próprias dificuldades pessoais.

Quando alguém nos ofende, é possível que a sensação ruim perdure para sempre, nos transformando em alguém bem diferente da pessoa que éramos. Neste caso, não nos sentimos mais *intoxicados* pelo trauma, mas sim *tóxicos*.[46] Absorvemos uma sensação de perversidade interior que nos envergonha. Quando o ofensor reverte esse processo ao reconhecer que o próprio comportamento é um reflexo dele, não nosso, ele nos ajuda a drenar esse veneno e voltar a habitar nosso estimado eu. Com o apoio dele, podemos superar o distanciamento do nosso "eu bom", e talvez do "eu bom" dele.

É importante diferenciar humilhação de vergonha. A humilhação é uma condição imposta pelo ofensor. Já a vergonha está ligada à sua experiência de se sentir indigna. Quando alguém ofende você, humilhação e vergonha podem se misturar. Você confunde o comportamento ofensivo e degradante dele com seu senso particular de quem é.

Através da Aceitação, é possível resolver isso sozinha. Com o Perdão Genuíno, o ofensor te ajuda, não por dizer "você é uma vergonha", e sim por falar "eu sou uma vergonha". Não "Você é um lixo", mas sim "Tratei você como lixo". Não "Você mereceu o que fiz com você", mas sim "Minhas questões me atrapalharam".

Arnold, um homem gay de 46 anos, combinou de se encontrar com uma pessoa com quem havia conversado em um bate-papo na internet. "Dirigi uma hora e meia até um local específico, o estacionamento de uma farmácia", contou-me ele. "O cara, Teddy, estava vinte minutos atrasado, embora morasse pertinho dali. Quando chegou, ficou sentado em seu carro. Eu saí do meu e andei até o dele. Teddy me deu uma olhada e falou: 'Passo.' Então fechou a janela e foi embora."

Os olhos de Arnold estavam cheios de lágrimas. "Fiquei arrasado", disse. "Como esse cara acha que tem o direito de tratar outro ser humano de forma tão desumana?"

O conselheiro pastoral John Patton escreve que um indivíduo que, assim como Arnold, reage à violação com vergonha reconhece o ofensor não "como um centro de iniciativa independente" que "tem propósitos divergentes", mas sim como "uma parte ofensiva do eu envergonhado da pessoa".[47] Em outras palavras, Arnold levou o comportamento de Ted para o nível mais pessoal, tornando-se a criatura desprezível que foi rejeitada, um objeto de ódio e escárnio.

Oito meses depois, Arnold recebeu um e-mail de Ted, que dizia: "Quero me desculpar pela forma como agi quando nos conhecemos. Sei que meu comportamento foi cruel e insensível. Quero que saiba que assumo total responsabilidade por isso. Não foi nada que você tenha feito, nada com você, que me fez agir daquele jeito. Eu tinha acabado de me assumir e, para ser sincero, quando me vi diante da realidade de ficar com alguém que estava disponível para mim, surtei. Espero que você encontre pessoas mais estáveis em seus futuros encontros na internet. Me desculpe mesmo."

No caso de Arnold, assim como no seu, o ofensor pode ajudar a eliminar a natureza extremamente pessoal da ofensa e liberar você de um sentimento de culpa e imperfeição carregado de obsessão e autoimolação. No processo, ele pode se tornar menos odioso e mais perdoável.

O que aconteceu com Karen e seu namorado, Forrest, é mais um exemplo. Karen estava pronta para deixá-lo depois de descobrir que ele estava tendo um caso, mas deixou a decisão em suspenso quando Forrest se comprometeu a fazer um ano de terapia para investigar um padrão profundamente arraigado de infidelidade. "Se ele descobrir o que acontece em seu íntimo, talvez ele mude", disse-me ela.

Forrest veio até meu consultório confuso e aflito. "Não sei por que isso acontece", confessou. "Eu me divorciei cinco anos atrás quando minha esposa descobriu uma traição, e agora estou namorando a Karen, por quem sou apaixonado, e sair com outra pessoa não significa nada para mim. Por que fui criar de propósito um problemão para mim mesmo? Por que não aprendo?"

A busca de Forrest por autoconhecimento o levou de volta à sua infância. Em nossas conversas, ele revelou uma história de abandono e abuso. "Quando tinha seis anos, um monitor de acampamento costumava me colocar sentado em seu colo e passava as mãos pelo meu corpo todo", disse ele. "Naquele verão, voltei para casa e descobri que meus pais tinham se separado, sem nem me contar. Alguns anos depois, meu irmão mais velho fez coisas comigo fisicamente sobre as quais ainda não estou pronto para falar."

Forrest começou a entender de que modo, para ele, os relacionamentos nunca eram zonas de proteção, mas sim campos minados, onde ele sentia que estava sempre correndo o risco de ser abandonado ou explorado. Aprendera ao longo dos anos a antecipar o inevitável e a abandonar os outros antes de ser abandonado, pulando de caso em caso. No auge químico da paixão, se sentia não só amado, mas poderoso e livre. Ainda assim, suas aventuras sexuais exacerbavam seus sentimentos de solidão, isolamento e vergonha.

Forrest compartilhou suas revelações com Karen e a ajudou a entender seu padrão de traição. "Descobri que ele tem fugido de relacionamentos a vida toda, e que seu comportamento não diz respeito a mim", disse-me Karen. "O que me importa, o que me mantém ao lado dele e me faz achar que há esperança, é que ele também parece entender isso. Não sei se confio em Forrest o suficiente para me casar com ele, mas sua curiosidade sobre si mesmo, sua disposição para se submeter a um autoescrutínio doloroso, torna mais fácil perdoá-lo."

Quando, assim como Arnold e Karen, paramos de ver o ofensor apenas do ponto de vista do nosso próprio trauma e desenvolvemos percepções a respeito do trauma dele, chegamos ao cerne de sua motivação. Quando o ofensor aponta o caminho, é mais fácil sentir compaixão por ele e por nós mesmos.

Passo 6: O ofensor ajuda você a se reconciliar com ele.

Quando perdoa genuinamente o ofensor, você permite que os atos de reparação dele fortaleçam a ligação entre vocês. Clemência e humildade podem alimentar seu desejo de se manter conectada, mas a contrição do ofensor é o que sela o acordo. Você não permite que ele volte para a sua vida porque tal nobreza faz você se sentir uma pessoa decente; ele conquista o direito de voltar ao provar sua decência como ser humano.

A reconciliação não é uma decisão do tipo "sim ou não". Ela oferece uma variedade de opções com diversos níveis de envolvimento, intimidade e confiança. Você pode, por exemplo, perdoar um parceiro arrependido, se divorciar dele e ainda assim continuar a interagir em nome dos filhos. Também pode continuar intimamente ligada a ele e trabalhar para reconectar suas vidas à medida que ele prova que é digno de confiança.

Foi o que uma paciente, Michelle, fez ao escolher continuar com Henry, seu marido, e dar a ele a chance de reparar as coisas, muito antes de voltar a sentir qualquer amor por ele.

Henry, um arquiteto bem-sucedido de cinquenta anos, decidiu, por causa da família e da religião, desistir de sua amante e se empenhar em seu casamento.

Ele consultou uma terapeuta que lhe disse: "Se vai reatar com sua esposa, precisa ser escrupuloso e honesto e contar tudo a ela."

Henry foi para casa e contou a Michelle que tinha se envolvido com uma colega de trabalho durante dois anos, mas que decidira acabar o relacionamento porque era a coisa certa a fazer. "Estou com muita raiva de desistir dessa mulher, ela é minha melhor amiga, e não me sinto mais atraído sexualmente por você", disse ele à esposa. "Mas estou disposto a ver o que conseguimos fazer juntos."

Michelle o olhou como se dissesse: "Você perdeu a cabeça?" Mas, como queria manter a família unida, ela passara 32 anos compartilhando experiências de vida cruciais com ele, e, por entender que ajudara a criar o vazio que havia entre os dois, tomou a decisão consciente de se juntar a Henry na terapia de casal e tentar reconstruir o casamento.

Por dois anos, com o incentivo de Michelle, Henry trabalhou para se reconectar com ela. Mas, durante todos esses meses, as palavras horríveis dele — "Essa mulher é minha melhor amiga; não me sinto atraído sexualmente por você" — não saíam de sua cabeça.

Um dia, Henry disse a ela: "Vou começar de novo. Quero me desculpar pelo que falei quando voltei a me comprometer com você. Eu fui cruel. Sinceramente, eu queria te machucar. Culpei você pela minha infelicidade e não fui capaz de encarar minha própria culpa por destruir nossa família. Mas hoje sei de algo que eu não sabia na época: que amo você de verdade. Sei, sem a menor sombra de dúvida, que é aqui que eu quero estar e sou grato por você me deixar voltar para sua vida."

Michelle se virou para ele e disse: "Sinto muito, mas isso não basta. O que você me disse dois anos atrás é imperdoável."

Minha resposta para Michelle foi: "As palavras ríspidas de Henry devem ter deixado você indignada, sim, mas talvez tenham sido o melhor que ele podia fazer na hora, visto que ele tinha suas hesitações ao voltar. A maior parte das pessoas tem a visão idealizada da reconciliação, de que o parceiro vai voar de volta para os seus braços cheios de amor. Mas muitas vezes, especialmente depois de uma ofensa devastadora como um caso extraconjugal, o amor só chega ao final de uma jornada longa e difícil. O trabalho começa quando o ofensor desiste da amante e renova seu compromisso com você, sua parceira de vida. Então você abre as portas para a possibilidade de perdoá-lo e permitir que ele faça reparações significativas. Ao se tratarem com respeito e ternura, juntos vocês criam intimidade e confiança. Por fim, sentimentos amorosos ressurgem. As pessoas não querem ouvir isso. É contraintuitivo e nada romântico. Requer de você um ato de amor antes de você sentir que ama. Mas, na vida real, o amor em geral vem por último, não primeiro, e só depois de um trabalho árduo.

"A cultura pop nos oferece um tipo de amor barato", acrescentei, "o coração disparado, a onda de emoção que nos assola e parece tão fácil. O amor maduro, por outro lado, requer uma perseverança destemida. Ele pede que Henry admita e expie sua culpa por ter falhado com alguém que tanto ama. E pede que você, Michelle, administre sua desilusão e não permita que ela negue os esforços muito verdadeiros de Henry em merecer perdão e construir uma vida com você."

Passo 7: O ofensor ajuda você a se perdoar por suas próprias falhas.

A opinião dele não é uma prerrogativa para se perdoar, mas pode azeitar o caminho.

Minha amiga Donna me contou sobre um incidente na época em que ela tinha seus namoros. "Conheci um cara por quem eu achava que estava apaixonada e o chamei para uma exposição de arte em uma galeria no centro", relembrou ela. "Ele disse que ia dar uma olhada nos compromissos dele e me retornava, mas não soube dele até um dia antes da exposição. A mensagem dele era sucinta. 'Desculpe, Donna, não consigo.' Nunca mais ouvi falar dele. Não foi a pior coisa que já me aconteceu, mas veio em um momento muito vulnerável da minha vida e reforçou minha insegurança em relação a mim mesma e minha falta de esperança em encontrar um companheiro. Vinte anos depois, veja só, dei de cara com ele em uma livraria. Nós nos cumprimentamos normalmente, então ele disse: 'Queria me desculpar por ter sido um babaca naquela época. Eu tinha colocado na cabeça que se tratasse bem uma mulher, ela me trataria como lixo; e que se eu a tratasse como um lixo, ela me trataria bem. Eu tinha muito a aprender. Você fez bem de me dispensar.'

"Mas a verdade é que não fui eu que o dispensei. Ele que me dispensou. Mas, àquela altura, eu não precisava da confissão dele para melhorar minha autoestima. Estava feliz com meu marido e me sentia bem comigo mesma. Eu tinha seguido em frente. Quando ele se desculpou, eu o perdoei na hora. Mas percebi de repente que ele não era a única pessoa que eu precisava perdoar. Eu tinha me tornado minha pior inimiga quando deixei que a rejeição me destruísse e tornasse minha vida deprimente. Então aproveitei a deixa dele, me desculpei comigo mesma e aceitei meu próprio perdão."

Muitos pacientes me contaram como alguém que os magoou também os ajudou a se curar. Stuart e Jane, por exemplo. Embora ainda estivessem na faculdade, Stuart insistiu em se casar quando Jane engravidou. "É o que se deve fazer", dissera a ela. Mas a verdade é que ele se sentiu encurralado e, desde o minuto em que trocaram votos, sentiu rancor.

Jane vivenciou a raiva silenciosa do marido, suas infidelidades constantes, como uma confirmação do que ela aprendera sobre si mesma com seus pais supercríticos e distantes: que ela não era interessante nem boa o suficiente para ser amada. Três anos e dois filhos mais tarde, ela e Stuart se divorciaram.

Quando a filha mais velha, Nancy, ficou noiva, Stuart já tinha desenvolvido uma visão mais honesta de seu papel nesse relacionamento. Ao perceber que ele e Jane iriam interagir no casamento, ele torceu para que não fosse tarde demais, mesmo naquele momento, para se desculpar.

Ele enviou a ela a seguinte carta:

Querida Jane,
    Agora que Nancy está prestes a se casar, gostaria de compartilhar alguns pensamentos que tenho sobre nosso casamento e nossa vida juntos. Quero me desculpar por fazer você achar que era o motivo da minha infelicidade e infidelidade. Ninguém teria conseguido me satisfazer. Você teve o azar de se casar com alguém que não tinha a menor ideia de quem era ou do que significava estar em um relacionamento. Culpar você me deu a desculpa que eu precisava para ser infiel e não estar disponível para ninguém, só para mim mesmo. Sinto muito mesmo. Você caiu em um péssimo negócio. Nada do que aconteceu foi culpa sua. O problema era eu. Quanto às crianças, quero que saiba que você sempre foi uma mãe maravilhosa.

Stuart

P.S.: Estou ansioso para vê-la no casamento. Me concede uma dança?

Jane ficou grata pela carta de Stuart e respondeu:

Querido Stuart,
    Por anos, achei que você tinha me deixado por minha causa. Eu me culpei. Suas palavras carinhosas me ajudaram a perdoá-lo e, mais importante, me ajudaram a me perdoar. Também estou ansiosa para comemorarmos juntos o casamento da nossa filha. Obrigada.

Jane

O fato de Stuart ter tratado Jane de forma conciliatória e atenciosa ao longo dos anos sem dúvida tornou mais fácil para ela aceitá-lo. Mas, quando chamou para si a responsabilidade do mal que tinha causado, Stuart liberou Jane da culpa excessiva que ela se atribuía, das insuportáveis dúvidas em relação a si mesma e a ajudou a se perdoar e perdoá-lo.

Tarefa crucial 3: Crie oportunidades para o ofensor resolver a situação e ajudar você a se curar.

Para abrir caminho até o Perdão Genuíno, você precisa criar oportunidades para que o ofensor escute a sua dor, se importe com seus sentimentos e compense o mal que causou. Se tratá-lo como o mal encarnado e repreendê-lo com seu silêncio ou raiva, pode ter certeza de que nenhuma lição vai ser aprendida.

Tampouco é possível chegar ao Perdão Genuíno se, em prol de uma paz conveniente, você desconsiderar ou negar a ofensa e tratar o ofensor como se ele nunca a tivesse magoado. Se você não pedir nada dele ou de si mesma, por que ele deveria se sentir coagido a reparar a situação? Talvez ele sequer saiba que te magoou. Quando as coisas não são encaradas ou resolvidas, o melhor que se pode oferecer é um substituto barato para o perdão.

Perdão Genuíno demanda reciprocidade. É preciso decidir se você vai abrir a porta e deixar o ofensor entrar; ele deve resolver se cruza a soleira e vai até você. Qualquer um dos dois pode dar o primeiro passo. Ele pode se apresentar e pedir perdão, ou você pode deixá-lo ciente de que você precisa dele para se curar. Em um mundo ideal, você provavelmente iria querer que ele desse o primeiro passo, mas, em um mundo ainda mais ideal, ele sequer teria magoado você.

Se ele disser "não" para o trabalho do perdão, você não tem de perdoá-lo — aceitá-lo bastará. Mas, se ele quiser se remendar, por que ficar assim? Por que não permitir que ele ajude você a curar o passado, mesmo que você não o queira em seu futuro? Por que negar a si mesma o bem-estar e as possibilidades que podem advir do desejo dele de fazer o bem? Você pode optar por seguir em frente aos poucos, mas por que bloquear o processo por completo?

Em seu trabalho com casais que sofreram "feridas de apego", Susan Johnson tenta ajudar parceiros a se tornarem mais sensíveis um com o outro e "criarem ciclos positivos de conforto e cuidado".[48] Esse delicado dar e receber é exatamente o que acontece no Perdão Genuíno. Enquanto o ofensor trabalha com afinco para curar suas feridas, você permite que ele conforte e cuide de você. Um ajuda o outro a colocar na mesa o melhor de si mesmo: o eu que tem mais chance de trazer uma resposta curativa.

Como exatamente você pode incentivar o ofensor a se aproximar e conquistar seu perdão? Aqui estão algumas maneiras:

Abra-se e compartilhe sua dor com ele.

Não presuma que ele sabe que você está magoada ou que, se ele souber, não dará a mínima. Diga isso claramente e dê a ele a chance de reparar a situação. Quando revela sua angústia de forma explícita para o ofensor e ele ouve com atenção e cuidado, vocês dois entram em um ato de cura.

Quando Lydia, de vinte anos, veio ao meu consultório, estava desenvolvendo anorexia e bebendo muito. O caso extraconjugal de seu pai a deixara traumatizada, mas o que a magoara ainda mais profundamente era o que ela enxergava como o apego da parte dele em relação a Mary, a filha da namorada. "Ele nunca me amou como a ama", contou-me.

Eu ouvi cheia de interesse porque a história de Lydia não tinha nada a ver com a versão do pai dela sobre a realidade. Eu o atendia na terapia havia cinco meses, durante sua batalha para sair desse caso extraconjugal, e ele não expressara nem uma vez qualquer afeição por Mary — sequer a mencionara.

Juntei Lydia e o pai em meu consultório e a incentivei a colocar seus sentimentos para fora: tristeza, ansiedade, ciúme. Com medo de afastá-lo ainda mais, Lydia relutou em dizer o que se passava em sua cabeça. Também tinha medo de ver seu maior medo confirmado: de que ela realmente não tinha importância para ele. Porém, no fim, ela se abriu. "Quando tirei os sisos", disse ela para ele, "você não foi me visitar no hospital. Você foi à formatura da Mary em vez disso. Quando eu estava em casa de férias, você viajou com ela e a mãe dela para a Espanha."

Seu pai a ouviu com atenção. Eu o instruíra a refletir sobre o que Lydia precisava dele para entender, então ele arrastou a cadeira para perto da dela, olhou-a nos olhos e disse:

— Entendo que você ache que eu tenho uma relação mais próxima com a filha de outra pessoa do que com você; que fiz coisas com ela e por ela que fizeram você achar que não te amo da mesma forma, ou que simplesmente não te amo. Você se sentiu substituída.

Lydia assentiu.

— Posso responder?

Lydia tornou a assentir.

— Lydia, você é minha única filha e é você que eu amo. Como sabe, eu me envolvi com alguém que eu não deveria e me perdi, magoei você e sua mãe terrivelmente. Nunca vou conseguir explicar como lamento por isso. Mas não tenho uma relação próxima com a filha dela. Passei um tempo com ela porque eu estava com a mãe dela. Mary nunca teve a mesma importância que você para mim. Ela era parte do pacote, mas entendo por que você acabou pensando o contrário. Me desculpe por não estar ao seu lado quando ficou doente. Me desculpe por te abandonar e fazer você se sentir indesejada. Quero que a gente se reconecte outra vez.

Lydia se apegou às palavras do pai. Tinha sido ele a convidá-la a voltar para sua vida, mas fora ela que começara o processo de cura ao compartilhar seu turbilhão interno. Seu silêncio teria deixado sua dor incubada e tornado o perdão impossível.

Fale do ponto de vista da parte mais vulnerável da sua dor.

Você pode acreditar que, a menos que despeje sua fúria no ofensor, ele não vai entender a gravidade da ofensa. Você também pode achar, assim como muitos profissionais da saúde mental, que é preciso explodir para se livrar de emoções tóxicas. No entanto, esse "modelo catártico" é falso e destrutivo. Agora entendemos que, ao liberar essa raiva — em particular quando fazemos isso repetidamente —, nós não esgotamos nosso estoque. Na verdade, podemos até aumentá-lo. Quando expressamos raiva, continuamos a fomentá-la dentro de nós.

A forma com que transmitimos nossa afronta ou vergonha afetará a resposta do ofensor. John Gottman, um dos principais pesquisadores de relações conjugais dos Estados Unidos, observou em seu "laboratório do amor" que o modo como uma pessoa envia uma mensagem molda o formato da resposta. "Discussões sempre terminam no mesmo tom em que começam", relata ele.[49] Portanto, ele recomenda um "início suave", onde você reprime palavras duras de crítica ou desprezo e convida o ofensor a participar. Se você compartilha a dor em vez do ódio — o que eu chamo de "parte mais vulnerável da dor" —, é provável que suscite uma resposta menos defensiva e mais acolhedora.

Foi o que Marcy aprendeu a fazer com Jeff, seu marido. Várias vezes no passado, ao voltar de uma viagem de negócios, ela notava que Jeff não havia conseguido consertar algo que não estava funcionando na casa. Sua reação era chamar o marido de incompetente. "Não sei como acabo me envolvendo com homens tão inúteis", despejava ela. "Você parece meu primeiro marido, está sempre usando as pessoas. Só quer moleza. Quer que eu faça todo o trabalho e ainda pague as contas."

Somente quando Marcy parou de atacar a masculinidade de Jeff e começou a compartilhar mais sua própria vulnerabilidade é que ele conseguiu lidar com o sofrimento dela e responder como um companheiro amoroso. Ela aprendeu a se comunicar com ele: "Estou me sentindo sobrecarregada e desvalorizada. Quando você me espera chegar em casa para consertar o telefone ou a porta da garagem, eu me sinto como um burro de carga. Passei minha vida inteira cuidando das pessoas. Estou pedindo que, quando houver um problema, você tente resolver, não importa o que seja. Não importa se você vai conseguir, só importa que você tente. Então vou sentir que você está comigo nesse casamento. Preciso da sua ajuda."

Marcy mudou o tom da mensagem de duas formas. Primeiro, deixou de expressar emoções difíceis, como ódio, rancor e desprezo, e passou a focar emoções mais suaves, como tristeza, solidão, insegurança, ansiedade e vergonha. Segundo, deixou de falar com ele apontando o dedo, do tipo "você não consegue fazer nada", para falar sobre si mesma: sua dor, seu cansaço, seu desespero.

Quando você expressa apenas emoções difíceis de uma forma bruta e acusatória, é provável que acabe com uma vitória de Pirro, esmagando seu oponente, mas perdendo o jogo. A pessoa que te magoou pode até entender seu ponto, mas não vai querer saber de você. Talvez você consiga fazê-la se sentir péssima consigo mesma, mas não vai receber nem uma gota de compaixão em troca. Açoitado por sua intensa hostilidade, é provável que o ofensor responda se distanciando emocionalmente, contra-atacando ou apenas se sentindo paralisado, todas opções letais para o perdão.

É natural se sentir irritada ou cautelosa com alguém que ofendeu você, mas, se quer que essa pessoa alivie sua mágoa, eis meu conselho: não torne fácil para ela *não* conquistar o perdão. Não dê ao ofensor uma desculpa para *não* se aproximar. Não reforce a ideia dele de que nada que fizer vai abalar seus sentimentos. Como um ofensor arrependido disse à esposa: "Se você agir como um tigre, como posso abraçar você?"

Quando expressa emoções mais suaves, você cria um ambiente em que o outro fica mais propenso a sentir sua dor e responder de maneira reconfortante e empática. Isso não quer dizer que você deva engolir a raiva ou amenizá-la. Significa que você deve tentar ir além da raiva, transmitindo a intensidade da sua mágoa e do seu medo com mais gentileza, falando de todo coração.

Seu objetivo deve ser evocar não só a empatia dele, mas também a compaixão. Qual é a diferença entre elas? Quando o ofensor sente empatia por você, ele para de julgar seu comportamento a partir do próprio ponto de vista míope e tenta entender o que aconteceu através do seu olhar.[50] Contar seu lado da história o ajuda a fazer isso. Quando demonstra compaixão, ele sente afinidade e quer chegar junto para aliviar seu sofrimento. É mais provável que ele faça isso quando você compartilha não só os detalhes da sua história, mas também a sua dor.

Para algumas pessoas talvez seja impossível dar uma resposta tão detalhada, pelo menos a princípio. Talvez seja necessário, primeiramente, expressar seu pesar. Emily, uma respeitável episcopaliana de 68 anos — uma mulher reservada do ponto de vista emocional e com uma fala mansa —, é um exemplo. Um dia, ela encontrou uma caixa de documentos em seu porão que acabou revelando acordos de fundo fiduciário para duas crianças sobre as quais ela nada sabia. Depois de investigar um pouco, Emily descobriu que o marido tivera um caso extraconjugal 17 anos antes e era pai de dois filhos, a quem, desde então, dava suporte. O caso tinha terminado havia dez anos, mas ele continuava mandando dinheiro para os filhos.

Quando o casal se encontrou no meu consultório, Emily berrou obscenidades para o marido até ficar rouca. Quando eles foram embora, ela parou e então se virou para mim com os olhos cheios de lágrimas. "Estou com muita vergonha de mim mesma", disse ela. "Usei hoje palavras que eu nem sabia que conhecia. Eu sinto muito."

Respondi tentando normalizar seus sentimentos e reduzir sua sensação de vergonha para que ela pudesse começar um diálogo construtivo com o cônjuge. Ele estava desesperado para conquistar o perdão dela.

"Às vezes, gritar é a única resposta humana disponível e autêntica", eu disse para ela. "Para ser verdadeira com você mesma, talvez precise liberar um pouco do veneno preso em seu íntimo. Só não se esqueça de que, ainda que seja uma resposta sadia e normal a uma ofensa significativa — o lugar onde a maior parte de nós começa —, você não pode se ater à sua raiva para sempre se espera algum dia perdoar ou se curar. Com o tempo, surgirá uma oportunidade melhor de ser ouvida, quando conseguir comunicar a mágoa por baixo da sua hostilidade."

Ajude-o a localizar sua dor e diga a ele exatamente do que você precisa para se curar.

Para que o ofensor conquiste seu perdão, é necessário dizer a ele com exatidão como você está magoada e do que precisa para melhorar. Quando o ajuda a *localizar sua dor* e diz a ele como tratar dela, você cria uma oportunidade para que ele aplique um bálsamo específico em uma ferida específica que está doendo e exige atenção.

Eis um exemplo. Dezenove anos após um divórcio brutal e terrível com dois anos de duração e cheio de batalhas referentes a finanças e guarda, Ruth e Eliot passaram um fim de semana juntos comemorando a formatura do filho na faculdade. Ao caminharem pelo *campus*, Eliot pediu desculpas por ter feito a vida dela um inferno naquele período. Ruth ficou muito comovida, mas sentiu que ele não conseguiu tratar da parte mais devastadora de sua traição. Ela considerou deixar passar — não queria estragar o momento, e ele tinha demonstrado mais consideração pelos sentimentos dela do que nunca —, mas Ruth sabia que, para perdoá-lo por completo, precisava que ele refletisse sobre uma questão fundamental.

Ruth tomou coragem.

— Fico grata por seu pedido de desculpas, Eliot — disse ela. — Significa muito para mim. Mas tem uma coisa que você fez que foi muito pior do que me trair ou se divorciar, e eu gostaria que a gente falasse sobre isso.

— Diga — respondeu ele.

— Parece que você tentou virar as crianças contra mim. Você queria que eles amassem você e me odiassem. Falou coisas para eles sobre mim que eram cruéis e falsas.

Eliot não hesitou.

— Você tem toda a razão — disse ele. — Fiz mesmo isso. E fiz de forma consciente e calculada. Quero que saiba que tenho vergonha da forma com que agi. Eu magoei você e os meninos de um jeito egoísta e imprudente.

Ruth continuou a localizar a própria dor e incentivá-lo a acessá-la.

— Me ajudaria muito saber por que você fez isso — disse ela.

Eliot parou para pensar antes de responder.

— Para falar a verdade, até esse momento eu não tinha parado para pensar sobre isso. Pedir desculpas e admitir que estou errado, sabe, não são meus pontos fortes. Mas acho que fiz isso porque me sentia culpado, e odiar você me impedia de me sentir mal comigo mesmo. Eu sei que eu era inseguro e, de um jeito meio imaturo e tacanho, eu acreditava que, se os meninos amassem você, se virariam contra mim. E eu tinha pavor de perder o amor deles. Mas, Ruth, quero que saiba que eles nunca caíram na minha manipulação. São espertos demais, amam muito você, e você é uma mãe incrível.

Eliot então deu mais um passo para tratar da mágoa que ferira Ruth tão profundamente. Ele entrou no restaurante onde os rapazes aguardavam e disse: "Acabei de me desculpar com a mãe de vocês por tratá-la de formas que ela não merecia." Ele repetiu para eles o que acabara de dizer a Ruth e se desculpou mais uma vez com ela — e com os filhos.

Essa história ilustra o primoroso processo colaborativo do perdão: como você, parte magoada, pode ajudar o ofensor a conquistá-lo e como ele pode ajudar você a concedê-lo. Eliot estava genuinamente arrependido, mas não podia ler a mente de Ruth nem saber o que havia no coração dela. Só ela sabia que havia questões pendentes. Só ela poderia deixá-lo ciente disso e pedir que ele se responsabilizasse. Só assim ele poderia apresentar as palavras e atitudes exatas que iriam curá-la.

No meu trabalho com infidelidade, quando uma parceira magoada diz ao cônjuge o que ele precisa fazer para reconquistar a confiança, às vezes ele se sente coagido, se irrita e diz não. Outras vezes, porém, abraça o desafio. "Eu gostaria de consertar o estrago que causei, mas sinceramente não sei o que fazer ou por onde começar", admite ele. "Me diga o que fazer, eu quero consertar meu erro."

Ao revelar o que precisa da pessoa que a magoou, você assume um risco calculado. Por um lado, pode descobrir que ele não dá a mínima para você ou para o que você quer. Por outro, você pode dar a ele uma oportunidade muito esperada de se reaproximar de você. Foi o que aconteceu quando minha paciente Cheryl confrontou a mãe.

Quando Cheryl era criança, a mãe era viciada em maconha e cocaína. "Quando você chegou, eu já era muito viciada", reconheceu a mãe dela. "Você não foi muito acolhida por mim."

Cheryl ficou grata pela confissão, mas não era o bastante. "Não foi bem um pedido de desculpa", disse-me ela. "Ainda não sei como ela se sente a respeito do que fez. Ela sente algum remorso? Se sim, eu queria saber mais a respeito disso."

Incentivei Cheryl a voltar e pedir mais. Ela concordou. "Sempre me perguntei como você se sentia em relação ao seu vício e se se arrepende do que fez comigo", disse ela à mãe. "Não quero que minta ou invente alguma coisa, mas, caso se sinta mal, me ajudaria saber."

"Eu me sinto muito pior do que você pode imaginar", respondeu a mãe. "Não fui uma mãe boa como você merecia, como eu esperava ser, e me sinto péssima por toda a ansiedade que te causei, por obrigar você a cuidar de mim em vez de ser uma criança livre de preocupações. Me desculpe por todas as vezes que você chegou da escola e, em vez de ter sua mãe perguntando como foi seu dia ou ajudando com o dever de casa, me encontrou apagada no quarto com as cortinas fechadas. Me desculpe pela vez que tive uma overdose e você precisou chamar a ambulância. Isso deve ter sido muito assustador. Eu poderia continuar listando e continuo se você quiser."

Cheryl se sentiu aliviada ao ouvir isso. Também aprendeu que, quando dizemos a uma pessoa o que precisamos dela, abrimos o caminho de volta ao nosso coração. E por isso aconselho: não erga *aros invisíveis* e fique esperando o ofensor pular através deles. Seja prática. Diga a ele: "Isso é o que vai me ajudar a me recuperar e superar minha raiva. Isso vai permitir que eu me aproxime de você, e talvez perdoe."

Eis alguns comportamentos específicos que podem ser opções para você pedir:

* "Preciso que você me *peça* para perdoá-lo."
* "Preciso que você vire para sua família e diga que mentiu a meu respeito."
* "Preciso que me deixe falar tudo que você fez para me magoar e que escute sem ficar com raiva."
* "Preciso que repita o que eu lhe falei, para que eu sinta que você 'entendeu'."

Quando diz ao ofensor: "Não preciso de nada de você", você se afasta e não lhe dá chance de consertar as coisas de maneira significativa. O que você diz, na verdade, é: "Não preciso de nada porque estou comprometida em odiar você e mantê-lo no escuro." Por outro lado, quando mapeia o que precisa, dá a ele uma direção e cria um caminho para o perdão.

Como escreve Gaston Bachelard:

Qual é a fonte do nosso primeiro sofrimento?
Reside no fato de que hesitamos em falar.
Nasce no momento
Em que acumulamos coisas silenciosas em nós.[51]

Permita que ele faça reparações.

Quando alguém a ofende, fica em débito com você. Para saldar a dívida, essa pessoa precisa fazer pagamentos constantes e confiáveis. Quando se recusa a permitir que isso aconteça, você deixa o Perdão Genuíno fora de alcance.

Foi o que fez um paciente chamado Mark. Quando o pai dele faleceu, Mark quis passar alguns dias na casa da mãe para fazer companhia a ela e queria levar o filho mais velho junto. Mas Marge, sua esposa, que estava grávida de oito meses, disse que não, que ela não conseguiria lidar sozinha com o filho de dois anos deles, e insistiu para que Mark ficasse em casa. Ele concordou, ficou calado e depois foi à forra indo para cama com a mulher do vizinho. Mesmo tendo traído Marge, *ele* se considerava a parte magoada.

Depois que Marge descobriu a traição, ela e Mark vieram ao meu consultório para tentarem se perdoar. Mark começou dizendo que tinha sido ele o infiel e que Marge não fizera nada similar à transgressão dele. "Me sinto desconfortável, como um bebê, pedindo que você escute meus problemas", disse ele a ela. "Vamos nos concentrar em você primeiro." Parecia razoável, então assim fizemos, sem saber dos planos ocultos de Mark.

Marge desabafou sua dor. Ele ouviu e depois escreveu um pedido de desculpa para ela, descrevendo todas as formas pelas quais o caso extraconjugal dele havia devastado a vida dela.

O casal marcou um horário para a semana seguinte, quando Mark detalharia as *suas* mágoas, e Marge escreveria um pedido de desculpas para ele. Porém, duas horas antes da sessão, Mark cancelou. Ele remarcou um novo horário, mas chegou sozinho e falou que tinha se esquecido de avisar para Marge. "O que está acontecendo?", perguntei a ele. Finalmente, ele confrontou a verdade: ele não queria que Marge tratasse da raiva dele. Não queria abrir mão de seu rancor. Não queria se curar. "Se eu disser a ela o quanto ela me magoou, sei que ela vai ouvir e se desculpar por não me apoiar, e depois vou ter de perdoá-la", explicou. "Sabe", disse ele, com um sorriso, "sou siciliano. Sicilianos não perdoam."

O que o humor de Mark tentava ocultar era uma infância complicada. Ele era o filho temporão e costumava ser tratado como um estorvo, um convidado indesejado. A falta de apoio de Marge era algo estranhamente confortável para ele. Mark estava determinado a bancar a vítima e deixar Marge como a esposa controladora, papéis que eram bem familiares para ele. Permitir que ela chegasse até ele o teria obrigado a reescrever a história de sua vida, uma opção que era mais difícil e ameaçadora do que permanecer desajustado e aflito.

Para Mark, assim como para você, às vezes desculpas são difíceis de aceitar, até mais do que a ofensa em si. Ao permitir que o ofensor se desculpe, você pode ser obrigada a vê-lo por um novo prisma, como um misto de bom e mau, como, Deus nos livre, um ser humano como você, vulnerável e digno de perdão.

A brutalidade de um pedido de desculpas compassivo é evidente no meu trabalho com infidelidade. Minha paciente Jen é um exemplo. Quando mandou uma carta para Lauren, ex-amante de seu parceiro, a mulher respondeu com uma demonstração sincera de remorso. "Quero me desculpar pela dor que lhe causei", escreveu ela. "Penso nisso todos os dias. Gostaria de não encarar o fato de ter feito isso com você, porque não se encaixa na ideia que faço de mim mesma, mas eu fiz e convivo com essa realidade todos os dias. Estou prestes a me casar e rezo para que ninguém faça comigo o que fiz com você. Se houvesse algo que eu pudesse fazer para acabar com a sua dor, eu faria. Não espero que você me perdoe, mas quero que saiba que eu sinto muito mesmo."

Mas que terrível para Jen descobrir que Lauren era capaz de sentir culpa e compaixão! Que perturbador se ver ela mesma gostando dessa "criatura" e entendendo por que seu marido tinha se sentido atraído por ela. Teria sido mais fácil engolir a hostilidade ou o silêncio. "O pedido de desculpas de Lauren parece pele nova em cima de um ferimento", disse-me Jen, "mas a vontade que eu sinto é de arrancá-la e deixar que o sangue jorre outra vez."

Deixe-o ciente das coisas que está fazendo de certo.

É improvável que o ofensor se aproxime se você não conseguir perceber ou aprovar os esforços dele. Aconselho-a a incentivá-lo sempre que ele:

* testemunhar sua dor e ouvir você de coração aberto;
* pedir desculpas de maneira generosa, genuína e responsável;
* refletir sobre a origem e o significado do próprio comportamento; e
* trabalhar para reconstruir a confiança.

Ellen, coordenadora de escola, não conseguiu incentivar os esforços do marido, e o resultado foi previsível. Depois de três meses de terapia, sugeri que ela e Nick revisassem as listas de mudanças que tinham pedido um para o outro e discutissem seus progressos. Um dos pedidos principais de Ellen era que Nick parasse de ridicularizá-la e torná-la alvo de piadas, especialmente em público. Ele tinha se esforçado muito para mudar, mas Ellen não ficara impressionada.

Nick estava desestimulado. "Exatamente quando eu coloquei você para baixo da última vez?", ele a desafiou.

Ellen apenas deu de ombros. Na vez seguinte em que estávamos sozinhas, perguntei a ela no que estava pensando. Nick tinha exagerado no bom comportamento? Ellen de fato não tinha reparado em nenhuma mudança? Ou será que estava com medo de reconhecer alguma delas?

"Não quero que ele se safe com tanta facilidade", admitiu ela. "Tenho medo de falar para ele que estou encantada com seus esforços, e ele voltar a ser como era antes."

Incentivei Ellen a falar sobre seus receios com Nick em vez de dramatizá-los. Sugeri que desse apoio aos esforços dele dizendo: "Tenho medo de demonstrar gratidão porque tenho receio de que você pare de se esforçar. O que está fazendo tem ajudado. Faz eu me sentir mais próxima de você. Espero que continue assim." Deixar Nick ciente de que estava no caminho certo — fazer carinho no coelho, como dizem nos círculos mais sofisticados de psicólogos — tinha mais chances de evocar a resposta desejada do que criticá-lo pelo que ele fazia de errado.

Descobri que, principalmente em relacionamentos íntimos, o maior medo do ofensor é nunca ser perdoado — que, não importa o quanto ele tente reconquistar sua afeição ou seu respeito, você o despreze e o puna para sempre. É difícil continuar a produzir comportamentos positivos para reconstruir a confiança quando o ofensor acredita que você vai fazer da vida dele um eterno inferno. E, por isso, aconselho mais uma vez: não tenha medo de validar os esforços dele. É provável que a beneficiada seja você. Se não for assim, você pode parar quando quiser.

Peça desculpa por sua contribuição para a ofensa.

Você pode ser completamente inocente, e a pessoa que você chama de ofensor, completamente culpada. Porém, em geral, há duas versões tendenciosas da verdade. Se você espera dar sequência ao processo de perdão, precisa assumir total responsabilidade por qualquer coisa que tenha feito de errado, não importa o quão pequena seja, e se desculpar sem restrições.

Em casos de infidelidade, costumo dizer à parte infiel: "Assuma 100% da responsabilidade. Ninguém provoca a infidelidade do outro, assim como ninguém faz com que uma pessoa desenvolva transtorno alimentar ou alcoolismo. Foi simplesmente assim que você lidou com o que quer que tenha enfrentado na época." Mas também digo à parte magoada: "Você também. Assuma a responsabilidade pelo que fez de errado: por contribuir, talvez, com os ressentimentos do seu parceiro e dar espaço para uma terceira pessoa se colocar entre vocês."

Se você sente que alguém errou mais com você do que você com ele, provavelmente quer que ele se desculpe primeiro. É justo e compreensível. Mas garanta à pessoa que fará o mesmo na sua vez, e que manterá sua promessa.

Há pouco tempo, me pediram para atender a paciente de uma colega, Sharon, que não conseguia perdoar o marido por seu caso extraconjugal.

— Estou empacada — contou-me ela. — Ele está fazendo tudo o que pode para que eu o perdoe e volte a amá-lo, e eu gostaria de fazer isso. Mas minhas obsessões e minha raiva parecem piorar com o tempo em vez de melhorar.

— Sharon, essa é uma consulta única, então me permita ser bem direta — disse depois de ouvir sua história. — Você me contou que foi uma criança emocionalmente carente. Sua mãe nunca fez você se sentir amada ou boa o bastante, seu pai nunca ficou do seu lado, nunca saiu em sua defesa. Você fez o melhor que pôde para obter a aprovação dos dois, mas eles nunca ficavam impressionados. Você fez da sua vida algo que o mundo consideraria um sucesso, formando-se com honras em uma universidade de prestígio e obtendo certificados acadêmicos avançados em psicologia e economia. Você conquistou riqueza, prestígio e uma bela família. Trabalhou a vida inteira para brilhar mais forte do que qualquer um e acredita que fez tudo certo. Mas, então, um dia você descobre que seu marido intelectual está tendo um caso com uma jovem babá sem estudo, e o que acontece? Sua 'história oficial' se estilhaça, e você se sente humilhada e injustiçada.

"Você diz: 'Isso não deveria ter acontecido.' Mas aconteceu. E você está tentando entender o motivo. O que posso te dizer é que existem muitas respostas, e algumas têm a ver com questões pessoais do seu marido. Ele sempre foi tão responsável, tão determinado a fazer as coisas certas... O caso pode ter acessado algo que faltava na vida dele. Outras têm a ver com oportunidade e química romântica: ela deu em cima do seu marido, e ele se deixou levar por uma obsessão que não entendia e não conseguia controlar. Mas as respostas difíceis têm a ver com você. Você mesma admitiu que ficou imersa em sua carreira e nos seus filhos, deixando-o de lado. Quando ele ligava para o seu trabalho, você desligava o mais rápido possível. Quando ele queria fazer sexo, você várias vezes virava para o outro lado. Quando o irmão dele sofreu um acidente de carro grave, você estava ocupada demais para visitá-lo no hospital. Antes de ele ter um caso, você via vocês dois como um casal feliz e perfeito. Agora, vê como mais uma pessoa que não teve o menor cuidado com você, que fez algo terrível que você não merecia e pelo qual nunca vai perdoá-lo. Sua raiva enquadra e preserva esse retrato. Mas, se quer seguir em frente — se vai perdoá-lo e permitir que ele volte para sua vida —, vai ter de encarar a verdade. E a verdade é que você tem sido cúmplice do crime. Você também tem culpa. Esse nível de autocrítica vai ser doloroso, mas pode te ajudar a se curar."

Sharon ouviu com atenção e disse:

— É difícil ouvir o que você está dizendo, mas acho que você tem algo em mente. O que recomenda?

Respondi:

— Faz 14 meses desde que seu marido terminou o caso e está se dedicando a reerguer o casamento. Se você o ama de verdade e quer perdoá-lo, sugiro que escreva um pedido de desculpas descrevendo todas as maneiras como errou com ele ao longo dos anos, todas as formas como o afastou e o culpou pelo fracasso do casamento.

— Você só pode estar brincando — disse Sharon.

— Você não é obrigada a fazer isso, é claro — prossegui. — Pode continuar melindrada e cheia de razão. Mas, se quiser expiar esses sentimentos e perdoá-lo, precisa reescrever sua história, parar de se declarar inocente, ser humilde e aceitar um pouco da culpa. Quando você reconhece para ele: "Olha, não sou perfeita. Sei que fiz coisas que também lhe ofenderam", você conquista dois objetivos. Primeiro, vê sua ofensa com mais clareza e descobre que talvez haja menos para perdoar do que você pensou. Talvez até descubra que é você quem precisa ser perdoada. Segundo, você não dá a ele desculpa alguma para ficar na defensiva. Pelo contrário, demonstra que tem caráter suficiente para admitir que errou e inspirá-lo a fazer o mesmo.

Uma semana depois, recebi uma carta de Sharon. "Quero agradecer por nossa sessão", disse ela. "Você foi provocativa, mas ajudou. Segui seu conselho e assumi minha responsabilidade. Foi a coisa mais difícil que já precisei fazer, mas era necessário."

O que Sharon percebeu é que o Perdão Genuíno não ocorre entre dois indivíduos competitivos, inseguros e vingativos, mas sim entre aqueles que têm a coragem e a compostura de confrontar sua culpabilidade na presença do outro.

Do não perdoar ao Perdão Genuíno: um estudo de caso

Perdoar alguém de forma genuína não quer dizer que necessariamente, de agora em diante, você vai irradiar apenas boa vontade na direção dele. Significa, sim, que você permite que os esforços de reparação do ofensor suavizem a forma com que se sente em relação a ele e o enxerga. Você o libera do seu rancor não só porque uma vida de ódio é uma sentença à qual você se recusa a se condenar, mas porque ele mereceu uma resposta mais positiva.

Quando Mary veio me ver pela primeira vez, era uma jovem de 27 anos que bebia demais e era sexualmente promíscua. Ao me contar sua história de vida, ficou claro que a forma como seus pais a trataram era agora o seu jeito de se conhecer e se tratar.

Mary tinha quatro anos quando seu pai alcoólatra saiu de casa. Ela quase nunca ouvia falar dele — só um cartão de aniversário, uma ligação. Quando tinha nove anos, a mãe dela se casou com um homem cuja ideia de brincadeira era tentar inserir seus dedos na vagina de Mary enquanto ela lutava para manter as pernas juntas e apertadas. A mãe nunca tentou protegê-la. Mesmo depois de o segundo casamento terminar em divórcio, a mãe continuou a negar que Mary tinha sido violentada.

Aos 16 anos, Mary saiu de casa e se envolveu em uma série de relacionamentos abusivos. Acabou indo morar com Eddie, um jovem relativamente estável e responsável que dizia amá-la. Quando ele a pediu em casamento, ela entrou em pânico e procurou terapia. Usamos sua história de vida como uma janela para identificar por que ela temia intimidade e um relacionamento sério. Ficou claro que, para Mary, uma relação era um lugar de dor, onde ela podia esperar ser explorada e abandonada.

Mary me expôs um incidente crucial entre ela e o pai biológico. "Três anos atrás, eu o localizei em Austin, marquei de me encontrar com ele e a namorada mais recente, Rhonda, e os apresentei para Eddie", contou-me. "O encontro foi um desastre colossal. Meu pai mal me fez uma pergunta. Quando ele foi ao banheiro, perguntei para Rhonda como eles tinham se conhecido. 'Em um bar'", ela respondeu. "Perguntei qual era o signo dele e ele respondeu: 'Vasectomia, porque eu nunca quis ter filhos.' Fiquei desorientada e indignada. Eu só queria sair dali o mais rápido possível. Quando meu pai voltou para a mesa, falei que não estava me sentindo bem, peguei o Eddie e dei o fora. Passei a vida toda achando que eu não significava nada para ele e esse encontro foi a prova final."

Nos anos seguintes, Mary se dedicou a se estabilizar. Entrou na faculdade e provou lá sua competência. Largou as drogas, o álcool e o sexo casual e começou a distinguir a forma como se sentia em relação a si mesma da forma como aqueles que abusaram dela e a abandonaram tinham-na feito sentir. Mary se recusou a afundar na amargura.

Contudo, sempre que pensava no pai, ainda chorava a perda dele. Sugeri a seguinte intervenção: como terapeuta de Mary, eu mandaria um e-mail para ele e tentaria entender um pouco mais o comportamento desse pai. Eu compartilharia a informação com ela apenas se julgasse que seria construtiva. Meu primeiro objetivo era entender os fatos direito para mostrar a ele a "parte mais vulnerável" da dor de Mary e testar sua capacidade de demonstrar preocupação.

Eis o que escrevi:

Caro sr. Samuels,
    Escrevo em nome de sua filha Mary. Sou uma psicóloga clínica que está trabalhando com ela numa terapia. A ideia de escrever um e-mail para o senhor é inteiramente minha. Mary estava ansiosa quanto a isso, mas achei que poderia ser útil.
    Não me estenderei em uma longa dissertação sobre o que está acontecendo com Mary, a não ser para dizer que o senhor, seu pai biológico,

é uma pessoa muito importante para ela. Não sei se o senhor tem ideia do quanto.

Muita coisa aconteceu, mas agora ela é uma jovem prestes a se casar. O senhor pode ajudá-la de duas formas. Uma é deixar que ela saiba por que sempre se manteve distante dela. O que estou pedindo, se puder ser ousada a esse ponto, são seus pensamentos sinceros em relação a essa questão. O que isso diz a seu respeito? O que diz a respeito de seus sentimentos por ela? Mary levou sua ausência para o lado mais pessoal possível — ela acredita que não é digna de amor —, e seria maravilhoso se o senhor pudesse ajudá-la a pensar diferente sobre o próprio valor como ser humano.

A outra forma de ajudar é manter contato com ela — não apenas fazer um único contato, e não precisa ser toda semana ou todo mês, mas com alguma constância. Falei para Mary que entraria em contato com o senhor, mas que não necessariamente revelaria o que o senhor me dissesse. Se me responder por e-mail ou me ligar, me diga se gostaria que eu compartilhasse com ela o que o senhor tem a dizer.

Desejo tudo de bom e espero que aceite embarcar nessa jornada de cura com sua filha. Seria mais do que qualquer terapeuta poderia fazer por ela.

Atenciosamente, dra. Spring

O sr. Samuels me respondeu por e-mail:

Fico mais do que feliz em ajudar Mary de qualquer maneira possível. Não se passou nem um dia nesses quase vinte anos que eu não tenha pensado nela. Sempre achei que ela quisesse manter distância. Sei que a mãe dela queria. Quando elas se mudaram para outro estado, ninguém me avisou ou me deu o novo endereço. Acho que seria de grande ajuda se conversássemos. Me mande um e-mail com uma boa hora para ligar para a senhora. Não tenho problemas com a senhora compartilhar com Mary nada do que falarmos, se achar que cabe.

Em um telefonema com ele, perguntei sobre o comentário da vasectomia.

"O que eu disse foi que eu não queria ter *mais* filhos", contou-me ele.

Sugeri que ele escrevesse uma carta para Mary (através de mim, para que eu a examinasse antes de mostrar a ela), reconhecendo como seu comentário deve ter soado para ela e se desculpando por isso. Acrescentei: "O senhor também pode explicar o que estava querendo dizer, se quiser. Acho que seria bom para ela ter isso escrito para que pudesse ler quantas vezes quisesse. Porém, creio que seu pedido de desculpas é tão importante quanto sua explicação."

Ele escreveu:

Querida Mary,

    Sinto muito por qualquer coisa que eu tenha dito que magoou você. Já se passaram muito anos, então não me lembro das palavras exatas, mas sei que, em meu coração, o que eu quis dizer foi que "eu não queria ter *mais* filhos". Esse é o verdadeiro motivo para eu ter feito a vasectomia. Depois que vocês se mudaram para a Filadélfia, me senti dividido. Eu sentia muito a sua falta. Sua mãe não facilitou em nada para que eu pudesse ver você, e, àquela altura, eu não estava muito bem comigo mesmo, então não insisti. Foi nessa época que fiz a vasectomia. Eu ia me casar com Jane [a segunda esposa, de quem, mais tarde, ele se divorciou], que não queria filhos por ter diabetes e temer passar a doença adiante. Eu também não queria filhos, porque eu tinha uma filha maravilhosa e não queria reviver o horror de perder outro filho para um divórcio. O que você ouviu no restaurante naquele dia foi uma distorção de qualquer coisa em que já acreditei ou disse. Amo você e agradeço todo os dias da minha vida por você ter nascido.

Com amor, papai

    Mary absorveu tudo isso, começou a se corresponder e se encontrar com o pai. Eles conversaram muito. Aos poucos, ele foi provando que era digno de confiança e mostrou que não desaparecia de novo, e Mary permitiu que ele voltasse para sua vida. Hoje, ela ainda não sabe bem o quanto quer se relacionar com ele e se pergunta quem vai conduzi-la até o altar no dia do casamento. Mas se sente mais bem resolvida com o passado. "Eu o perdoei de alguma forma — o suficiente — pelo que ele fez, embora ainda me sinta ferida quando penso a respeito", disse-me ela recentemente. "Mas fato é que me sinto um pouco melhor comigo mesma e consigo enxergá-lo como um pai decente e complicado que teve sua cota de problemas: alcoolismo, as pressões financeiras, o orgulho ferido por ser substituído por outro pai. Mas o que me faz perdoá-lo é o empenho dele desde que isso veio à tona. Ele me convenceu de que está mesmo arrependido, que está com raiva de si mesmo por ter agido daquela forma, e que eu sou importante para ele."

    E assim segue a delicada jornada de cura. O pai de Mary deu início a isso ao chegar junto, incentivar Mary a desabafar sua dor e ouvi-la com um coração cheio de amor. Mary abriu a porta e convidou o pai para conhecê-la. Ela assumiu o risco de contar a ele exatamente como ele a magoara e permitiu que o comportamento dele aos seus olhos o redimisse, conquistando um lugar na vida dela.

    Essa história entre pai e filha ilustra o trabalho árduo, interativo e de profunda correção do Perdão Genuíno. Através das ações do ofensor, ele prova para você que não é de todo mal, que é mais do que a soma de suas ofensas. Ao permitir que o outro a cure, você prova que não vive só de condenação, que é mais do que juíza dele. Juntos, vocês desintoxicam a ofensa e a relegam a um plano que não é mais o principal. Ela se torna um capítulo na vida de vocês — sem dúvida, não o melhor, mas talvez nem o último nem o principal.

Recentemente fui a uma conferência na Faculdade de Medicina de Harvard cujo tema era o perdão, a primeira desse tipo. Fui com um misto de ansiedade e empolgação, imaginando como minhas ideias se sustentariam diante do que é atualmente aceito e o que eu aprenderia em relação a esse tema complexo, misterioso e universal.

O que descobri foi que o trabalho do perdão continua a ser visto como algo iniciado e concluído pela parte magoada sozinha: em sua cabeça, em seu coração, por sua crença em um ser superior, por sua empatia e benevolência, por sua necessidade de aliviar o próprio sofrimento. Nada é pedido ao ofensor. Isso me deixou perplexa, principalmente diante das evidências cada vez maiores de que os seres humanos se curam quando estão conectados a um semelhante que se importa. Ao restaurar nossos corpos e almas, o poder de ser ouvido com respeito e compaixão, de ser parte de um vínculo de carinho, é indiscutível.

Herbert Benson, fundador do Instituto Mente/Corpo de Harvard, apresentou um estudo fascinante, demonstrando que pacientes hospitalizados tratados com empatia tendiam a se recuperar mais rápido do que aqueles tratados com formalidade. Quando anestesiologistas passavam algum tempo da noite da véspera de uma cirurgia conversando com seus pacientes — respondendo perguntas, dando atenção às suas ansiedades —, as pessoas reportavam menos dor, precisavam de menos analgésicos durante a internação e tinham alta 2,7 dias mais cedo do que pacientes cujos médicos ofereciam apenas breves informações factuais a respeito do procedimento que ocorreria.[52]

Os resultados desse estudo não deveriam ser tão surpreendentes. O cuidado importa. A gentileza leva a uma boa saúde. Quando alguém se interessa por nossa dor, isso nos ajuda a melhorar.

Com essas conclusões em mente, precisamos nos fazer algumas perguntas. Para se recuperar de uma violação, por que devemos entrar nessa sozinhos? Não faria sentido o ofensor passar tanto tempo tentando conquistar o perdão quanto nós passamos trabalhando para concedê-lo? Já que a pesquisa ilustra que somos mais propensos a perdoar aqueles de quem nos sentimos mais próximos e já que somos mais propensos a nos sentirmos próximos de quem se apresenta para nos ajudar,[53] *não deveríamos pedir ao ofensor que participe do processo de perdão?*

É evidente a necessidade de uma revisão. É tempo de formular dois conceitos de perdão: um para quando o ofensor se empenha em reparar seus erros, e outro para quando ele não o faz. Também devemos aprender a integrar o que se costuma encarar como o perdão "cristão", enfatizando empatia, humildade, gratidão e misericórdia, e o que se costuma encarar como o perdão "judaico", enfatizando justiça, arrependimento e expiação.

Para além de crenças religiosas e seculares, somos lembrados por Harry Stack Sullivan de que "somos todos humanos bem mais simples do que qualquer outra coisa". Como seres humanos, precisamos encontrar maneiras de parar de infligir dor a nós mesmos e uns aos outros.

Epílogo
Perdoar ou não perdoar? O que há de novo?

Dezessete anos atrás, escrevi a primeira edição de *Perdoar ou não perdoar?*. Hoje, no meu 43.º ano de atendimento em consultório particular, continuo a testemunhar as mesmas verdades relacionais que observava antes: quando as pessoas sofrem profundas mágoas interpessoais — a infidelidade de um parceiro, um comentário ácido de um dos pais, a mentira de um irmão dependente químico, a ingratidão de um filho —, as partes magoadas costumam achar que o perdão é uma resposta generosa e insincera demais. Sentem-se cheias de ódio e mágoa e sem saber para onde ir. Tentei criar um modelo saudável para *não* perdoar e para explicar com todas as letras o que precisa acontecer entre duas pessoas unidas pela ofensa para que o perdão genuíno seja *merecido*. Na época em que o livro foi publicado, eu não estava preparada para a intensidade da reação negativa que as pessoas têm da noção básica do perdão.

Minha primeira palestra foi na Instituição Smithsoniana, em Washington, D. C. Ainda me lembro de estar toda orgulhosa atrás da mesa com exemplares do meu novo livro, aguardando o começo do evento. Um homem de uns cinquenta anos passou, pegou um livro e declarou: "Perdão, é? Ótimo tema!" Então fez uma pausa e acrescentou: "Para ser sincero, não é algo que *eu* faça, mas é *realmente* importante." Ele piscou para mim, largou o livro em cima da mesa e saiu do prédio.

Se tivesse ficado para a palestra, ele teria me ouvido dizer: "É exatamente assim que muitas pessoas se sentem. Mas talvez haja outra maneira de processar ofensas em um relacionamento *sem* perdoar." Infelizmente, ele já tinha ido embora havia muito tempo quando peguei o microfone.

Depois, ministrei uma palestra em um retiro espiritual em Berkshires, Massachusetts. As refeições eram compartilhadas em mesas compridas entre os que assistiam às palestras. Virei-me para a mulher de meia-idade à minha frente e perguntei:

— Como tem sido seu tempo aqui?

Ela me contou sobre suas atividades e depois quis saber:

— E você?

Contei que estava ali para ministrar uma aula sobre perdão. Sua resposta foi imediata e cortante:

— Meu marido me traiu este ano, e a última coisa que quero é que me digam que preciso perdoá-lo — contou, com um olhar penetrante. — Preciso confessar que, quando vi sua palestra no catálogo, só queria virar a página o mais rápido possível!

— Exatamente! — respondi, dessa vez mais preparada. — Quando alguém nos magoa sem merecermos e não se importa com a dor que nos causou, muitos de nós ficam perplexos diante da ideia de que perdoar é bom para nós mesmos.

Contei a ela que meu curso não a pressionaria a perdoar; na verdade, o intuito era oferecer uma *alternativa* sadia para o perdão. Por que não dar uma passada de 15 minutos? Ela me olhou desconfiada e respondeu:

— Um curso sobre *não* perdoar? Vou pensar.

Minha preocupação de que qualquer livro com a palavra "perdão" no título estivesse fadado a ir para o túmulo ficou ainda maior quando encontrei por acaso com o reverendo William Sloane Coffin, capelão da Universidade Yale. Perguntei como ele aconselharia seus membros da congregação a perdoar um monstro, alguém como Osama bin Laden. Sua resposta foi bonitinha, ainda que evasiva, salientando as deficiências nos modelos atuais de perdão. Ele brincou: "Eu diria a eles: 'Se querem praticar o perdão, talvez devessem começar com alguém mais fácil.'"

Desde a publicação da primeira edição de *Perdoar ou não perdoar?*, outros eventos casuais reforçaram minha percepção em relação à resposta intensamente pessoal, e muitas vezes hostil, que as pessoas dão à ideia do perdão. Fui abençoada por encontrar o livro de Simon Wiesenthal, *The Sunflower: On the Possibilities and Limits of Forgiveness* [O girassol: sobre as possibilidades e os limites do perdão]. Nele, um soldado nazista pergunta a Wiesenthal se ele o perdoaria pelos crimes hediondos que o soldado cometera durante a Segunda Guerra Mundial. Depois de entrevistar vários líderes políticos e religiosos, Wiesenthal concluiu que não tinha autoridade moral ou legal para perdoar os outros: apenas a pessoa que fora violada poderia perdoar a que perpetrara o mal. E, já que aquelas pessoas tinham sido brutalmente assassinadas, a parte culpada não podia ser perdoada. Faz sentido para mim, porque acredito que o Perdão Genuíno — o bálsamo mais substancial, profundo e purificador para feridas interpessoais — deve ser conquistado e só pode acontecer entre duas pessoas unidas pela ofensa.

Mas eu acrescentaria o seguinte: há muitos caminhos para a cura. Aqui há uma série de exemplos de casos em que meus pacientes explicam com detalhes as ofensas em seus relacionamentos, e, de maneiras que não foram abordadas até então, ofereço conselhos e exercícios concretos para ajudá-los a curar as feridas do relacionamento — com ou *sem* perdão.

1. *"John e eu estamos casados há quatro anos e temos um filho de dois anos. Seis meses atrás, descobri que ele estava tendo um caso com sua cabeleireira e engravidou a vagabunda. Ela está decidida a ter o bebê. Para mim, além do custo* emocional *do trauma, que é imenso, ainda há a questão da obrigação* financeira. *Ela está planejando entrar na justiça para*

conseguir a pensão. Estou tentando aceitar esse fardo que vamos ter de carregar pelo resto da vida, mas me recuso terminantemente a permitir que meu marido tenha uma relação com aquela que você chama de 'pessoa do caso'* *ou com a criança que gerou com ela. Lamento, sei que o bebê é inocente, mas não posso ficar neste casamento, criar* nosso *filho e me sentir segura e amada se ele continuar convivendo com* eles. *Perdão? Não tenho esse sentimento. Isso é muito doentio e egoísta?"*

É naturalmente difícil lidar com o ataque massivo de estresse e vergonha provocado pelo caso extraconjugal; acrescente a isso uma criança, e o sentimento vai além de uma onda esmagadora. Para se sentir segura e amada, para reconstruir a confiança e abrir caminho até o perdão, a parte magoada muitas vezes demanda que o parceiro infiel nunca mais tenha nenhum tipo de contato com a pessoa do caso ou qualquer um associado a ela. Chamo isso de um "corte *kosher*" — uma extirpação cem por cento completa das pessoas envolvidas. Faz sentido, mas, às vezes, isso não é possível ou não parece certo.

As pessoas elaboram e aceitam todo tipo de arranjos no que diz respeito a manter contato com aqueles que estão ligados a uma violação interpessoal devastadora, como um caso extraconjugal, indo de bloquear por completo as pessoas a aceitá-las inteiramente. Com outro casal que atendi, o marido tinha engravidado uma de suas representantes de venda, e, mesmo assim, a esposa foi extremamente receptiva ao aceitar o bebê — querendo participar e enviando presentes de Natal e de aniversário. Mais tarde descobri que ela *também* tinha um caso extraconjugal, sobre o qual o marido nada sabia. A aparente magnanimidade e o perdão da esposa foram motivados tanto pela própria culpa quanto por sua compaixão e humanidade.

Quanto à decisão da parte magoada de não ter contato algum com a criança gerada por esse caso, a não ser talvez por uma pensão alimentícia imposta pela justiça, alguns podem dizer: "É claro que não dá para se curar ou perdoar se o seu cônjuge continua tendo um relacionamento próximo com a pessoa do caso e o bebê. Alguém tem de sofrer, e você se ressente com a ideia de que *você seja* esse alguém. Que a mãe roube um marido para ela mesma e explique ao bebê por que ele não é seu verdadeiro pai." Pode soar cruel, mas violações interpessoais — casos extraconjugais no topo da lista — costumam ser cruéis. E as consequências podem ser graves. Alguém está fadado a sofrer.

---

* Eu me refiro à "pessoa do caso" em meu livro *After the Affair: Healing the Pain and Rebuilding Trust When a Partner Has Been Unfaithful*, 3ª ed. (Nova York: HarperCollins Publishers, 2020). Publicado no Brasil como *Depois do caso* (Record, 1997).

No fim, minha mensagem à parte magoada — nesse caso, a esposa — é: em sua busca por justiça, cuidado para não se empenhar tanto em punir aqueles que a magoaram a ponto de punir quem é inocente. Ao se ver diante dessas decisões dificílimas, concentre-se na estratégia de criar um relacionamento com cada pessoa que represente seus valores, mesmo muito depois que a devastação do caso extraconjugal do seu marido arrefecer. Abraçar o filho inocente dele não significa desconsiderar a capacidade destrutiva de suas ações ou oferecer um perdão barato, mas sim que você o convida para fazer reparações expressivas e conquistar seu perdão.

A solução que esse casal estabeleceu foi: a esposa optou por criar uma relação com o filho do marido, mas todas as visitações acontecem em um terreno seguro: apenas na casa deles. O marido, o parceiro infiel, se comprometeu a assumir a responsabilidade por seus atos cortando o uso recreativo de maconha, incluindo a esposa em qualquer contato que ele fosse ter com a mãe da criança e trabalhando duro para criar seus dois filhos. Juntos, os cônjuges se dedicaram a fortalecer seu relacionamento dentro do contexto de sua família expandida.

2. *"Sei que meu marido abusa da bebida há algum tempo, mas acabei de descobrir que ele vem me traindo com várias mulheres. Ele diz que está arrependido, que quer consertar a situação e tentar terapia de casal. Eu só quero o divórcio. Temos dois filhos. Ele sempre vai ser pai deles, mas para mim já deu e não vejo por que entrar na terapia. Estou deixando passar alguma coisa?"*

Talvez. Há muitos motivos para se tentar uma terapia de casal. Um deles pode ser arejar e abordar as tristezas do outro com o intuito de ficarem juntos e trabalharem para fortalecer o laço matrimonial. Mas outro pode ser para criar os alicerces de um relacionamento melhor *pós-divórcio*. Chamo esse processo de "conquistar o perdão *sem* reconciliação".

Eis um exemplo. Brian, um corretor da bolsa de valores de 48 anos, me contou que tinha feito da própria vida um caos e procurara minha ajuda para consertar as coisas. Por mais de um ano, ele passara quase todas as noites de sexta em um bar, onde enchia a cara e ficava com várias mulheres ocasionais. Então, muito depois que Heidi, sua esposa, colocava os filhos para dormir, ele chegava em casa trôpego, cheirando a sexo e bebida e querendo continuar a festa com ela. Quando Heidi abriu os olhos para a vida dupla mal disfarçada de Brian, ficou furiosa e enojada, e deu entrada no divórcio. Brian veio me ver, e detalhamos seus objetivos: assumir o controle de seus vícios, tentar conquistar a confiança e o perdão da esposa e reavivar uma visão mais positiva dos filhos em relação a ele.

Percebendo o quanto tinha a perder e sinceramente envergonhado por seu comportamento, Brian estava arrependido de verdade e pediu à esposa que o acompanhasse na terapia de casal. Ela concordou porque eles estariam sempre ligados pelos filhos. Mas, em uma sessão individual, Heidi me avisou que, se sentisse qualquer pressão da minha parte para que reatasse com Brian, ela desistiria. O propósito da terapia para ela era negociar o melhor acordo financeiro possível diante da justiça e incentivar o em breve ex-marido a cultivar um relacionamento melhor com os filhos.

Para seu crédito, Brian se dedicou a manter o compromisso com seus objetivos. Ele parou de beber, entrou no AA, frequentou as reuniões regularmente e criou uma ligação com um padrinho. Ele se apoiou na família e começou a ser um pai e um ex-marido melhor do que jamais tinha sido, levando os filhos para as aulas de guitarra, monitorias de matemática e treinos de futebol. Ele também ouviu as mágoas de Heidi de coração aberto e entregou a ela um pedido de desculpas específico e sincero por escrito. E concordou com um acordo de divórcio generoso.

O que aconteceu com esse casal? Sim, eles se divorciaram, um passo inegociável para Heidi. Mas, em uma sessão individual, ela confessou que, se o marido tivesse feito esse trabalho de reparação mais cedo, talvez ela não tivesse se apressado tanto em dar fim ao casamento. Infelizmente, às vezes precisamos sofrer as consequências do nosso comportamento destrutivo para nos motivarmos a ser melhores com aqueles que amamos.

É importante não confundir o trabalho de conquistar o perdão com a reconciliação. Se você, parte magoada, cometer esse erro, pode acabar com a oportunidade de permitir que o seu parceiro repare o próprio erro, algo benéfico para você e sua família. Lembre-se de que a parte magoada pode incentivar o ofensor a consertar seus erros de forma substancial sem prometer um futuro juntos. E o ofensor pode fazer reparações significativas para conquistar o perdão, mesmo que não esteja mais morando com a parceira nem formalmente ligado a ela. Mas, como pais que estarão conectados para sempre por causa dos filhos, sua disposição em assumir o próprio comportamento destrutivo vai influenciar e determinar a qualidade da vida compartilhada como família e do legado passado para os filhos após o divórcio.

3. *"Tom e eu somos casados há 13 anos. Acabei de descobrir que ele está me traindo... de novo. Ele me diz que se sente péssimo por me magoar e é tão severo quanto eu em relação ao próprio comportamento. Estou totalmente arrasada e não sei o que mais posso fazer. O que sei é que há um oceano entre nós que parece muito sombrio e muito profundo para atravessar. Como podemos nos curar? O perdão é mesmo possível?"*

Sinto muito mesmo por você estar lidando com esse trauma. Talvez ajude saber que a sua resposta faz todo sentido. Como digo em meu livro *Depois do caso*, quando você, parte magoada, descobre que seu parceiro tem sido infiel, não sofre apenas a perda da fidelidade dele ou da premissa da importância do que há entre vocês. Você perde *você mesma*: o eu que conhece, admira e estima. Isso, para muitos, é a maior perda de todas.

Para permitir que o ofensor volte à vida e talvez ao seu coração, ele precisa demonstrar que entende o sofrimento que causou e que se importa com isso. Dizer "Sinto muito" não é o bastante. O ofensor precisa ouvir e sentir sua dor, vivenciá-la como se fosse dele e assimilar o que você precisa que ele entenda a respeito de como magoou você. Esse é um passo fundamental para curar as mágoas do relacionamento e conquistar o perdão.

Recomendo o seguinte exercício: você, parceira magoada, deve elaborar uma "lista da mágoa". Depois, talvez com a ajuda de um terapeuta, vá repassando aos poucos a lista com seu parceiro, explicando com detalhes uma mágoa após a outra. Não precisa repassar todas, mas sem dúvida deve mencionar as "megaferidas": as mais viscerais e dolorosas. Também recomendo que você busque não ser "maldosa", e sim vulnerável ao abordar suas mágoas.

Depois que você elenca cada uma delas, o ofensor deve parafrasear com as próprias palavras — sem estar na defensiva, nem minimizar a situação, nem ficar se explicando — exatamente o que você precisa que ele entenda a respeito de como a magoou. Esse processo deve continuar até que o ofensor receba pelo menos a nota oito em cada uma das mágoas.

À medida que o ofensor reverbera suas feridas, deve anotá-las — não apenas tentar se lembrar delas —, e depois compor uma "carta com um pedido de desculpas" e lê-la para você bem devagar. Essa carta não diz apenas "Me desculpe", porque isso não chega nem perto de ser suficiente para a cura. A carta deve explicar exatamente *pelo* que o ofensor está se desculpando. Se feito do jeito certo, a parte magoada vai se sentir ouvida e vai conseguir dizer: "É isso mesmo!" Ao se envolver no processo, o ofensor não deve achar que está assumindo ter tido a *intenção* de magoar você, mas só que se importa com o que fez e que deseja se redimir.

Eis um exemplo. Mike, marido de Susan, teve vários casos ao longo de seus 17 anos de casamento. No passado, quando ela descobria suas traições, ele sempre dizia estar amargamente arrependido e prometia amá-la, valorizá-la e protegê-la dali em diante. Então a magoava outra vez com seus segredos e mentiras. Quando Susan considerou seriamente se divorciar, as promessas vazias de Mike se transformaram em ação construtiva: ele parou de beber e entrou no AA, e o casal veio fazer terapia comigo.

Trabalhei com Susan para construir uma lista da mágoa, e começamos o processo doloroso, trabalhoso e essencial em que ela repassava a lista com Mike, *mágoa após mágoa*. Chamo esse processo de "desabafar as dores" e "testemunhar a dor que você causou". Descobri que, quando o ofensor diz em muitas palavras "Por favor, me poupe! Não quero saber da sua dor; não quero ouvir nada disso", a parte magoada responde "Bom, então não posso — nem quero — me aproximar de você". Faz sentido para mim.

Aqui estão alguns exemplos de mágoas específicas que Susan detalhou para seu marido infiel:

* "Você levou essa mulher [a pessoa do caso] para o hotel onde passamos nossa noite de núpcias. O quarto custou cem dólares, dinheiro que não podemos desperdiçar. Você me disse que *nós* não podíamos viajar porque estávamos sem grana, mas saiu com *ela* nas nossas férias. E você desvalorizou uma lembrança que eu achava que era especial para nós dois."

* "Você deu a essa mulher o mesmo perfume que eu amo, o perfume que comprou para *mim* no Dia dos Namorados. Você queria sentir o cheiro na pele *dela*, não na minha."

* "Quando entrei no trabalho de parto do nosso terceiro filho, liguei para o seu celular e para o seu trabalho, mas ninguém te achava. Entrei em parafuso, deixei nossos filhos com uma vizinha e peguei um Uber para o hospital. A experiência toda foi assustadora e humilhante. Onde é que você se enfiou? Já até imagino."

* "Aturei coisas impensáveis como sua esposa: li cartas íntimas sobre você lambendo e acariciando partes do corpo dela, a *playlist* que vocês ouviam para transar (achei que muitas dessas músicas fossem especiais para nós), as ligações de cônjuges — completos estranhos — sobre seus encontros sexuais. O nível de dor que você me causou é indescritível."

* "Você transar com essa mulher já é bem difícil, mas o que tornou tudo pior foi que você parecia compartilhar uma ligação profunda com ela. Isso destruiu não só minha confiança, mas meu amor-próprio. Você me fez sentir como se eu nunca tivesse sido o bastante, uma ferida que carreguei durante minha infância, causada por uma mãe que nunca me quis."

* "Tenho medo de que você não esteja plenamente feliz nesse casamento, mas não consiga me dizer."

* "Agora, sinto medo todos os dias... do que mais posso descobrir a seu respeito. Odeio viver assim. Isso não é vida."

* "Fico constrangida por ter de compartilhar com meus amigos íntimos que você me traiu de novo e que ainda assim te aceitei de volta. Mas eles são minha única fonte de consolo."

* "Tenho medo de que seu comportamento nunca mude: que eu fique e desperdice mais dez anos da minha vida acreditando que você mudou, só para você fazer tudo de novo."

* "Vivo preocupada em contrair uma IST, mas continuo mantendo relações com você, porque é uma maneira de nos conectarmos que mostra seu desejo por mim. Sinto raiva por permitir que minha saúde — minha vida — esteja potencialmente em risco só para me sentir próxima de você. E odeio viver pedindo que você faça exames."

* "Estou cansada de sentir que estou prestes a enlouquecer por amar e por odiar você."

* "Estou triste em dizer tantas palavras ruins para a pessoa que eu mais amo no mundo."

* "Fico absurdamente magoada quando você diz 'Sinto muito por não te dar valor' toda vez que me trai. Parece automático e faz eu me sentir um lixo."

* "Fico de coração partido por nossos meninos ficarem sabendo do seu comportamento e me verem triste."

Quando você magoa alguém, muitas vezes não há muito o que fazer para redimir o erro. Mas sua disposição em ouvir, sem ficar na defensiva, a respeito da dor que você causou, vivenciá-la como se fosse sua, fazer a parte magoada se sentir compreendida e apoiada, além de garantir que você nunca mais vai magoar essa pessoa são todos passos essenciais de cura que um ofensor precisa empreender para conquistar o perdão por erros passados e, talvez, pavimentar um caminho rumo a um futuro juntos mais sadio.

4. *"Tenho 54 anos e tive um caso com a filha de 21 anos do primo da minha esposa. É óbvio que o que fiz é péssimo e estúpido, e ninguém condena mais meu comportamento do que eu mesmo. Mas devo dizer que, embora eu me considere o 'ofensor' e minha esposa a 'parte magoada', ela fez uma porção de coisas que também me magoaram profundamente. Minha esposa quer que eu ouça suas mágoas e ofereça um pedido de desculpa detalhado*

e sincero — e faz sentido para mim. Mas vou ter a minha vez? Me ajudaria muito me aproximar dela e, sinceramente, me ajudaria querer me aproximar dela se ela também me ouvir, me fizer achar que meus sentimentos importam e considerar sua contribuição nesse espaço que se abriu entre nós."

Sim, é lógico. Muitas vezes, no que diz respeito a mágoas em relacionamentos, mesmo com casos extraconjugais, não há *uma* parte magoada e *um* ofensor. Muitas vezes, os dois parceiros foram machucados e machucaram. Nem sempre, mas quase sempre.

Um passo fundamental para curar a mágoa e alcançar perdão é o processo em que cada um fala sobre suas dores para a pessoa que perpetrou a ofensa; quando a pessoa ouve a queixa de coração aberto, sem se explicar ou se defender; e reconhece o que você precisa que ela entenda a respeito da dor que causou. Senão, a parte magoada costuma manter a guarda contra o ofensor e declarar: "Você não quer entender ou assumir a reponsabilidade por me magoar? Bom, então não posso — nem quero — me aproximar de você ou permitir que volte para minha vida."

Um alerta: não é incomum, quando duas pessoas estão ligadas por uma violação no relacionamento, que uma delas ache mais fácil trazer à tona como a outra errou, e que esta se silencie ou menospreze a própria dor. Ambas tendem de fato a se encontrar, e pode ser que esses dois opostos sejam necessários para que haja progresso, pelo menos a princípio. Mas, muitas vezes, a pessoa cuja dor é desconhecida ou não dita está sofrendo *em silêncio*. Se ela não fala com quem a magoou, se simplesmente carrega o ressentimento sobre os ombros, a distância entre elas vai continuar aumentando e a vitalidade e a viabilidade do relacionamento se extinguirão.

Quando Sarah descobriu que Sid estava tendo um caso com uma jovem do escritório, ela acabou com ele, ameaçando cortar o contato com os filhos e processá-lo para arrancar suas economias de vida. Sid sabia que tinha errado e não tentou minimizar a magnitude de seu comportamento destrutivo. Mas, em uma sessão individual e particular, ele revelou sua dor e seus ressentimentos. Ele também tinha uma lista de mágoas conjugais, todas varridas para baixo do tapete, quase nunca deixando que a esposa soubesse como ela o fazia se sentir amargo e infeliz. Talvez ele também nunca tenha *se* permitido saber a profundidade de seus sentimentos viscerais. Trabalhei com ele, o "ofensor", para construir uma "lista da mágoa" das grandes dores infligidas pela esposa, a "parte magoada". Essa lista descrevia como o comportamento dela o fazia se sentir diminuído, indesejado e negligenciado.

Então preparei Sarah para essa troca. Falei para ela que, se convidasse Sid para compartilhar da verdade dele, ela deveria estar preparada para ouvir sobre dores profundas, talvez pela primeira vez — ou talvez aquelas sobre as quais ela já ouvira muitas vezes, mas nunca entendera sua importância. Ela deu carta branca.

No dia seguinte, o casal veio até meu consultório, e Sarah convidou Sid a se abrir. Ela perguntou a ele: "O que você quer que eu entenda a respeito de como o magoei no nosso casamento ao longo dos anos? Você não precisa se preocupar com meus sentimentos nem desprezar os seus. Só me conte a verdade." Devemos reconhecer que este foi um bom começo. Sarah foi responsável e atenciosa.

Sid puxou uma lista de oito grandes feridas que ele achava que Sarah tinha infligido a ele. Ela ficou chocada, mas continuou disposta a ouvir. Esse foi o começo de uma nova dança, uma transação mais sadia entre eles. Da lista de mágoas, aqui estão quatro das que ele apresentou a ela:

* "Fico magoado quando você se aborrece por eu mandar dinheiro para minha família na Califórnia. Por você não entender como me sinto culpado pela vida incrível que levamos aqui em Connecticut. Meus pais são frágeis e mais velhos e cobrem as despesas básicas com muita dificuldade. Nós dois temos ótimos empregos. Sua família tem uma boa situação. Você vai herdar uma grana alta. Minha família não sabe como vai pagar o aluguel do mês que vem. Sua família não é mais inteligente ou mais digna do que a minha. Eu amo meus pais. Sofro por eles, e você me faz sofrer quando ignora ou menospreza os dois ou se aborrece por eu ajudá-los."

* "Fico magoado por você mandar cartões de aniversário para a *sua* família, e para a *minha*, não. Por, sempre que saímos de férias, vamos visitar a *sua* família. Você nunca sugere incluir a minha. Isso reforça minha sensação de que, na sua opinião, você e sua família são superiores."

* "Fico magoado por, quando reconstruímos nossa casa, você ter se recusado a me 'ceder' um espaço exclusivo, onde eu pudesse tocar violão, ler meus livros, me exercitar na bicicleta e relaxar. Você queria uma despensa para expor seus pratos e louças chiques. Eu, estupidamente, concordei. Você se tornou a chefe, minha chefe, e eu sou só o subordinado. Essa é a *nossa* casa, não só a *sua* casa. Você se importa com as aparências, com a imagem que seus amigos vão ter de você — não com o que é confortável e importante para *mim*. Estou com raiva de você por me controlar, e estou com raiva de mim mesmo por me silenciar."

* "Estou magoado por você me fazer sentir como se eu fosse só um talão de cheques, que só sirvo para pagar contas. Você é mais gentil com o cachorro

do que comigo. E, quando quero fazer sexo, você age como se estivesse me fazendo um favor."

"Tudo isso tem feito eu me sentir como se você me enxergasse inferior a você. Você quer que eu a valorize, mas não faz *eu* me sentir assim. E como eu mesmo nunca me coloquei, então bem feito para mim", disse ele por fim.

De cara, Sarah ficou chocada e ofendida. Mas ela ouviu sem reagir na defensiva. Então seguiu o exercício descrito no exemplo anterior: refletir sobre a verdade do marido, reconhecendo o que ele precisava que ela entendesse, até que ele deu nota nove de zero a dez para cada mágoa. Ela então escreveu uma carta com um pedido de desculpa que não ofereceu apenas palavras vazias como "Sinto muito por todas as formas como magoei você", mas que captava os pequenos detalhes e os sentimentos viscerais entranhados nas rupturas que ela criara. Em essência, ela escreveu: "Entendo que magoei você de várias formas, como quando reclamo de você mandar dinheiro para os seus pais ou arrumar um espaço para seus interesses pessoais em casa. Eu trato você como se eu fosse a chefe e você não tem direito a opinar, não tem valor para mim, a não ser a como me serve. Agora entendo que você precisa que eu tenha consciência de como fiz você se sentir amargurado e desvalorizado."

Esse processo em que ambas as partes magoadas apresentam suas dores, e depois ambos os ofensores escutam de coração aberto, fazendo o outro se sentir ouvido, é um dos gestos mais profundos de cura que duas pessoas unidas pela violação podem fazer. No caso em questão, depois de algumas sessões de "exposição de mágoas", cada parceiro me disse em particular que, se tivessem feito isso antes, talvez a ruptura conjugal não teria se expandido tanto, envenenando o espaço entre eles. Mais adiante, eles se sentiram mais prontos para lidar com os desafios extraordinários que inevitavelmente surgem quando compartilhamos a vida com alguém.

5. *"Minha filha Michelle estava namorando um rapaz chamado Adam havia três anos. Durante esse tempo, eu o recebi na minha casa e, para ser sincera, me afeiçoei a ele. Esta semana, ela me contou que terminou com ele e que eu nunca mais deveria procurá-lo. Eu disse que sentia muito por esse término e pela dor que Adam causara a ela, e garanti que cortaria o contato com ele por completo. Mas acrescentei que queria mandar um último e-mail para me despedir e desejar tudo de bom para ele. Michelle reagiu com tanta virulência que fiquei atordoada. Ela me ameaçou com estas palavras: 'Mãe, presta atenção! Se você entrar em contato com ele, não vai me ver ou saber de mim por um bom tempo.' Fiquei chocada e magoada e, para ser sincera, com raiva. 'Você convidou esse jovem para a minha casa e para a minha vida', retruquei. 'Você me pediu para amá-lo e acolhê-lo. E eu fiz isso. Me sinto péssima por ele ter te magoado, e não tenho problema algum em*

terminar minha relação com ele, mas acho que é justo permitir que eu me despeça.' Michelle não respondeu nada.

"O que decidi fazer foi: escrevi para Adam um e-mail breve e inofensivo, dizendo, em suma, que fiquei sabendo que ele e Michelle tinham terminado e queria me despedir e desejar tudo de bom. Não atribuí a culpa a ninguém, pois eu nem sabia o que tinha acontecido. Mandei o e-mail para Michelle ler: queria que ela visse que eu não estava dizendo nada para constrangê-la nem tomando partido. Ela nunca respondeu. Então mandei o e-mail para Adam. Isso foi dois anos atrás. Michelle me cortou por completo de sua vida e ainda se recusa a falar comigo. É óbvio que a magoei de algum jeito terrível. Mas, para ser sincera, ela também me magoou. Ela não é inocente. O que eu faço agora?"

Vejo como você se sentiu mal compreendida e manipulada por sua filha. Também vejo como o silêncio dela é ensurdecedor. Uma resposta de raiva narcisista costuma não ser racional nem merecida. A intensidade deixa você impressionada, assim como a incapacidade de Michelle de enxergar o seu lado, de considerar a sua verdade, de aceitar a responsabilidade pelo impacto do próprio comportamento. O melhor que você pode fazer por si mesma é entender as fragilidades e mágoas da sua filha, continuar a fazer com que ela saiba que você se importa com ela e com a dor que lhe causou e torcer para que, com o tempo e as experiências de vida, quando ela se sentir menos vulnerável e talvez menos humilhada por algo que esse rapaz tenha feito, ela comece a permitir que você volte à vida dela.

Na seção deste livro chamada "Recusa em Perdoar", descrevo elementos da retaliação narcisista. Talvez isso forneça uma linguagem para a resposta da sua filha e ajude você a não levar tanto para o lado pessoal o fato de ela ter cortado você de sua vida. Um dia, quem sabe, você consiga mais informações sobre o que Adam fez que feriu Michelle tão profundamente e justifique a reação dela. E talvez um dia Michelle não leve tanto o seu comportamento para o lado pessoal e critique o próprio. Contudo, se ela é narcisista, eu não contaria com isso. Sua cura está mais ligada a seu entendimento e sua aceitação em relação às fragilidades de sua filha, do que ao fato de ela se preocupar e buscar entender seus sentimentos.

6. *"Tammy, minha mulher, teve um caso com meu suposto melhor amigo. Tammy quer se empenhar em reconstruir nosso casamento, e concordei em fazer isso. (Reconheço que não sou inocente, mas não sou culpado por Tammy me trair.) Quanto à pessoa do caso, não só não tenho perdão algum para ele em meu coração, como fantasio em acabar com ele, com sua reputação e com sua família. Algum conselho?"*

Quando alguém nos magoa, é natural querer magoar a pessoa de volta. Mas, no meu modelo de Aceitação que explica os passos que você pode dar para se curar *sem* perdoar, o segundo passo pede que você abra mão da necessidade de vingança enquanto continua a buscar uma solução justa.

Lembro-me de duas famílias que eram bem próximas até o melhor amigo de Jim, Greg, se envolver sexualmente com a esposa de Jim, Diana. Quando Jim descobriu a verdade, ele e a mulher me procuraram para fazer terapia e cortaram relações com o outro casal. Um mês depois, Jim e Diana foram a uma noite de apresentação da orquestra da escola do filho. No intervalo, Jim se virou e, para seu horror, percebeu que Greg e a esposa estão sentados bem atrás deles. Sem pensar, Jim soltou: "Seu filho da p*ta!" E Greg rebateu: "Não confunda a minha mãe com a p*ta da sua esposa!" Com isso, os dois se levantaram de um salto e, para horror e desgraça de suas famílias, começaram a se engalfinhar no chão, diante de todos os alunos e professores.

Isso foi insensato e muitíssimo triste, não?

Em outro exemplo, Evan, um paisagista, relatou um incidente em que "havia perdido a cabeça". Ele tinha dirigido até Nova York para uma reunião de negócios e ficou maravilhado por chegar mais cedo, mas, quando não conseguiu encontrar uma vaga para estacionar, sentiu a ansiedade disparar. Dando a volta no quarteirão, finalmente viu um espaço bem no fim da rua. Ao acelerar para ir ocupá-la, outro motorista o cortou e pegou a vaga. Evan ficou tão furioso, tão descompensado, que parou de um jeito que bloqueou o outro carro, abriu o porta-malas, pegou uma chave inglesa e começou a bater no capô do outro homem.

Ao processarmos esse episódio, Evan admitiu que perdera a cabeça e fora dominado pela raiva. Percebeu que o homem no carro poderia ter uma arma ou ter retaliado de alguma forma desastrosa. Afinal, agressão costuma desencadear agressão. O que se ganha com isso? O que se perde? No que ele estava pensando? Ele *estava* pensando?

Esses são exemplos de pessoas tão dominadas emocionalmente pela raiva que não conseguem compreender o potencial das consequências devastadoras de suas ações retaliatórias. Lembre-se de que os passos da aceitação não pedem que você "ame seu vizinho" ou "ofereça a outra face". Eles pedem que você controle suas ações para um benefício *estratégico*, como, por exemplo, evitar um ferimento físico e desgraça para você e as pessoas que você ama.

7. *"Quando descobri que meu marido tinha um filho com outra mulher... não quero parecer melodramática, mas não consegui respirar. Ainda que tenham acontecido há décadas, algumas violações no relacionamento talvez sejam simplesmente difíceis demais para perdoar, não?"*

Sinto muito mesmo que você precise lidar com um trauma dessa magnitude. Como parte magoada, é provável que você sofra não só pela vergonha de ver que seu parceiro a traiu e gerou uma criança da qual você nada sabia, mas pelo que descobri como sendo a maior perda de todas: o esmagamento do seu *eu* resiliente e sadio.

Eu me lembro de um casal em particular, um dos mais idosos que já veio ao meu consultório: John e Mary, casados havia 52 anos, cristãos devotados e membros notáveis em sua comunidade religiosa. Mary me contou sua história: enquanto procurava alguns formulários de impostos em seu sótão, ela tropeçou em uma caixa de documentos lacrada. Ao examiná-la, descobriu documentos jurídicos e financeiros referentes a um filho que o marido dela gerou e continuou a dar suporte em segredo ao longo dos últimos trinta anos. John não tinha mais contato com a mãe (a pessoa do caso) nem com o filho e contratara um advogado para lidar com toda a questão financeira.

Quando Mary me contou sua história, começou a gritar, e gritou e gritou até o fim da sessão uma hora depois. Nunca me senti tão incapaz e triste como me senti por aquele casal. Dez minutos depois que eles saíram do meu consultório, a campainha tocou outra vez. Ao abrir a porta, lá estava Mary, aos prantos. Ela balbuciou: "Voltei para me desculpar pela forma vergonhosa como agi em seu consultório. Sinto muito por você ter precisado ver isso."

Eu me senti péssima por ela e só consegui pensar em pegar sua mão com delicadeza, olhar em seus olhos e tentar normalizar sua resposta: "Não precisa se desculpar", eu disse. "Gritar é perfeito para uma violação dessa magnitude. Sua resposta faz sentido para mim. Eu sinto muito por você ter de lidar com isso." Ela me encarou por um momento, enxugou os olhos com um lenço e então se virou para ir para seu carro.

Às vezes, precisamos nos perdoar por sermos apenas humanos.

8. *"Dez anos atrás, quando descobri que meu marido estava dormindo com o gerente do seu escritório, eu me divorciei dele. Desde então, nós dois casamos outra vez, e ele se aproximou de mim de várias maneiras carinhosas que abrandaram minha raiva e minha mágoa. Isso é o que você chama de 'Perdão Barato'?"*

Será que devo ousar encerrar este livro com um exemplo da minha vida pessoal?

Aqui vai: quando eu tinha 19 anos, me casei. Não acredito que meus pais permitiram! O perdão ainda me escapa.

Depois de dar à luz dois filhos, descobri que meu marido estava tendo um caso. Nós nos divorciamos, então seguimos em frente e nos casamos com outras pessoas. Mas, na época da revelação e do fim do nosso casamento, eu me senti completamente destruída e envergonhada. Havia acabado de abrir meu consultório e ali estava eu, uma psicóloga clínica com doutorado, dando conselhos a casais enquanto passava por um divórcio. Foi um capítulo muito difícil da minha vida.

Mas meu marido e eu tocamos nossas vidas. E, profissionalmente, tive a sorte de me qualificar com o dr. Aaron T. Beck no tratamento da depressão clínica (um assunto que estimo), escrevi *Depois do caso* e *Perdoar ou não perdoar?* e comecei uma carreira como palestrante em conferências profissionais, oferecendo um modelo radical para curar mágoas em relacionamentos — com ou *sem* perdão.

Meu ex-marido faleceu faz dez anos, mas, ao olhar para trás, para nossa vida conjugal e no pós-divórcio, me lembrei não só de como fiquei destruída por conta de sua traição, mas, com toda a justiça devida a ele, também lembrei o que ele fez para se aproximar de mim, me curar e tentar conquistar meu perdão. Por exemplo, ele pagou as melhores escolas, acampamentos e faculdades particulares para nossos filhos e nunca reclamou nem me pediu para dividir as despesas. (Muito bem!) E, quando uma amiga querida perdeu o emprego e eu estava ansiosíssima por ela, ele se apresentou e encontrou um emprego ainda melhor para ela. Ele pode ter até salvado a vida dela. Isso também foi muito legal da parte dele. E, quando minha mãe faleceu e herdei meu pai — meu doce e indefeso papai —, meu ex-marido se colocou de novo.

Papai tinha caído e quebrado a clavícula e foi às pressas para o hospital. Depois de alguns dias, a enfermeira anunciou:

— Precisamos do leito. Seu pai vai ter alta esta tarde.

— Ótimo — respondi. — E vai ser transferido para onde?

— Isso é você que vai decidir — respondeu ela, cortante. — Você tem até às três da tarde.

Saí ligando para todo mundo e não consegui encontrar um único lugar decente e disponível para receber meu pai em um raio de 160 quilômetros da casa dele. Desesperada, liguei para meu ex-marido, aquele que tinha me magoado e traído terrivelmente, e pedi ajuda. Mais uma vez, ele usou de sua influência para colocar meu pai em uma das melhores casas de repouso de Connecticut. Não estou dizendo que foi ético ou correto, mas eu fiquei muito, muito grata. E isso ainda lhe rendeu pontos para ganhar meu perdão. Sim, rendeu.

Chamo isso de "conquistar o perdão através de atitudes concretas de expiação". Não são pedidos de desculpa ou atos de autocondenação baratos e vagos. São atos de contrição e expiação pessoais e substanciais. Não se relacionam necessariamente à ofensa, mas contribuem um bocado para amenizar a dor e a amargura que existem.

A você, que está lendo este livro, peço que explore o que atrai você até o ofensor. Há alguém em sua vida que a magoou? Se sim, de que maneiras? O que fizeram, se fizeram, para curá-la? Você os perdoou? Se não, o que precisam fazer para que você abra essa porta? Ajudaria se eles soubessem?

Esse também pode ser o momento de refletir sobre a *sua* contribuição para uma ofensa. Talvez haja alguém que *você* magoou, e a ferida ainda esteja aberta, infeccionada e negligenciada. Há algo que você poderia e gostaria de fazer para estimular uma abordagem à tristeza, talvez criar uma oportunidade de ouvir sobre a dor do outro, esclarecer qualquer mal-entendido e aplicar um bálsamo de cura a essa ferida?

Se não agora, quando?

(2022)

Apêndice
Como as feridas da infância do ofensor moldaram a forma como ele tratou você

Ao tentar entender o comportamento do ofensor, para além de tudo que você disse ou fez, é de grande ajuda olhar para o passado dele e especular a respeito de suas experiências de vida cruciais na infância.

O dr. Jeffrey Young identifica cinco "necessidades emocionais centrais"[1] que todo mundo deve satisfazer para se desenvolver como um indivíduo saudável e equilibrado. Quando essas necessidades são frustradas, observa ele, desenvolvemos uma visão distorcida de nós mesmos, do mundo e dos outros. É provável que a pessoa que magoou você leve seus pensamentos e sentimentos disfuncionais para a vida adulta e para o relacionamento de vocês.

Convido você a olhar para a seguinte lista de necessidades emocionais centrais e se perguntar: "De quais delas acho que meu ofensor foi privado?" Mesmo se souber pouco ou quase nada a respeito dele, pode ser útil considerar suas eventuais necessidades emocionais não atendidas, apenas para lembrá-la que ele tem agora, e sempre teve, uma vida independente da sua.

As cinco necessidades emocionais centrais são:

1 Vínculo seguro com os outros;
2 Autonomia, competência e um senso de identidade;
3 Liberdade de expressar necessidades e emoções válidas;
4 Espontaneidade e descontração;
5 Limites realistas e autocontrole.

É provável que uma pessoa privada de qualquer uma dessas necessidades centrais vá reagir de uma entre três formas: *se render, evitar* ou *compensar em excesso*. Esses estilos de lidar em geral começam como estratégias sadias que ajudam o ofensor a sobreviver e se adaptar a situações tóxicas na infância. No entanto, quando seus caminhos se cruzam, essas estratégias podem ter se tornado desajustadas e destrutivas.

Vamos pegar o exemplo de um menino cujo pai abandonou a família por outra mulher.

Se adota o padrão de enfrentamento chamado *se render*, o menino pode crescer buscando pessoas que permitam que ele se sinta tão sozinho e indesejado quanto se sentiu quando o pai o abandonou. Pode se ver atraído por alguém que não fique a seu lado, reabrindo assim velhas feridas de sua infância.

Se adotar o padrão chamado *evitar*, talvez evite pessoas que evocam lembranças ou sentimentos perturbadores de seus primeiros anos. Pode evitar totalmente entrar em relacionamentos.

Se adotar o padrão chamado *compensar em excesso*, ele pode se comportar de maneiras que lhe permitam lutar contra pensamentos e sentimentos dolorosos vividos quando criança. Por exemplo, para superar uma sensação de desamparo e a expectativa da perda, ele pode assumir o controle da própria vida, impedir que você o abandone sempre abandonando você primeiro e se lançando em uma série de casos extraconjugais com intuito de diminuir sua dependência de qualquer pessoa.

As pessoas que se renderam às suas experiências dolorosas estão menos propensas a magoar você do que aquelas que praticam o padrão de evitar. Aqueles que praticam o ato de evitar são menos propensos a magoar você do que aqueles que compensam em excesso.

Vamos dar uma olhada em cada uma das cinco necessidades centrais para tentar determinar de qual delas a pessoa que magoou você foi privada, como ela lidou com essa privação e como a estratégia de enfrentamento dela pode ter magoado você. O mais importante não é distinguir cada padrão de enfrentamento, mas sim reconhecer como o comportamento do ofensor pode ser muito anterior a você e aprender a não levar tanto para o lado pessoal.

Necessidade emocional central n.º 1: vínculo seguro com as outras pessoas

Todos buscamos uma sensação de conexão e os sentimentos que vêm com ela: estabilidade, segurança, aceitação, amparo, empatia, respeito. Se o ofensor passou por alguma das experiências traumáticas a seguir, em particular nos primeiros anos de vida, é menos provável que ele forme vínculos duradouros e satisfatórios quando adulto:

* Abandono
* Desconfiança e abuso
* Privação emocional
* Uma sensação de imperfeição (reprovação, censura e reprimenda)
* Exclusão social

Abandono

Se a pessoa que magoou você foi abandonada física ou emocionalmente por um dos pais, é provável que trate você de uma das três formas discutidas mais acima. Primeiro, ele pode se render à expectativa do abandono. Isso pode assumir o formato de apegar-se a você com um ciúme possessivo caso se sinta inseguro em relação ao seu amor, ou fugir para um relacionamento mais abusivo e com privações caso sinta que seu amor é muito seguro ou garantido. Segundo, ele pode evitar a dor da rejeição se recusando a se aproximar de qualquer pessoa, incluindo você, não importa o quanto ele se importe e esteja comprometido com você. Terceiro, talvez ele compense em excesso ao se desapegar de você e negar a própria necessidade de conexão, ou ao abusar de você da mesma forma pela qual ele foi abusado.

Matt e Judy, um casal na faixa dos trinta anos, foram abandonados quando crianças, mas lançaram mão de estratégias de enfrentamento diferentes quando adultos. Matt lutou com sua necessidade insatisfeita de conexão através da compensação em excesso: fazia a esposa se sentir tão irrelevante e indesejada quanto ele se sentia quando criança. Judy respondeu se rendendo: tolerava um parceiro que a fazia se sentir tão irrelevante e indesejada quanto ela vivenciou na infância. Enquanto ele rejeitava qualquer necessidade de uma família, Judy buscava isso desesperadamente.

Quando conheci Judy, ela estava grávida pela primeira vez e tinha acabado de fazer uma ultra. O feto estava bem, mas Judy estava aos prantos. "Fiz Matt ir comigo ao consultório do radiologista", contou, "mas ele estava tão entediado que mal conseguiu manter os olhos abertos. E aí começou a flertar com a técnica. Talvez ele a adicione à sua lista de conquistas."

Judy ficou totalmente abalada, se perguntando: "O que há de errado comigo? Por que não sou boa o bastante para ele?" Ela descobriu algumas respostas ao olhar para o passado dele.

"O pai de Matt era alcoólatra", contou-me ela. "A mãe dele o abandonou com um mês de vida e depois bebeu até cair em depressão clínica. Matt não se cansa de me afastar, mas ele não é tão frio quanto finge ser. Só está apavorado diante da ideia de acreditar em nós dois, na vida, que duas pessoas possam se amar e ser leais e acolhedoras. Entendo seu passado torturante e sinto muito mesmo por ele. Mas minha compreensão só vai até aí — não sou a terapeuta, e sim a mulher dele —, e não vou mais permitir que ele destrua a maneira como me sinto comigo mesma. Vou ter esse bebê e seguir com a minha vida. Nossas mágoas iniciais podem ser parecidas, mas acabamos seguindo rumos muito diferentes."

No fim, Judy aceitou Matt como ele era e o que fizera com ela, que não tinha culpa alguma. Também decidiu dar um fim ao casamento seis meses depois do nascimento do bebê. Aceitação, ela viu, não requer reconciliação.

Desconfiança e abuso

Se o ofensor sofre um abuso físico ou verbal, pode acabar acreditando que um relacionamento é um lugar perigoso e imprevisível onde limites pessoais são violados, e crescer tratando todo mundo, inclusive você, com desconfiança. Ao se render aos padrões da infância, talvez ele se veja atraído para valentões que o fazem se vivenciar de uma forma tentadoramente familiar. Ou, querendo evitar mais abusos, ele ergue suas defesas e se recusa a deixar que você se aproxime demais. Ele também pode ocultar o dano que sofreu. Foi o que a mãe da minha paciente Sharon fez.

Sharon cresceu sendo abusada sexualmente por seu meio-irmão e odiando a mãe por não protegê-la. Quando veio me ver, Sharon tinha acabado de descobrir que a mãe fora sexualmente abusada na infância e que seu fracasso em salvar Sharon era parte de uma defesa profundamente arraigada, baseada em negação e repressão.

"Nunca vou conseguir perdoá-la por ignorar o que estava acontecendo", disse-me Sharon. "Mas finalmente consigo entender e aceitar seu silêncio como sua forma de enfrentar o próprio trauma de infância. Quanto a mim, ainda estou tentando superar o sentimento de que não sou amável nem digna de cuidado."

Uma pessoa pode compensar em excesso a própria experiência inicial de desconfiança e abuso ao se identificar com quem a maltratou e tratar você de maneira igualmente dolorosa. Adoecida pela vulnerabilidade da outra pessoa, que mimetiza a sua própria, talvez ela faça de você uma vítima, que precisa do amor ou da aprovação dela. As ofensas que ela sofreu ainda criança podem desencadear um senso destrutivo de legitimidade que, aos olhos dela, lhe dão permissão para infligir um dano similar a você.

Peter, um paciente de 42 anos, se encaixava nesse modelo até que olhou para o passado e percebeu o mal que estava fazendo a si mesmo e aos filhos adolescentes. Quando criança, ele tinha sido vítima de um pai com temperamento explosivo. Como pai, ele repetia o padrão, fechando-se em um silêncio impenetrável e de repente explodindo com os filhos em restaurantes ou outros lugares públicos.

"Quando eles se recusaram a passar o Dia de Ação de Graças comigo", contou-me, "finalmente acordei e me dei conta de que eu estava agindo como um valentão: eu os intimidava e humilhava, assim como meu pai tinha feito comigo, e o padrasto dele tinha feito com ele. Foi horrível, mas fascinante ver como tudo estava conectado. Quando meu pai se sentia ameaçado, achava que podia vir para cima de mim com aquele tom de voz horroroso dele, e que eu ainda o respeitaria e iria querer ficar bem com ele. Estou fazendo a mesma merda com meus filhos. É claro que eles não querem ficar perto de mim."

Ver esses padrões entre gerações ajudou Peter a desafiar a ideia de que seu pai tinha escolhido maltratá-lo porque ele merecia. Lembrar que o pai também tinha sido uma vítima fez Peter se sentir menos arrasado emocionalmente e aceitá-lo como ele era: um homem com defeitos e reativo às próprias experiências da infância. Com essa percepção, Peter trabalhou para acolher os filhos e permitir que o pai voltasse para sua vida, ainda que estabelecendo limites. Peter descobriu que não precisava repetir padrões doentios. "A violência para aqui, em mim", disse-me ele. "Não vou passar isso para a próxima geração."

Privação emocional

Se a pessoa que magoou você crescer sem amparo (afeto e atenção), sem empatia (compreensão e compartilhamento de sentimentos) ou sem proteção (direção e orientação), pode levar para a vida adulta uma sensação de solidão e desconexão. Por não se sentir especial quando criança, nem se valorizar, e ainda ter sido tratada simplesmente como um objeto para glorificar um pai ou mãe narcisista, talvez ela se sinta privada de amor e crie a expectativa de que você vai preencher as lacunas de sua infância.

Como adulto, esse ofensor pode enfrentar isso de várias formas. Rendendo-se ao passado, há chance de que ele busque uma parceira tão fria e apática quanto os pais dele eram, uma estratégia que permite que ele se sinta tão não amado como eles o fizeram sentir. Na busca de evitar o trauma do passado, talvez ele se afaste de você para não arriscar ser magoado outra vez. Ou compensando em excesso, ele pode seguir por uma entre pelo menos três direções. Primeira, pode se tornar uma pessoa autocomplacente, gastando aos montes em bens materiais para compensar a conexão humana que nunca recebeu. Segunda, pode se tornar o que Young e Klosko chamam de "dependente no direito"[2] — alguém que se sente privado e, portanto, no direito de ter você cuidando dele. Sempre que ele perceber que você não está ao seu lado, é provável que se sinta mortalmente decepcionado e se vire contra você. Terceira, ele pode buscar compulsivamente seu amor e sua atenção para compensar a privação emocional da infância. Nada que você faça será suficiente.

Rick descobriu essa carência em Jan, sua esposa, quando deu uma espiada pela porta aberta do porão em uma noite e a encontrou grudada no computador — usando uma combinação preta. "Eu nem quis imaginar com quem ela estava conversando", contou-me ele. "Não falei nada, mas minha confiança foi pelo ralo. Fiquei imaginando o que esse cara dava a ela que eu não dava. Sempre achei que a gente se entendesse bem na cama, e depois desse episódio eu nem conseguia mais ter uma ereção. É engraçado, mas quase comprei Viagra. Fiquei pensando: 'Como é que eu pude estragar o relacionamento mais importante da minha vida?' Por fim eu a confrontei, e ela contou sobre seu ritual: banhar-se em óleos, vestir uma lingerie sensual e abrir seu coração para esse cara, alguém que dizia ser um padre. Ela achou a coisa toda incrivelmente excitante."

Essa revelação lançou o casamento deles em uma crise, mas também forçou Rick e Jan a terem uma conversa sincera pela primeira vez em anos. Ela admitiu o quanto se sentia vazia e sozinha. Rick ouviu e confrontou a própria cumplicidade. "Sei que tenho minha parcela de culpa", disse para mim. "Também me isolo no meu mundo às vezes. Sei que Jan precisa de mais de mim — mais atenção, afeto e compreensão —, e estou disposto a trabalhar nisso. Mas também sei que essa solidão a acompanha pela vida toda, com um pai alcoólatra que nunca estava em casa e uma mãe maníaco-depressiva que culpava os filhos por tornarem sua vida insuportável."

Rick percebeu que não fora só ele a gerar a carência de Jan, que isso era desencadeado, pelo menos em parte, por seus pais nada afetuosos. Isso aliviou um pouco do fardo da culpa e permitiu que ele se sentisse suficiente outra vez como marido. Também o ajudou a aceitar a ânsia de Jan por conexões, ainda que rejeitando a inadequada forma como isso se expressava em salas de bate-papo online. "Não sou sua mãe nem seu pai", disse ele a ela. "E não sou um marido ruim. Quando estiver sozinha, gostaria que me procurasse, não algum desconhecido na internet. Me dê uma chance de ficar ao seu lado."

Rick também entendeu o que Jan nunca conseguiu compreender: que, se o relacionamento deles fosse sobreviver, ela precisaria tolerar um grau de solidão que pessoa nenhuma seria capaz de preencher. Depois de pegá-la em diversos casos extraconjugais virtuais, ele aceitou o comportamento dela com serenidade e foi embora.

Uma sensação de imperfeição

Aquele que magoou você pode ter sido prejudicado pelos pais, que eram excessivamente críticos ou grosseiros e o faziam se sentir desvalorizado e indigno de amor. Quando criança, ele deve ter sido preterido por um irmão ou irmã, ou talvez tivesse uma questão neurológica, como DDA (Distúrbio de Déficit de Atenção) ou dislexia, que o fazia se sentir incompetente. Já adulto, ele continua a sentir vergonha de quem é e receia expor sua inferioridade. Ele pode perceber suas falhas como internas ("Sou chato; sou burro") ou externas ("Não tenho uma aparência interessante; sou socialmente inapto"). Se conseguir articular esses sentimentos, quem sabe ele diga: "Sou um impostor. Se você realmente me conhecesse, não teria como gostar de mim."

Quem cresce em circunstâncias tão condenáveis pode tratar você de diversas formas disfuncionais. Ele pode se render a críticas que reforçam sua visão negativa de si mesmo, assim como minha paciente Lois fazia. "Meus pais costumavam se referir ao meu irmão como aquele que tinha ficado com toda a inteligência", lamentou ela. "Comparada a ele, sempre me senti burra. A verdade é que me saí melhor na faculdade do que ele porque me matei de estudar para tirar notas boas, enquanto ele matava aula e se envolvia com drogas. Mas, até hoje, meus pais falam sobre a inteligência dele e meu 'senso de estilo', como se eu fosse um ser humano menos capaz. O mais triste é que, em algum grau, ainda acredito neles."

Pessoas como Lois, que sucumbem a sentimentos de indignidade, são menos propensas a dizer ou fazer qualquer coisa para magoar os outros, mas a insegurança delas pode desgastar você. Aqueles que lançam mão de táticas para evitar problemas, suprimindo seus pensamentos e sentimentos verdadeiros para se esconder de seu olhar crítico, também são menos propensos a machucar você. É preciso ter atenção com aquele que compensa em excesso os sentimentos de imperfeição ao projetar sua fragilidade e insegurança em você. Essa pessoa tem mais chances de querer te dominar, tentando fazer *você* se sentir estúpida, incapaz, insuficiente. Agindo com arrogância e superioridade, ela pode assumir um ar de perfeição, protegendo-se por trás de um exterior rígido e áspero, que impede que você ou qualquer pessoa a conheçam.

A mãe de Brad o conhecia muito bem para esperar qualquer coisa dele, que dirá empatia. Brad destruía todo mundo, incluindo a mãe, por acreditar que era mais inteligente, mais sagaz e mais bem-sucedido do que qualquer outra pessoa no mundo. O que ele não percebia era que ninguém gostava dele. Porém a mãe ainda o aceitava porque ela entendia de onde vinham os problemas de autoestima do filho. "O pai dele era um homem que vencera na vida por conta própria e bastante pomposo", contou-me ela. "Brad foi nosso primeiro filho, aquele que herdou o negócio próspero do pai e a pele esburacada do avô. Seu irmão mais novo parecia o Mr. Universo: atlético, musculoso, bonito. Brad não conseguia evitar a comparação com os outros dois homens da família e ficava em desvantagem. Ele ainda se ressente. Não importa o quanto conquiste por conta própria, ele nunca se sente um vencedor. Então, quando ele é cruel ou arrogante comigo, tento me lembrar do tanto de tristeza que ele sentiu em sua vida e o deixo em paz."

Exclusão social

Aquele que foi esnobado ou excluído na infância por causa de sua cor ou condição financeira pode crescer se sentindo ansioso ou inferior em situações sociais. Como adulto, a resposta pode variar. Alguém rendido a memórias de rejeição talvez se veja como inferior e se comporte com você de maneira submissa e servil. Quem tenta evitar a rejeição, pode se distanciar de situações sociais por completo. Outros compensam em excesso: tentam ser tão irrepreensíveis, tão infalíveis em tudo que fazem, que ninguém poderia ver defeito algum neles. Ou podem fazer tudo a seu alcance para chamar atenção, depois lutar contra uma rejeição antecipada também se valendo de rejeição e ridicularizar os outros do mesmo jeito que foram ridicularizados.

Carol, uma paciente, precisou lidar com esse padrão em John, seu marido. Não foi fácil sofrer o abuso dele.

O pai de John o abandonara quando ele tinha dois anos. Sua mãe se casara outra vez com um bostoniano de *pedigree* chamado Randall. John queria desesperadamente se encaixar, mas seus meios-irmãos o tratavam como um bastardo. Ele começou a praticar lacrosse, embora odiasse, para cair nas graças do padrasto, que tinha sido um astro desse esporte em Princeton. Seus colegas de turma faziam troça sem dó nem piedade de seu sobrenome: Balls [bolas]. John queria muito adotar o sobrenome do padrasto, mas, quando teve coragem de pedir, Randall respondeu "Vou pensar", e não tocou mais no assunto por sete anos. Quando ele finalmente fez a oferta, John respondeu: "Não, obrigado."

"Era bem do feitio dele dizer não para algo que considerava tão importante", contou-me Carol, grávida. "Ele tem feito isso a vida toda. A família o rejeitava. Agora ele me ignora. Eles fazem John se sentir inferior. Agora ele me inferioriza. Na única vez que falou comigo ontem à noite, em uma festa, me chamou de Orca na frente da minha família toda."

Perguntei a Carol por que ela ainda estava naquele relacionamento. "Porque há momentos em que ele assume seus problemas e me procura", disse ela. "Ele me diz: 'Durante toda minha vida, quis ser aceito. Às vezes faço coisas estúpidas e imaturas só para chamar atenção, mesmo de uma forma ruim. Às vezes coloco você para baixo quando estamos com nossos amigos porque me sinto inseguro. Tento ser engraçado, achando que assim as pessoas vão gostar mais de mim, mas aí passo do limite e digo coisas terríveis, e as pessoas não gostam mais de mim; gostam menos. Não sei como ser eu mesmo com os outros. Mas estou tentando. Por favor, me dê uma chance.'"

Viver com John era como viver em uma zona de guerra. O que deixava mais fácil para Carol aceitá-lo e preservar a própria dignidade e autorrespeito era saber que ele já entrara no relacionamento com esse eu prejudicado e predefinido, e que os problemas dele não começavam nem terminavam nela. Que *ele* também entendia essa porta aberta para o perdão.

NECESSIDADE EMOCIONAL CENTRAL N.º 2: AUTONOMIA, COMPETÊNCIA E UM SENSO DE IDENTIDADE

Quando crianças, todos precisamos ser incentivados a explorar, a aprender com nossos erros, a desenvolver um senso claro de nós mesmos independentemente de nossos pais ou responsáveis. Se quem magoou você era superprotegido ou foi ensinado a se sentir inadequado, talvez até hoje duvide de sua capacidade de sobreviver por contra própria e ter sucesso na vida. Construir um futuro em um mundo tão incerto pode parecer repleto de perigos e é mais provável que isso termine em frustração.

Uma pessoa com tais dúvidas e medos é mais propensa a se relacionar com você de uma entre as três formas discutidas anteriormente. Primeira, ele pode se render à maneira como vivenciou seu passado e se fiar em você para tudo. Segunda, pode tentar evitar esses sentimentos da infância ao se recusar a encarar novos desafios. Qualquer coisa — planejar uma viagem, consertar uma torneira que está vazando — pode parecer excessiva. Terceira, pode compensar em excesso ao rejeitar sua postura dependente dos primeiros anos de vida, tornando-se "contradependente".[3] Na tentativa de parecer menos fraco ou assustado do que se sentia quando criança, é possível que ele nunca peça nada e trate você como algo supérfluo.

NECESSIDADE EMOCIONAL CENTRAL N.º 3: LIBERDADE DE EXPRESSAR NECESSIDADES E EMOÇÕES VÁLIDAS

Somos propensos a prosperar em um ambiente em que somos livres para expressar nossas necessidades e emoções. O ofensor que foi educado por pais autoritários ou carentes pode aprender ainda muito novo a reprimir a expressão pessoal ou se tornar excessivamente responsável.

Quem se rende ou evita esses padrões familiares tem menos chances de fazer qualquer coisa que demande perdão — na verdade, o *modus operandi* é se comportar de forma que aumente as chances de que você goste dele ou pelo menos se dê bem com ele. Sem saber o que sentem ou pensam de verdade — talvez eles mesmos também não saibam —, é mais provável que você os ache chatos ou entediantes em vez de problemáticos. Talvez detecte uma falta de autenticidade básica em seu relacionamento e ache difícil tanto gostar quanto desgostar dele. Talvez você não perceba que, embora ele projete um ar de altruísmo e sacrifício, no fundo ele se ressente de você por fazê-lo se sentir tão marginalizado, tão reprimido quanto era na infância — uma resposta que nunca foi sua intenção evocar.

A terceira maneira pela qual o ofensor pode enfrentar seus padrões de repressão na infância é compensar em excesso. Se ele foi silenciado quando criança — coagido a ser alguém que não ele mesmo, alguém que seus pais precisavam que ele fosse —, ele pode, como adulto, revidar de maneira desajustada, com você como vítima. Para se livrar do papel de criança boazinha e obediente, talvez ele desvie totalmente de seu caráter, agindo de forma completamente egoísta e imprudente, por exemplo, tendo um caso extraconjugal ou desvalorizando você.

Necessidade emocional central n.º 4: espontaneidade e descontração

Todos precisamos de momentos em que possamos descontrair, nos deixar levar e nos divertir. Se o ofensor cresceu em um lar que impunha regras restritas, valorizava o controle da impetuosidade e transmitia uma necessidade de perfeição, ele pode nunca ter aprendido a valorizar atividades "não produtivas" que promovem felicidade, criatividade e intimidade, como sexo ou socializar com os amigos.

Aquele que se rende aos padrões inflexíveis dos pais pode não magoar você — afinal, o comportamento compulsivo dele já o pune tanto quanto pune você, e é provável que as críticas dele sejam mais direcionadas em sua maioria a si mesmo. Mas a vida ao lado dele tende a ser tensa e árida.

Alguém que cresce no mesmo ambiente punitivo pode compensar em excesso tornando-se ele mesmo aquele que pune, sempre criticando você por não atender a seus padrões altíssimos e fazendo você se sentir inapta por ser seu próprio eu único e imperfeito — em outras palavras, por não ser ele. Ao acreditar que é função dele ensinar uma lição a você e moldar você para ser um ser humano "melhor", ele pode tentar recriar você à própria imagem, o que deixa você se sentindo desvalorizada e oprimida.

Necessidade emocional central n.º 5: limites realistas e autocontrole

Se os pais do ofensor o ensinaram a ser responsável, respeitoso e empático, ele tende a crescer sabendo equilibrar seus direitos pessoais em face de sua obrigação com os outros. Mas, se ele foi mimado por pais indulgentes, se ninguém estabeleceu limites ao comportamento dele ou lhe ensinou a importância da reciprocidade, ele pode crescer pensando que é privilegiado e que está acima dos princípios da decência geral. Talvez ele aja como se fosse superior, não por ser, mas porque precisa se sentir poderoso e exercer controle sobre você. Desconhecendo a palavra "não", esse ofensor tende a acreditar que tem direito a tudo e a exagerar a importância que ele tem para você e para o mundo.

Como vimos, as pessoas respondem de diversas maneiras às mesmas influências prejudiciais. Se o ofensor que te magoou cresceu sem autocontrole ou limites realistas, talvez ele se renda aos sentimentos de grandiosidade e se comporte em relação a você com o mesmo desrespeito que demonstrou em relação aos outros na infância. Incapaz de controlar ações ou emoções, ele pode esperar que você o sirva e a atacar quando você ameaçar ferir seu inflado senso de si mesmo.

Outro pode lidar com a situação usando a tática do evitar, talvez pulando de um emprego ou um relacionamento para outro, ou sucumbindo à gratificação imediata através de sexo, álcool ou drogas.

Um terceiro pode compensar em excesso, tornando-se excessivamente responsável ou disciplinado, sempre abdicando dos próprios planos para atender aos seus. Obviamente a tendência é que ele não magoe você, a menos que se ressinta da própria subordinação e faça você pagar por isso.

Duas irmãs, Becky e Laura, enfrentaram o divórcio turbulento dos pais de modos totalmente diferentes. Mimada e sem limites, Becky manipulava os pais sabendo que conseguiria se safar de qualquer situação. Já adulta, ela se rendia a esses mesmos ímpetos egocêntricos. Já Laura deixava suas necessidades de lado e cuidava de todos menos de si mesma.

Trinta anos mais tarde, Laura, a irmã quatro anos mais velha, entrou na terapia. "Minha irmã me usou a vida inteira", contou-me. "Eu gostaria de ver como é possível fazer as pazes — se não com ela, então comigo mesma."

Laura contou sua história. "Quando nossos pais se separaram, íamos da casa da nossa mãe para a do nosso pai a cada poucos dias. Becky era boa em bancar a filha dos pais divorciados. Ela arrumava desculpa para matar aula e ficar em casa, e nossa mãe, que ficava apavorada por amarmos mais nosso pai, permitia que ela fizesse isso. Becky esquecia o lanche ou o tênis de corrida, e mamãe saía correndo para levá-los até a escola, como se não tivesse mais nada para fazer. Com papai era o oposto. Ele é especialista em não se sentir culpado por nada. Ele nos deixava em casa com dinheiro e babás. Becky convidava os amigos e deixava a casa uma zona, e a coitada da babá, que morria de medo de perder o emprego, limpava tudo. Não demorou muito para descobrirmos que, se fizéssemos algo de errado na casa da mamãe, ela não nos puniria por estar muito carente ou deprimida, e, se fizéssemos algo de errado na casa do papai, quando ele descobrisse... bom, já estaríamos de novo na casa da mamãe."

Laura trouxe a história para o presente. "Becky continua não tendo problema nenhum em pensar só em si mesma", contou-me Laura. "Até hoje, nunca conheci alguém tão egocêntrica. Seu lema é: 'O que posso fazer por mim mesma hoje?' Ela é ótima na hora da diversão, mas não acho que alguém tenha alguma importância para ela além de si mesma. Quando digo a ela que fico magoada por nunca me ligar no meu aniversário, que só me procura quando precisa de algo — como minhas roupas ou meu apartamento, para que possa dormir com o namorado —, ela fica na defensiva e diz que eu também não deveria ligar no aniversário *dela*. É de enlouquecer. Minha irmã não entende que eu gostaria que fôssemos mais próximas, mas primeiro preciso sentir que sou importante para ela."

Para derrubar o muro entre elas, Laura vasculhou a vida das duas, tentando entender os fatores que as moldaram — a diferença de idade, suas personalidades, o impacto do divórcio. O que ela acabou se dando conta é de que "Becky era Becky" e provavelmente sempre se colocaria em primeiro lugar. Laura poderia aceitar ou não, mas isso não mudaria sua irmã. No entanto, isso poderia mudar Laura.

"Nunca vou ser tão próxima de Becky quanto gostaria", disse-me Laura, "mas ela é minha irmã, a única que tenho, e prefiro ter alguma relação com ela a nenhuma. Quando Becky é inconsequente e exigente, lembro a mim mesma: 'Não é como se ela estivesse determinada a me punir; ela é desse jeito com todo mundo e assim tem sido desde sempre', e tento deixar para lá. Ainda fico infeliz pela maneira como ela me trata, mas não permito mais que isso me deixe arrasada."

É difícil *não* se sentir arrasada quando alguém se expande para preencher o lugar que você ocupa e não deixa espaço para você. Mas, quando olhar de fora e vir até que ponto o comportamento do ofensor fala somente sobre ele, e não sobre você, certamente se verá mais bem equipada para continuar centrada, manter seu autorrespeito e superar a violação.

Agradecimentos

Existe processo mais íntimo do que escrever um livro com seu companheiro de vida? Michael, eu perdoo você, mais uma vez, por pegar o que eu acreditava ser uma passagem excelente (não, perfeita) do meu manuscrito e me pedir que fizesse para mim mesma suas quatro perguntas: "Isso é interessante? É importante? Tem lógica? Existe algum jeito de dizer isso em uma palavra — uma sílaba — em vez de duas?" Eu perdoo você por (quase) sempre estar certo, por mais irritante que seja. Nossa colaboração foi maravilhosa, repleta de batalhas íntimas a respeito de transições e formas de abordar conceitos abstratos da psicologia de modo mais concreto.

Gail Winston, minha editora fantástica na HarperCollins, obrigada por suas edições sensíveis e sua gentileza. Isabelle Bleeker, minha agente literária, sou grata pelo prazer que foi trabalhar com você.

Agradeço a meu antigo rabino Israel Stein, da Congregação Rodeph Sholom, em Bridgeport, Connecticut, por seu profundo conhecimento e encorajamento gentil. Procurei muito por um rabino que ajudasse a curar minhas feridas e me inspirasse a desenvolver um modelo de perdão que fizesse sentido. Encontrei essa pessoa no rabino Stein, um pensador original e talentoso, além de um amigo querido e afetuoso.

Ao reverendo Gary Wilburn, da Primeira Igreja Presbiteriana de New Canaan, Connecticut, agradeço por disponibilizar seu tempo para mim, ainda que eu fosse uma total estranha para você. Você me recebeu com toda a generosidade em seu escritório e dividiu comigo seus pensamentos instigantes e humanos a respeito do perdão. Sua congregação tem sorte de ter um líder espiritual que se importa tanto com o sofrimento deles e busca profundas respostas espirituais para lamentos interpessoais.

Às vezes, a inspiração vem de fontes improváveis. Michael e eu estamos de acordo em que as duas casas que alugamos para concluir este livro proporcionaram um ambiente para nossos momentos mais produtivos, criativos e felizes. Queremos agradecer a Mary e Dan Maffia, por nos deixarem usar sua casa incrível em Cape Cod; e Emily e Albert Fossbrenner, de Yardley, Pensilvânia, por seu chalé do escritor, onde ficamos no Dia de Ação de Graças, e depois por irem muito além da causa e insistirem para que festejássemos o feriado com eles em sua casa.

Houve muitos mentores que me moldaram pessoal e profissionalmente. Harriet Lerner, que eu admirava de longe por sua voz afetuosa, engraçada e cheia de sabedoria, se tornou uma amiga próxima que me incentivou a confiar na minha própria voz. Aaron Beck me instruiu na terapia cognitivo-comportamental e me deu uma estrutura para ajudar as pessoas a eliminarem o sofrimento emocional. E Jeffrey Young me permitiu adaptar seu modelo de terapia do esquema para o processo do perdão. Agradeço a todos pelo papel crucial que desempenharam na escrita deste livro.

É claro que não haveria livro sem meus pacientes. Sou muito grata a todos vocês por me deixarem testemunhar e participar de sua corajosa busca por uma resposta emocional autêntica a suas feridas íntimas. Vocês foram a personificação, para mim, da sabedoria da psicoterapeuta Jeanne Safer, que escreveu: "Às vezes, o que as pessoas realmente precisam é da permissão para não perdoar, para sentir o que sentem." O empenho de vocês em encontrar uma solução que fosse saudável e humana — e que não exigisse que vocês perdoassem um ofensor que não se arrependeu — me inspirou a sugerir uma alternativa radical: Aceitação. Vocês me ensinaram que a decisão de não perdoar "não precisa impedir uma resolução; pode ser apenas o passo que a torna possível".[1]

Vocês também me ensinaram que, às vezes, o que a parte magoada realmente precisa é da permissão para perdoar: para reestruturar o perdão como um ato de coragem, não de desespero ou autonegação.

Por fim, quero agradecer aos especialistas em perdão que prepararam todo o terreno. Dizem que aqueles mais propensos a compreender tendem a ser mais propensos a perdoar. Tomara que aqueles cujas ideias desafiei sejam compreensivos e me perdoem e continuem a dialogar comigo — que sigamos buscando um modelo de perdão que funcione e sirva para pessoas reais que procuram sobreviver e transcender à miséria das transgressões da vida real.

Notas

Introdução: O perdão é bom para você?

1. Minha gratidão ao rabino Israel Stein, por me contar essa história; também pode ser encontrada em Kushner (1997), p. 108.
2. Smedes (1996), p. 91.
3. A. Beck (1999), p. 8.
4. Schnur (2001), p. 18.
5. Enright e o Human Development Study Group (1996), p. 108.
6. Smedes (1996), p. 45.
7. Patton (2000), p. 294.
8. Herman (1997).

Parte Um: Perdão Barato

1. Emmons (2000), p. 159. Ver também Roberts (1995).
2. Horney, citada por Paris (2000), p. 266.
3. Brown e Gilligan (1992).
4. Wetzler (1992), p. 34.
5. Wetzler, p. 95.
6. Young, Klosko e Weishaar (2003), p. 248.
7. Karen (2001).
8. Woodman (1992), citado por Gordon, Baucom e Snyder (2000), p. 212.
9. Katz, Street e Arias (1995), citados por Gordon, Baucom e Snyder (2000), p. 224.
10. Thoresen, Harris e Luskin (2000), p. 258-259.
11. Temoshok e Dreher (1992), p. 38-39.
12. Em Temoshok e Dreher (1992), p. 24.
13. Lerner (2001), p. xii.
14. Idem.
15. Bass e Davis (1994), p. 479.
16. Young, Klosko e Weishaar (2003), p. 247.
17. Jack (1999), p. 282.

Parte Dois: Recusa em Perdoar

1. Horney, citada por Paris (2000), p. 257.
2. Ibid., p. 265.

3 Beck, A. (1999), p. 37.
4 Witvliet, Ludwig e Vander Laan (2001), p. 122.
5 Beck, A. (1999), p. 33.
6 McCullough, Bellah, Kilpatrick e Johnson (2001), p. 601.
7 Young, Klosko e Weishaar (2003), p. 17.
8 Beck, A. (1999), p. 7.
9 Associação Americana de Psiquiatria (2000), p. 294.
10 Emmons (2000), p.164-165.
11 Ibid., p. 163.
12 Thoresen, Harris e Luskin (2000), p. 263.
13 Fromm (1963).
14 Horney, citada por Paris (2000), p. 263.
15 Karen (2001), p. 35.
16 Ibid., p. 279.
17 Horney, citada por Paris (2000), p. 261.
18 Karen (2001), p. 35.
19 Maslow (1968).
20 Thoresen, Harris e Luskin (2000), p. 257.
21 Witvliet, Ludwig e Vander Laan (2001), p. 122.
22 Horney, citada por Paris (2000), p. 267.

Parte Três: Aceitação

1 Herman (1992), p. 192.
2 Baldwin, em Engel (2001), p. 87.
3 Efran, Lukens e Lukens (1990), p. 164-165.
4 Solomon e Higgins (2000), p. 191-192.
5 Beck, Rush, Shaw e Emery (1979), p. 163-165.
6 Entrevista pessoal, dezembro de 2002.
7 Kabat-Zinn (1994), p. 140.
8 Sanford (1986).
9 Olio (1992), p. 78; em Patton (2000), p. 290.
10 McGoldrick e Carter (2001), p. 285.
11 Hargrave (1994), p. 30.
12 Steinem, *New York Times*.
13 Young e Klosko (1993).
14 Karen (2001), p. 99.
15 Ibid., p. 66.
16 Ibid., p. 264.

17 Horney, citada por Paris (2000), p. 273.
18 Beck, Rush, Shaw e Emery (1979), p. 254-255.
19 Ellis e Grieger (1977), p. ix; Ellis e Harper (1975), p. 202-203.
20 Luskin (2002), p. 46.
21 Beck, J. (1995), p. 119.
22 Beck, A. (1976), p. 29-38.
23 Klein, citada por Karen (2001), p. 71.
24 Abrahms (Spring) e Spring (1989).
25 Scarf (1986), p. 93.
26 Spring (1997), p. 136.
27 Bowen (1978).
28 McGoldrick e Carter (2001), p. 289.
29 Lerner (1985).
30 Karen (2001), p. 184.
31 Spring (1997), p. 242-243.

Parte Quatro: Perdão Genuíno

1 Hargrave (1994), p. 15.

O que você, ofensor, deve fazer para merecer perdão

2 *Machzor para Rosh Hashaná e Yom Kippur* (1972), p. 129.
3 Mateus 5:44. Bíblia On-line ACF.
4 Enright e Reed (2002), p. 2.
5 Smedes (1984), p. 133.
6 Smedes (1996), p. 59.
7 Yancey (1997), p. 210.
8 Ibid., p. 25.
9 Ibid., p. 26.
10 Mateus 5:23, 24.
11 *Machzor para Rosh Hashaná e Yom Kippur* (1972), p. 438-439.
12 Tangney, Wagner, Hill-Barlow, Marschall e Gramzow (1996), em Exline e Baumeister (2000), p. 142-143.
13 Exline e Baumeister, p. 143.
14 O psicólogo Roy Baumeister refere-se a isso como "diferença de magnitude"; em Exline e Baumeister, p. 140.
15 Shafir (2003), p. 89, citando os modelos de comunicação do dr. Albert Mehrabian, autor de *Silent Messages* [Mensagens silenciosas].
16 Jordan (2001).

17 Engel (2002), p. 42.
18 Flanigan (1992), p. 107.
19 *New York Times International* (2001), p. 1, 4.
20 Flanigan (1996).
21 Madanes (1990), p. 54.
22 Flanigan (1996), p. 155.
23 Pittman (1989), p. 53.
24 *New York Times* (abr. 2001).
25 Beck, Rush, Shaw e Emery (1979), p. 163-65.
26 Rabino Israel Stein, comunicação pessoal.
27 Mauger, Perry, Freedman, Grove, McBride e McKinney (1992).
28 Lerner (2001), p. 198.
29 Enright (1996) apresenta e depois contesta essa premissa, em Schimmel (2002), p. 124.
30 Frady (2002), resenhado por Scott Malcomson (2002), p. 10.
31 Idem.
32 Schimmel (2002), p. 124-25.
33 Enright (1996), p. 116.
34 Do filme *Gandhi*, citado em Karen (2001), p. 223.
35 Idem.
36 Spring (1997), p. 244.

O que você, parte magoada, deve fazer para conceder perdão

37 Kohlberg (1976).
38 Enright e o Human Development Study Group (1991), p. 138.
39 Flanigan (1996), p. 76.
40 Smedes (1996), p. 167.
41 Nietzsche (1887).
42 Böszörményi-Nagy (1987), em Patton (2000), p. 287.
43 Schnur (2001), p. 18.
44 Herman (2000), em *American Prospect*, citada por Kushner (2001), p. 74.
45 Kushner (2001), p. 79-80.
46 Johnson (2002), p. 121.
47 Patton (2000), p. 288.
48 Johnson, Makinen e Millikin (2001), p. 147.
49 Gottman e Silver (1999), p. 161.
50 Malcolm e Greenberg (2000), p. 180.
51 Bachelard, citado em Metzger (1992).

52 Egbert, Battit, Welch e Bartlett (1964), em Benson (1966), p. 36.
53 As pessoas são mais propensas a perdoar um ofensor que oferece um pedido de desculpas sincero e tenta reparar o mal que causou (Exline e Baumeister, 2000, p. 137). Também ficam mais propensas a perdoar quando sentem empatia pelo ofensor e estão em um relacionamento sério com ele (McCullough, Rachal, Sandage, Worthington, Brown e Hight, 1998).

Apêndice: Como as feridas da infância do ofensor moldaram a forma como ele tratou você

1 Young, Klosko e Weishaar (2003), p. 9. Estou em dívida com o dr. Jeffrey Young por permitir que eu aplicasse seu modelo de terapia do esquema ao processo de perdão e por sua assistência inestimável na fase de manuscrito deste livro.
2 Young e Klosko (1993), p. 161-62.
3 Ibid., p. 163.

Agradecimentos

1 Safer (1999), p. 166.

Referências bibliográficas

ABRAHMS, Janis (Spring); SPRING, Michael. "The flip-flop factor". *ICTN*, v. 5, n. 10, 1, p. 7-8, 1989.

AHRONS, Constance. *The Good Divorce: Keeping Your Family Together When Your Marriage Comes Apart*. Nova York: HarperCollins, 1998. [Edição brasileira: AHRONS, Constance. *O bom divórcio: como manter a família unida quando o casamento termina*. Rio de Janeiro: Objetiva, 1995.]

APA. Associação Americana de Psiquiatria. *Referência rápida aos diagnósticos do DSM-IV-TR*. Porto Alegre: Artmed, 2003.

BACHELARD, Gaston. In: METZGER, Deena (org.). *Writing for Your Life: A Guide and Companion to the Inner Worlds*. Nova York: Harper San Francisco, 1992. [Edição brasileira: BACHELARD, Gaston. *A água e os sonhos*. São Paulo: Martins Fontes, 1998.]

BASS, Ellen; DAVIS, Laura. *The Courage to Heal: A Guide for Women Survivors of Child Sexual Abuse*. Nova York: HarperCollins, 1994.

BAUMEISTER, Roy F. *Evil: Inside Human Violence and Cruelty*. Nova York: Freeman, 1997.

BECK, Aaron T. *Cognitive Therapy and the Emotional Disorders*. Nova York: International Universities Press, 1976.

_____. *Prisoners of Hate: The Cognitive Basis of Anger, Hostility, and Violence*. Nova York: Perennial, 1999.

_____.; RUSH, A. John; SHAW, Brian F.; EMERY, Gary. *Cognitive Therapy of Depression*. Nova York: Guilford, 1979. [Edição brasileira: BECK, Aaron T.; RUSH, A. John; SHAW, Brian F.; EMERY, Gary. *Terapia cognitiva da depressão*. Rio de Janeiro: Zahar, 1982.]

BECK, Judith S. *Cognitive Therapy: Basics and Beyond*. Nova York: Guilford, 1995. [Edição brasileira: BECK, Judith S. *Terapia cognitiva: teoria e prática*. Porto Alegre: Artes Médicas, 1997.]

BENSON, Herbert. *The Relaxation Response.* Nova York: William Morrow, 1975, with Miriam Z. Klipper. [Edição brasileira: BENSON, Herbert. *A resposta do relaxamento.* Rio de Janeiro: Record, 1995, com Miriam Klipper.]

_____. *Timeless Healing: The Power of Biology and Belief.* Nova York: Simon and Schuster: Fireside, 1966. [Edição brasileira: BENSON, Herbert. *Medicina espiritual: o poder essencial da cura.* Rio de Janeiro: Campus, 1998.]

BENTON, Sue; DENBAUM, Drew. *Chi Fitness: A Workout for Body, Mind, and Spirit.* Nova York: Cliff Street, 2001.

BÖSZÖRMÉNYI-NAGY, Iván. *Foundations of Contextual Therapy: Collected Papers of Iván Böszörményi-Nagy, M.D.* Nova York: Brunner/Mazel, 1987.

_____.; KRASNER, Barbara R. *Between Give and Take: A Clinical Guide to Contextual Therapy.* Nova York: Brunner/Mazel, 1986.

BOWEN, Murray. "On the differentiation of a self". In:_____. *Family Therapy in Clinical Practice.* Nova York: Aronson, 1987, p. 467-528.

BROWN, Lyn M.; GILLIGAN, Carol. *Meeting at the Crossroads: The Landmark Book about the Turning Points in Girls' and Women's Lives.* Nova York: Ballantine, 1992.

BURNS, D. D. *Feeling Good: The New Mood Therapy.* Nova York: Avon, 1999. [Edição brasileira: BURNS, D. D. *Antidepressão: a revolucionária terapia do bem-estar.* São Paulo: Cienbook, 2015.]

CASARJIAN, Robin. *Forgiveness: A Bold Choice for a Peaceful Heart.* Nova York: Bantam, 1992. [CASARJIAN, Robin. *O livro do perdão: o caminho para o coração tranquilo.* Rio de Janeiro: Rocco, 1994.]

DIBLASIO, Frederick A. "Decision-based forgiveness treatment in cases of marital infidelity". *Psychotherapy,* v. 37, n. 2, p. 149-158, 2000.

EFRAN, Jay S.; Lukens, M. D.; Lukens, R. J. *Language, Structure, and Change: Frameworks of Meaning in Psychotherapy.* Nova York: Norton, 1990.

EGBERT, L. D.; BATTIT, G. E.; WELCH, C. E.; BARTLETT, M. K. "Reduction of postoperative pain by encouragement and instruction of patients". *New England Journal of Medicine*, v. 270, n. 16, p. 825-827, 1964.

ELLIS, Albert; GRIEGER, Russell. *RET: Handbook of Rational-Emotive Therapy*. Nova York: Springer, 1977.

_____.; HARPER, Robert A. *A New Guide to Rational Living*. Nova York: Wilshire, 1975.

EMMONS, Robert A. "Personality and forgiveness". In: MCCULLOUGH, M. E.; PARGAMENT, K. I.; THORESEN, C. E. (org.). *Forgiveness: Theory, Research, and Practice*. Nova York: Guilford, 2000, p. 156-175.

ENGEL, Beverly. *The Power of Apology: Healing Steps to Transform All Your Relationships*. Nova York: Wiley, 2001.

_____. "Making amends". *Psychology Today*, v. 40, n. 42, jul./ago. 2002.

ENRIGHT, Robert D.; Human Development Study Group. "Counseling within the forgiveness triad: On forgiving, receiving forgiveness, and self forgiveness". *Counseling and Values*, v. 40, p. 107-126, jan. 1996.

_____. "The moral development of forgiveness". In: KURTINES, W.; GEWIRTZ, J. (org.). *Handbook of Moral Behavior and Development*, 1. Hillsdale, NJ: Erlbaum, 1991. p. 123-152.

_____.; REED, Gayle. "A Process Model of Forgiving", 18 maio 2002. Disponível em: www.forgiveness- institute.org.

_____.; RIQUE, Julio; COYLE, Catherine T. *The Enright Forgiveness Inventory User's Manual*. Madison, WI: International Forgiveness Institute, set. 2000.

ESTÉS, Clarissa Pinkola. *Women Who Run with the Wolves*: Myths and Stories of the Wild Woman Archetype. Nova York: Ballantine, 1992. [Edição brasileira: ESTÉS, Clarissa Pinkola. *Mulheres que correm com os lobos*: mitos e histórias do arquétipo da Mulher Selvagem. Rio de Janeiro: Rocco, 1994.]

EXLINE, Julie J.; BAUMEISTER, Roy F. "Expressing forgiveness and repentance". In: MCCULLOUGH, M. E.; PARGAMENT, K. I.; THORESEN, C. E. (org.). *Forgiveness: Theory, Research, and Practice*. Nova York: Guilford, 2000. p. 133-155.

FENTON, J. C. *The Gospel of St. Matthew: The Pelican New Testament Commentaries*. Nova York: Penguin, 1963.

FISHER, Ian. "At site of massacre, Polish leader asks Jews for forgiveness". *New York Times International*, 1, 4, 11 jul. 2001.

FLANIGAN, Beverly. *Forgiving the Unforgivable: Overcoming the Bitter Legacy of Intimate Wounds*. Nova York: Macmillan, 1992.

_____. *Forgiving Yourself: A Step-by-Step Guide to Making Peace with Your Mistakes and Getting on with Your Life*. Nova York: Macmillan, 1996.

FRADY, Marshall. *Martin Luther King, Jr.* Nova York: Lipper/Viking, 2002.

FRANKL, Viktor E. *Man's Search for Meaning*. Nova York: Washington Square, 1997. [Edição brasileira: FRANKL, Viktor E. *Em busca de sentido*: um psicólogo no campo de concentração. 52. ed. São Leopoldo, RS: Sinodal; Petrópolis, RJ: Vozes, 2021.]

FRIEDMAN, M.; ROSENMAN, R. H. *Type A Behavior and Your Heart*. Nova York: Ballantine, 1974.

FROMM, Erich. *The Art of Loving*. Nova York: Bantam, 1963. [Edição brasileira: FROMM, Erich. *A arte de amar*. São Paulo: Martins Fontes, 2000.]

GILLIGAN, Carol; BROWN, Lyn M. *Meeting at the Crossroads: Women's Psychology and Girls' Development*. Cambridge: Harvard University Press, 1992.

GORDON, Kristina C.; BAUCOM, Donald H.; SNYDER, Douglas K. "The use of forgiveness in marital therapy". In: MCCULLOUGH, M. E.; PARGAMENT K. I.; THORESEN, C. E. (org.). *Forgiveness: Theory, Research, and Practice*. Nova York: Guilford, 2000. p. 203-227.

GOTTMAN, John. *Why Marriages Succeed or Fail*. Nova York: Simon and Schuster, 1994. [Edição brasileira: GOTTMAN, John. *Casamentos: por que alguns dão certo e outros não*. 2. ed. Rio de Janeiro: Objetiva, 1998.]

_____.; SILVER, Nan. *The Seven Principles for Making Marriage Work*. Nova York: Crown/Three Rivers, 1999. [Edição brasileira: GOTTMAN, John; SILVER, Nan. *Sete princípios para o casamento dar certo*. Rio de Janeiro: Objetiva, 2000.]

GREENBERG, Leslie S.; WATSON, J. C.; LIETAER, G. *Handbook of Experiential Psychotherapy*. Nova York: Guilford, 1998.

GREENBERGER, Dennis; PADESKY, Christine A. *Mind Over Mood: Change How You Feel by Changing the Way You Think*. Nova York: Guilford, 1995. [Edição brasileira: GREENBERGER, Dennis; PADESKY, Christine A. *A mente vencendo o humor: mude como você se sente, mudando o modo como você pensa*. 2. ed. Porto Alegre: Artmed, 2017.]

GUILMARTIN, Nance. *Healing Conversations: What to Say When You Don't Know What to Say*. Nova York: Wiley/Jossey-Bass, 2002.

HARGRAVE, Terry D. *Families and Forgiveness: Healing Wounds in the Intergenerational Family*. Nova York: Brunner/Mazel, 1994.

HARVEY, Mary. "An ecological view of psychological trauma and trauma recovery". *Journal of Traumatic Stress*, v. 9, n.1, p. 3-23, 1996.

HERMAN, Judith. "Just dignity". *American Prospect*, v. 11, p. 9, 31 jan. 2000.

_____. *Trauma and Recovery: The Aftermath of Violence — from Domestic Abuse to Political Terror*. Nova York: Basic Books, 1997.

JACK, Dana C. *Behind the Mask: Destruction and Creativity in Women's Aggression*. Cambridge: Harvard University Press, 1999.

JOHNSON, Susan M. *Emotionally Focused Couple Therapy with Trauma Survivors: Strengthening Attachment Bonds*. Nova York: Guilford, 2002.

_____.; MAKINEN, Judy A.; MILLIKIN, John W. "Attachment injuries in couple relationships: a new perspective on impasses in couples therapy". *Journal of Marital and Family Therapy*, v. 27, n. 2, p. 145-155, abr. 2001.

JORDAN, Judith. Palestra principal da Love and Intimacy Conference, Los Angeles, CA, 2001.

KABAT-ZINN, Jon. *Wherever You Go There You Are: Mindfulness Meditation in Everyday Life*. Nova York: Hyperion, 1994. [Edição brasileira: KABAT-ZINN, Jon. *Aonde quer que você vá, é você que está lá*: um guia prático para cultivar a atenção plena na vida diária. Rio de Janeiro: Sextante, 2020.]

KAREN, Robert. *The Forgiving Self*: *The Road from Resentment to Connection*. Nova York: Doubleday, 2001.

KATZ, J.; STREET, A.; ARIAS, I. "Forgive and forget: Women's responses to dating violence". Pôster apresentado na Annual Conference of the Association for the Advancement of Behavior Therapy, Washington, D. C., nov. 1995.

_____. Individual differences in self-appraisals and responses to dating violence scenarios. *Violence and Victims*, v. 12, p. 265-276, 1997.

KOHLBERG, L. "Moral stages and moralization: The cognitive-developmental approach". In: LICKONA, T. (org.). *Moral Development and Behavior*: *Theory, Research, and Social Issues*. Nova York: Holt, Rinehart, and Winston, 1976. p. 31-53.

KOHUT, H. "Thoughts on narcissism and narcissistic rage". In: ORNSTEIN, P. H. (org.). *The search for the self*: *Selected writings of Heinz Kohut*. Nova York: International Universities Press, 1972. Vol. 2. p. 615-658.

KUSHNER, Harold S. *How Good Do We Have to Be?*: *A New Understanding of Guilt and Forgiveness*. Nova York: Little, Brown, 1997. [Edição brasileira: KUSHNER, Harold S. *Que tipo de pessoa você quer ser?*: o valor da integridade diante dos dilemas e contradições da vida. Rio de Janeiro: Sextante, 2004.]

_____. *Living a Life that Matters*: *Resolving the Conflict between Conscience and Success*. Nova York: Knopf, 2001.

LERNER, Harriet. *The Dance of Anger*: *A Woman's Guide to Changing the Patterns of Intimate Relationships*. Nova York: HarperCollins, 1985. [Edição brasileira:

LERNER, Harriet. *A ciranda do amor e do ódio*: atitudes práticas para mudar seus padrões de relacionamento amoroso. São Paulo: Cultrix, 2007.]

_____. *The Dance of Connection: How to Talk to Someone When You're Mad, Hurt, Scared, Frustrated, Insulted, Betrayed, or Desperate*. Nova York: HarperCollins, 2001.

LEWIS, Helen Block (org.). *The Role of Shame in Symptom Formation*. Hillsdale, NJ: Erlbaum, 1987.

LOVE, Pat. *The Truth about Love: The Highs, the Lows, and How You Can Make It Last Forever*. Nova York: Fireside, 2001.

LUSKIN, Fred. *Forgive for Good: A PROVEN Prescription for Health and Happiness*. Nova York: Harper San Francisco, 2002. [Edição brasileira: *O poder do perdão: uma receita PROVADA para a saúde e a felicidade*. São Paulo: Novo Paradigma, 2002.]

MADANES, Cloe. *Sex, Love, and Violence: Strategies for Transformation*. Nova York: Norton, 1990. [Edição brasileira: MADANES, Cloé. *Sexo, amor e violência*. Campinas: Editorial Psy, 1997.]

MAHZOR for Rosh Hashanah and Yom Kippur. Rabino Jules Harlow (org.). Nova York: Rabbinical Assembly, 1972.

MALCOLM, Wanda M.; GREENBERG, Leslie S. Forgiveness as a process of change in individual psychotherapy. In: MCCULLOUGH, M. E.; PARGAMENT, K. I.; THORESEN, C. E. (org.). *Forgiveness*: Theory, Research, and Practice. Nova York: Guilford, 2000. p. 179-202.

MALCOMSON, Scott. Martin Luther King, Jr., resenhado em *The New York Times Book Review*. King for Beginners, p. 10, 2002.

MASLOW, Abraham H. *Toward a Psychology of Being*. Nova York: Van Nostrand Reinhold, 1968. [Edição brasileira: MASLOW, Abraham H. *Introdução à psicologia do ser*. Rio de Janeiro: Eldorado (1973?).]

MAUGER, P. A.; PERRY, J. E.; FREEDMAN, T.; GROVE, D. C.; MCBRIDE, A. G.; MCKINNEY, K. E. "The measurement of forgiveness: Preliminary research." *Journal of Psychology and Christianity*, n. 11, p. 170-180, 1992.

MAY, Rollo. *Freedom and Destiny*. Nova York: Norton, 1981.

MCCULLOUGH, Michael E.; BELLAH, C. G.; KILPATRICK, Shelley D.; JOHNSON, Judith L. "Vengefulness: Relationships with forgiveness, rumination, well-being, and the big five". *Personality and Social Psychology Bulletin*, v. 27, n. 5, p. 601-610, maio 2001.

_____.; HOYT, William T. "Trangression-related motivational dispositions: Personality substrates of forgiveness and their links to the big five". *Personality and Social Psychology Bulletin*, n. 28, p. 1556–1573, nov. 2002.

_____.; HOYT, William T.; RACHAL, K. C. "What we know (and need to know) about assessing forgiveness constructs". In: MCCULLOUGH, M. E.; PARGAMENT, K. I.; THORESEN, C. E. (org.). *Forgiveness: Theory, Research, and Practice*. Nova York: Guilford, 2000, p. 65-88.

_____.; PARGAMENT, K. I.; THORESEN, C. E. *Forgiveness: Theory, Research, and Practice*. Nova York: Guilford, 2000.

_____.; RACHAL, K. C.; SANDAGE, S. J.; WORTHINGTON JR, E. L.; BROWN, S. W.; HIGHT, T. L. "Interpersonal forgiving in close relationships. II: Theoretical elaboration and measurement". *Journal of Personality and Social Psychology*, n. 75, p. 1586-1603, 1998.

_____.; SANDAGE, S. J.; WORTHINGTON JR, Everett L. *To Forgive Is Human: How to Put Your Past in the Past*. Downers Grove: InterVarsity, 1997.

_____.; WORTHINGTON JR, Everett L. "Religion and the forgiving personality". *Journal of Personality*, n. 67, p. 1141-1164, 1999.

MCFARLANE, A. C.; VAN DER KOLK, B. A. "Trauma and its challenge to society". In: VAN DER KOLK, B. A; MCFARLANE, A. C.; WEISAETH, L. (org.). *Traumatic Stress: The Effects of Overwhelming Experience on Mind, Body, and Society*. Nova York: Guilford, 1996. p. 24-45.

MCGOLDRICK, Monica; CARTER, Betty. "Advances in coaching: Family therapy with one person". *Journal of Marital and Family Therapy*, v. 27, n. 3, p. 281-300, 2001.

MCWILLIAMS, N.; LEPENDORF, S. "Narcissistic pathology of everyday life: The denial of remorse and gratitude". *Contemporary Psychoanalysis*, v. 26, n. 3, p. 430-451, 1990.

MEHRABIAN, Albert. *Silent Messages: Implicit Communication of Emotions and Attitudes*. Stamford, CT: Wadsworth, 1981.

METZGER, Deena. *Writing for Your Life: A Guide and Companion to the Inner Worlds*. São Francisco, CA: Harper San Francisco, 1992.

NIETZSCHE, F. W. *The Genealogy of Morals*. P. Watson (trad.). Londres: S.P.C.K, 1887. [Edição brasileira: NIETZSCHE, F. W. *A genealogia da moral*. Petrópolis, RJ: Vozes, 2013.]

OLIO, Karen. "Recovery from sexual abuse: Is forgiveness mandatory?". *Voices*, v. 28, p. 73-74, 1992.

PARIS, Bernard J. (org). *The Unknown Karen Horney: Essays on Gender, Culture, and Psychoanalysis*. New Haven: Yale University Press, 2000.

PATTON, John. "Forgiveness in pastoral care and counseling". In: MCCULLOUGH, M. E.; PARGAMENT, K. I.; THORESEN, C. E. (org.). *Forgiveness: Theory, Research, and Practice*. Nova York: Guilford, 2000. p. 281-295.

PITTMAN, Frank. *Private Lies: Infidelity and the Betrayal of Intimacy*. Nova York: Norton, 1989. [Edição brasileira: PITTMAN, Frank. *Mentiras privadas: a infidelidade e a traição na intimidade*. Porto Alegre: Artes Médicas, 1994.]

PROTINSKY, H.; SPARKS, J.; FLEMKE, K. "Using eye movement desensitization and reprocessing to enhance treatment of couples". *Journal of Marital and Family Therapy*, v. 27, n. 2, p. 157-164, abr. 2001.

PUCHALSKI, Christina M. "Forgiveness: Spiritual and Medical Implications". *Yale Journal for Humanities in Medicine*, set. 2002. Disponível em: www.info.med.yale.edu/intmed/hummed/yjhm/spirit/forgiveness/cpuchalski.htm.

ROBERTS, R. C. "Forgivingness". *American Philosophical Quarterly*, v. 32, n. 4, p. 289-306, 1995.

ROSENTHAL, Norman E. *The Emotional Revolution: How the New Science of Feelings Can Transform Your Life*. Nova York: Citadel, 2002.

SAFER, Jeanne. *Forgiving and Not Forgiving: A New Approach to Resolving Intimate Betrayal*. Nova York: Avon, 1999.

SANFORD, D. E. *I Can't Talk about It: A Child's Book about Sexual Abuse*. Portland, OR: Multnomah, 1986.

SCARF, Maggie. "Intimate partners". *Atlantic Monthly*, 49-54, 91-93, nov. 1986. [Edição brasileira: SCARF, Maggie. *Casais íntimos: convivência, casamento, afetividade*. Rio de Janeiro: F. Alves, 1990.]

SHAFIR, Rebecca Z. *The Zen of Listening: Mindful Communication in the Age of Distraction*. Wheaton: Quest, 2003.

SCHIMMEL, Solomon. *Wounds Not Healed by Time: The Power of Repentance and Forgiveness*. Nova York: Oxford, 2002.

SCHNUR, Susan. "Beyond forgiveness: Women, can we emancipate ourselves from a model meant for men?". *Lilith*, v. 26, n. 3, p. 16-19, 45, 2001.

SHEINBERG, Marcia; FRAENKEL, Peter. *The Relational Trauma of Incest: A Family-Based Approach to Treatment*. Nova York: Guilford, 2001.

SIMON, Sidney B.; SIMON, Suzanne. *Forgiveness: How to Make Peace with Your Past and Get on with Your Life*. Nova York: Warner, 1990.

SMEDES, Lewis B. *The Art of Forgiving: When You Need to Forgive and Don't Know How*. Nova York: Ballantine, 1996.

_____. *Forgive and Forget: Healing the Hurts We Don't Deserve*. São Francisco, CA: Harper and Row, 1984. [Edição brasileira: SMEDES, Lewis B. *Perdoar e esquecer: superando mágoas do passado, conquistando a paz interior*. São Paulo: Claridade, 2002.]

SOLANO, L.; COSTA, M.; TEMOSHOK, L.; SALVATI, S.; CODA, R.; AIUTI, F.; DI SORA, F.; D'OFFIZI, G.; FIGA-TALAMANCA, L.;

MEZZAROMA, I.; MONTELLA, F.; BERTINI, M. "An emotionally inexpressive (Type C) coping style influences HIV disease progression at six and twelve month follow-ups". *Psychology and Health*, v. 17, n. 5, p. 651-655, 2002.

SOLOMON, Robert C.; HIGGINS, Kathleen M. *What Nietzsche Really Said*. Nova York: Schocken, 2000.

SPRING, Janis A. *After the Affair: Healing the Pain and Rebuilding Trust When a Partner Has Been Unfaithful*. Nova York: HarperCollins, 1997. [Edição brasileira: SPRING, Janis A. *Depois do caso: curando a ferida e reconstruindo a relação depois que o parceiro foi infiel*. Rio de Janeiro: Record, 1997.]

TANGNEY, June P.; WAGNER, P. E.; HILL-BARLOW, D.; MARSCHALL, D. E.; GRAMZOW, R. "Relation of shame and guilt to constructive versus destructive responses to anger across the lifespan". *Journal of Personality and Social Psychology*, v. 70, n. 4, p. 797-809, 1996.

TEMOSHOK, Lydia; DREHER, Henry. *The Type C Connection: The Behavioral Links to Cancer and Your Health*. Nova York: Random House, 1992.

THORESEN, Carl E.; HARRIS, Alex H. S.; LUSKIN, Frederic. "Forgiveness and Health: An Unanswered Question". In: MCCULLOUGH, M. E.; PARGAMENT, K. I.; THORESEN, C. E. (org.). *Forgiveness: Theory, Research, and Practice*. Nova York: Guilford, 2000. p. 254-280.

TSANG, Jo-Ann A.; MCCULLOUGH, Michael E.; HOYT, William T. "Psychometric and Rationalization Accounts for the Religion-Forgiveness Discrepancy". *Journal of Social Issues*, v. 61, n. 4, p. 785-805, 2005.

VAN DER KOLK, B. A.; VAN DER HART, O.; MARMAR, C. R. "Dissociation and information processing in posttraumatic stress disorder". In: VAN DER KOLK, B. A.; MCFARLANE, A. C.; WEISAETH, L. (org.). *Traumatic Stress: The Effects of Overwhelming Experience on Mind, Body, and Society*. Nova York: Guilford, 1996, p. 303-327.

WETZLER, Scott. *Living with the Passive-Aggressive Man*. Nova York: Fireside, 1992.

WIESENTHAL, Simon. *The Sunflower: On the Possibilities and Limits of Forgiveness*. Nova York: Schocken, 1997.

WILBURN, Gary A. *Wild Justice: The Seductive Pleasure of Getting Even*. Sermão proferido na Primeira Igreja Presbiteriana de Nova Canaã, 28 de julho de 2002.

WILLIAMS, Redford; WILLIAMS, Virginia. *Anger Kills: Seventeen Strategies for Controlling the Hostility That Can Harm Your Health*. Nova York: Times Books, 1993.

WITVLIET, Charlotte V. "Forgiveness and health: Review and reflections on a matter of faith, feelings, and physiology". *Journal of Psychology and Theology*, v. 29, n. 3, p. 212-224, out. 2001.

_____.; LUDWIG, Thomas E.; VANDER LAAN, Kelly L. "Granting forgiveness or harboring grudges: Implications for emotion, physiology, and health". *Psychological Science*, v. 12, n. 2, p. 117-123, mar. 2001.

WOODMAN, T. A. "The role of forgiveness in marriage and marital adjustment". *Dissertation Abstracts International*, 53, 4-B, 2079, University Microfilms n. DA9225999, 1992.

WORTHINGTON JR, Everett L. (org.). *Dimensions of Forgiveness: Psychological Research and Theological Perspectives*. Radnor, PA: Templeton Foundation, 1998.

YANCEY, Philip. *What's So Amazing about Grace?* Grand Rapids: Zondervan, 1997. [Edição brasileira: YANCEY, Philip. *Maravilhosa graça*. 2. ed. São Paulo: Editora Vida, 1997.]

YOUNG, Jeffrey E.; KLOSKO, Janet S. *Reinventing Your Life: How to Break Free from Negative Life Patterns*. Nova York: Dutton, 1993. [Edição brasileira: YOUNG, Jeffrey E.; KLOSKO, Janet S. *Reinvente sua vida*. Novo Hamburgo, RS: Sinopsys, 2019.]

_____.; WEISHAAR, Marjorie E. *Schema Therapy: A Practitioner's Guide*. Nova York: Guilford, 2003. [Edição brasileira: YOUNG, Jeffrey E.; KLOSKO, Janet S.; WEISHAAR, Marjorie E. *Terapia do esquema: guia de técnicas cognitivo-comportamentais inovadoras*. Porto Alegre: Artmed, 2008.]

Direção editorial
Daniele Cajueiro

Editora responsável
Ana Carla Sousa

Produção editorial
Adriana Torres
Júlia Ribeiro
Mariana Oliveira

Revisão de tradução
Alvanísio Damasceno

Revisão
Ítalo Barros
Marina Góes

Diagramação
Ranna Studio

Este livro foi impresso em 2024, pela Vozes, para a Agir. O papel do miolo é Avena 70g/m² e o da capa é Cartão 250g/m².